Die heilige Schrift

neuen Testaments

zusammenhängend untersucht

von

Dr. J. Chr. K. v. Hofmann,
ordentlichem Professor der Theologie in Erlangen.

Siebenter Theil.

Die Briefe Petri, Judä und Jakobi.

Dritte Abtheilung.

Der Brief Jakobi.

Geschichtliche Bezeugung der Briefe Petri, Judä und Jakobi.

———

WIPF & STOCK · Eugene, Oregon

Wipf and Stock Publishers
199 W 8th Ave, Suite 3
Eugene, OR 97401

Die Heilige Schrift Neuen Testaments, Volume Twelve
Siebenter Theil. Die Briefe Petri, Judä und Jakobi.
Dritte Abtheilung. Der Brief Jakobi. Geschichtliche
Bezeugung der Briefe Petri, Judä und Jakobi.
By Hofmann, Johann Christian Konrad von
ISBN 13: 978-1-5326-3155-9
Publication date 5/1/2017
Previously published by Verlag der C. H. Beck'schen Buchhandlung, 1876

Inhaltsverzeichniß.

Der Brief Jakobi.

Jakobus S. 3. Grußüberschrift des Briefs S. 8. Erste Ermahnung, der Anfechtungen froh zu sein 1, 2 S. 10, weil sie standhafte Ausdauer zu wirken dienen 1, 3 S. 11, die dann aber eine völlige sein muß 1, 4 S. 12; wem es hiebei an Weisheit gebricht, der soll sie von Gott erbitten 1, 5 S. 13, aber gläubig erbitten, da, wer zweifelt, leer ausgeht 1, 6—7 S. 15, wie ja ein in sich Zwieträchtiger durchweg haltlos ist 1, 8 S. 16, weshalb der Christ, unabhängig von dem Gegensatze der Niedrigkeit und des Reichthums, nur seines Christenstands froh sein soll 1, 9—11 S. 17, dessen Bewährung in Anfechtung mit dem ewigen Leben belohnt wird 1, 12 S. 21. Von Gott soll sich Niemand angefochten wähnen 1, 13 S. 23, wohl aber wird Jeder vom eigenen Gelüsten angefochten 1, 14—15 S. 24; von Gott kommt nur Gutes 1, 16—17 S. 27, und sein Wille war es, daß er, und Wort der Wahrheit, wodurch er uns aus sich geboren hat 1, 18—19 S. 31. Zweite Ermahnung, statt selbstischen Eiferns zu hören auf Gottes Wort 1, 19—21 S. 34, aber so, daß man es auch thut 1, 22—25 S. 39, und nicht mit Schwatzen, sondern mit Liebeswerk und Selbstbewahrung Gotte zu dienen 1, 26—27 S. 45. Dritte Ermahnung, wenn sich Besucher in ihren Versammlungen einfinden, die Reichen nicht vor den Armen zu bevorzugen 2, 1—7 S. 48, was sie als Uebertreter des im Gebote der Liebe einheitlichen Gesetzes dem Gerichte überantwortet 2, 8—13 S. 57. Vierte Ermahnung, einen Glauben, von dem Einer sagt, er habe ihn, ohne daß er Werke hat, nicht für das gelten zu lassen, was zum Gerechten macht und errettet 2, 14—19 S. 62, und Ueberführung dessen, der sich ihn dafür gelten läßt, aus der Schrift 2, 20—26 S. 69. Fünfte Ermahnung, nicht Lehrmeister sein zu wollen, sondern zu bedenken, wie schwer vermeidlich Zungensünden sind 3, 1—11 S. 85. Sechste Ermahnung an die zum Lehren Befähigten, der Leidenschaftlichkeit und Eigensucht ledig zu gehen 3, 12—18 S. 97. Siebente Ermahnung, der Weltliebe abzusagen, die alles Unfriedens Ursache ist 4, 1—5 S. 106. Achte Ermahnung, von der hoffärtigen Sicherheit zu lassen, die der Gnade, welche Gott durch seinen Geist giebt, nicht zu bedürfen meint 4, 6—10 S. 112. Neunte Ermahnung, sich des mit der Demuth unverträglichen Afterredens und Richtens 4, 11—12 S. 117, und zehnte Ermahnung, sich des nicht minder der Demuth widerstreitenden Gebahrens, als verfüge man frei über seinen Lebensweg, zu begeben 4, 13—17 S. 119. Eilftens, einstiges Elend ankündigendes Strafwort gegen die Reichen 5, 1—6 S. 125. Zwölftens, Ermahnung, in geduldigem Warten auf die Zukunft des Herrn die Gegenwart zu ertragen 5, 7—12 S. 129. Dreizehntens, Ermahnung, zu beten in Leid und Freude, in Krankheitsnoth und Gewissensnoth Fürbitte zu begehren und dem sie Begehrenden zu gewähren 5, 13—18 S. 136. Vierzehntens, Schlußwort der Ermunterung, sich des von der Wahrheit Abgeirrten anzunehmen 5, 19—20 S. 143. Verlauf und innerer Zusammenhang des Briefs S. 146. Zweck und Eigenart desselben S. 152. Wann er verfaßt ist S. 156. Widerlegung der Gründe gegen seine Aechtheit S. 164.

Geschichtliche Bezeugung der Briefe Petri, Judä und Jakobi S. 169.

Der Brief Jakobi.

Der Brief Jakobi.

Im erſten Briefe Petri iſt uns neben dem, was auf Bekannt= Jakobus. ſchaft des Verfaſſers mit den pauliniſchen Briefen an die Römer und an die Epheſer ſchließen ließ, auch ſolches begegnet, was an den Brief Jakobi erinnerte: eine Wahrnehmung, welche auf die Frage führt, ob Petrus, als er ſeinen Brief verfaßte, auch dieſes Schriftſtück gekannt haben kann. Und da ſich Judas in der Ueber= ſchrift ſeines Briefs von Anderen ſeines Namens dadurch unterſchieden hat, daß er ſich als des Jakobus Bruder bezeichnete, ſo fragt es ſich, ob die Schrift, als deren Verfaſſer ſich ein Jakobus nennt, ſo be= ſchaffen iſt, daß ſie von dem Jakobus herrühren kann, für deſſen Bruder wir den Judas erkannten. Er findet nicht nöthig, ſich von Anderen ſeines Namens zu unterſcheiden, muß alſo zu der Zeit, als er dieſe Schrift verfaßte, eine Stellung eingenommen haben, die ihn deſſen überhob und ihn vorausſetzen ließ, daß die Leſer eben deshalb, weil er ſich nicht näher bezeichnete, an keinen Andern ſeines Namens denken konnten. Dieß war der Fall, wenn er der Jakobus war, den auch Paulus und der Verfaſſer der Apoſtelgeſchichte ſchlecht= weg ſo nennen, der Vorſteher der Ortsgemeinde von Jeruſalem, welcher, wenn wir recht geſehen haben, in den Verzeichniſſen der Zwölfe Sohn des Alphäus heißt. Aber erſt dann war es der Fall, nachdem der gleichnamige Bruder des Johannes im Jahre 44 den Zeugentod geſtorben war. Die Stellung, in der er Akt. 21, 18 erſcheint, hatte er jedoch ſchon damals inne. Wenigſtens ſetzt dieß der Verfaſſer der Apoſtelgeſchichte voraus, wenn er 12, 17 den ſeiner Haft entronnenen Petrus ſagen läßt ἀπαγγείλατε Ἰακώβῳ καὶ τοῖς ἀδελφοῖς ταῦτα. Ja nach Gal. 1, 19 hatte er ſie bereits inne, als

Paulus von Damask nach Jerusalem kam¹). Daß und wie er sie überkommen hat, berichtet der Verfasser der Apostelgeschichte eben so wenig, als er der ersten Bestellung von Aeltesten der Gemeinde Jerusalem's gedenkt. Es wird sich allmählich so gemacht haben, daß, während Anfangs mit der Verwaltung der Muttergemeinde auch die Ueberwachung der außer ihr befindlichen Gemeinden des heiligen Landes verbunden war und erstere, nach Akt. 8, 1 zu urtheilen, noch zur Zeit des Todes des Stephanus in den Händen der Apostel lag, in dem Maße, als ihnen die Ausdehnung ihres Berufsgebiets das Beisammenbleiben an Einem Orte unthunlich machte, die Verwaltung der Ortsgemeinde von Jerusalem, die freilich dem Hegesippus mit der Verwaltung der Kirche in Eins fällt²), Einem aus der Zwölfzahl überlassen blieb, was dann, weil die Gemeinde nun eben eine Ortsgemeinde wie andere war, auch die Bestellung von Aeltesten mit sich brachte. Jakobus verblieb in dieser Stellung bis zu seinem Tode, den Hegesippus³) mit abenteuerlichen Ausschmückungen erzählt, Josephus vielleicht erwähnt. Wenn der Letztere das, was wir bei ihm von dem Hohepriester Ananus berichtet finden⁴), daß er den Bruder jenes Jesus, den man Christus nennt, Jakobus mit Namen, und etliche Andere als Verbrecher am Gesetze zur Steinigung habe verurtheilen lassen, wirklich so geschrieben hat, dann ist Jakobus im Sommer des Jahres 62 gestorben, da sich Ananus dessen in der Zeit zwischen dem Tode des Festus und der Ankunft des Albinus unterfangen hat⁵). Aber es ist nichts weniger als wahrscheinlich, daß er, der alles die Gemeinde Jesu Betreffende mit Stillschweigen übergeht, des für ihn gleichgültigen Jakobus solcherweise namentlich Erwähnung gethan haben sollte; und vollends unwahrscheinlich ist, daß um dieses Jakobus und seines Gleichen willen — denn die anderen Verurtheilten hätte man sich um eben dasselbe angeklagt zu denken, wie ihn selbst — sowohl beim Könige Agrippa als bei dem noch unterwegs befindlichen Procurator Beschwerde erhoben worden sein sollte. Wer das, was sich bei Josephus von Jesus und vom Täufer erzählt findet⁶), für Einschub von christlicher Hand achtet,

---

¹) vgl. I. S. 77. ²) Euseb. hist. eccl. 2, 23; 4, 22. ³) Euseb. 2, 23
⁴) antiqq. 20, 9, 1. ⁵) vgl. V. S. 14. ⁶) antiqq. 18, 3, 3; 18, 5, 2.

wird auch an jener Stelle den Text durch Einschaltung des auf Jakobus Bezüglichen gefälscht achten müssen. Am allerwenigsten kann uns beikommen, die von Origenes[1]) bei Josephus irgendwo[2]) gelesene Stelle, wo die Zerstörung Jerusalem's als Strafe für des Jakobus, dieses Gerechtesten, Ermordung bezeichnet war, für eine ächte, aus den christlichen Handschriften — man sieht nicht, warum — getilgte Stelle zu achten[3]).

Ist Jakobus derselbe, welcher des Alphäus Sohn heißt, so hat, was wir 1 Kor. 15, 7 von ihm lesen, eine ganz andere Bedeutung für uns, als daß ihn erst diese ihm sonderlich zu Theil gewordene Erscheinung des Auferstandenen zum Glauben an ihn gebracht haben möge[4]). Zwei Reihen von Erscheinungen des Auferstandenen werden dort unterschieden. Die eine beginnt damit, daß er dem Kefas und dann den Zwölfen, die andere damit, daß er dem Jakobus und dann den Aposteln allen erschienen ist. Da die Apostel keine Anderen sind, als die Zwölfe, so müssen die beiden Reihen durch den Zweck seines Erscheinens verschieden sein sollen[5]), wie wir denn auch zuerst von Erscheinungen lesen, durch welche Jesus seines leiblichen Wiederlebens vergewisserte, und hernach von anderen, die der Belehrung der Apostel in Sachen des Reiches Gottes dienten[6]). Dort war es Kefas, und hier war es Jakobus, dem er zuerst sonderlich erschien. Für Kefas, der den Herrn verläugnet hatte, war es ein Trost, daß sich der Auferstandene zu ihm bekannte. Was aber den Jakobus betrifft, welchem eine in das Hebräerevangelium aufgenommene Sage den Auferstandenen noch früher, als dem Petrus, erschienen sein ließ[7]), so lehrt die Stelle, welche die ihm gewordene Erscheinung bei Paulus einnimmt, daß man sie sich als auf seinen Apostelberuf bezüglich denken soll. Was ihm Jesus sonderlich zu sagen gehabt haben mag, dürfen wir vielleicht nach der Schilderung bemessen, welche Hegesippus von ihm giebt. Denn wie übertrieben sie auch ist, in so weit wird sie Glauben verdienen, daß er vor Anderen auf leibliche Enthaltung und Kasteiung ge-

---

[1]) c. Cels. 1, 47. [2]) gegen Huther S. 1. [3]) wie Hilgenfeld hist. krit. Einleitg. in d. N. T. S. 526. [4]) so Bleek Einleitg. in d. N. T. (3. Aufl.) S. 629. [5]) vgl. z. 1 Kor. 15, 5—7. [6]) Att. 1, 3. [7]) Hieron. de vir. illustr. c. 2.

richtet war und an seinem Volke mit brennender Liebe hing: eine Sinnesweise, welche, wenn sie nicht in ihren Schranken blieb, der aller Welt zu verkündigenden Botschaft von der Gnade Gottes in Christo hinderlich werden konnte. Jakobus ist ihr aber nicht hinderlich geworden. Als es sich um die den syrischen Heidenchristen gemachte Zumuthung handelte, daß sie die Beschneidung und das Gesetz Mose's annehmen müßten, bewies er aus der Schrift, daß es nach Gottes Rathschluß eine heidnische Christenheit geben solle neben der jüdischen, und verlangte von der erstern nur, daß sie Enthaltung von solchem, was in einer christlichen Gemeinschaft nicht geduldet werden könne, ihre von Gemeinde wegen aufrechtzuerhaltende Gemeinsitte sein lasse[1]). Und Paulus nennt ihn Gal. 2, 9 unter denen vornan, die den Widersachern seines Berufswerks damit steuerten, daß sie öffentlich die Gleichberechtigung seiner Arbeit in der heidnischen Welt mit der ihrigen in Israel und die zwischen ihm und ihnen bestehende Gemeinschaft bezeugten[2]). Daß ein jüdischer Christ mit heidnischen unbeschränkten geselligen Verkehr und Tischgemeinschaft pflege, blieb in der Gemeinde, welcher Jakobus vorstand, allerdings anstößig: vertrug sich doch damit die gesetzliche Reinheit nicht, wenn auch die Heiden des Bluts und des Erstickten sich enthielten, da ihnen die sonstigen Speisegesetze Mose's nicht galten. Aber daß Jakobus dem Petrus, als er in Antiochia solche Gemeinschaft pflog, hiewider Vorstellung habe machen lassen, sagt Paulus Gal. 2, 12 ff. ebenso wenig, als daß Petrus aus Furcht vor Jakobus seine bisherige Weise aufgegeben habe. Er sagt Nichts von einem Einflusse, den die von Jakobus Hergekommenen durch ihre Einrede, geschweige durch eine im Namen und Auftrage des Jakobus erhobene Einrede auf Petrus ausgeübt haben[3]), sondern nur, daß Petrus nach ihrer Ankunft aus Furcht vor den Angehörigen der Beschnittenheit, welche durch sie erfahren würden, wie er es hielt, also aus Furcht vor der Ungelegenheit, die ihm in Jerusalem erwachsen möchte, sich zurückgezogen habe[4]). Ungenau ist es auch, wenn man von Jakobus sagt, er habe den mit der Absicht seiner

---

[1]) vgl. I. S. 130 ff.   [2]) vgl. I. S. 100 f.   [3]) gegen Huther S. 9.
[4]) vgl. I. S. 108 ff.

Uebersiedelung ins Abendland nach Jerusalem gekommenen Paulus veranlaßt, das unter den gläubigen Juden verbreitete Gerücht, er bestimme die in heidnischen Landen lebenden Juden, Gesetz und Beschneidung aufzugeben, durch Betheiligung an der gesetzlichen Lösung eines Gelübdes zu widerlegen. Der Verfasser der Apostelgeschichte sagt dieß nicht von Jakobus, sondern von den bei ihm versammelten Aeltesten der Muttergemeinde[1]. Freilich wird Jakobus damit einverstanden gewesen sein. Aber er konnte dieß auch, ohne dem Heidenapostel etwas zuzumuthen, was sich mit seiner Glaubensüberzeugung nicht vertrug. Denn ein Gelübde zu thun, war ihm nicht fremd[2], und die zur Lösung desselben gesetzlich erforderten Opfer zu bringen, war ein ander Ding, als durch solche Opferleistung Vergebung der Sünden zu suchen. Jakobus setzte voraus, daß auch Paulus den Ordnungen des Gesetzes nachwandle, und daß er dieß nicht gethan, sondern in der Weise eines Nichtjuden gelebt habe, läßt sich durch Nichts beweisen. Es ist nicht richtig, wenn man des Jakobus Stellung zum mosaischen Gesetze von der des Paulus in der Art verschieden sein läßt, daß der Letztere sich in Christo dem Gesetze abgestorben und den Juden Jude, den Nichtjuden Nichtjude zu sein berechtigt wußte, der Erstere dagegen das Gesetz zu halten für seine heilige Pflicht in Christo achtete[3]. Dem Gesetze gestorben zu sein, wie Paulus dieß Gal. 2, 19 von sich bezeugt, mußte auch Jakobus bekennen, wenn er dem Petrus beistimmte, daß ein Jude nicht anders, als der Nichtjude, nur durch die Gnade des Herrn Jesus errettet werde[4], wie wir denn in dem seinen Namen tragenden Briefe von keinem andern Gesetze lesen, als von dem der Freiheit. Und wenn Paulus 1 Kor. 9, 20 von sich sagt, er habe sich, um die unter dem Gesetze Befindlichen zu gewinnen, so gegen sie gehalten, als wäre er unter dem Gesetze, während er es an sich selbst nicht sei, so wird auch Jakobus nicht so unter dem Gesetze gestanden haben, daß der Stand unter der Gnade dadurch ausgeschlossen war[5]. Ihre innere Stellung zum Gesetze konnte keine verschiedene sein, wenn nicht auch ihre Stellung zu Christo eine verschiedene war; aber ihr

---

[1] Akt. 21, 20. [2] Akt. 18, 18. [3] so Huther S. 10. [4] Akt. 15, 11.
[5] Röm. 6, 14.

äußeres Verhalten konnte ein verschiedenes sein, während ihre innere Stellung die gleiche war. Es war kein Irrthum, wenn sich Jakobus zu Paulus dessen versah, daß er nach den Ordnungen des Gesetzes lebe, wenn gleich sich Paulus gegen die, welche das Gesetz nicht hatten, um sie zu gewinnen, so hielt, als hätte er es auch nicht. Denn hiemit ist nur gesagt, wie er sich im Verkehre mit ihnen, und nicht wie er sich abgesehen davon hielt. Er ist nicht aus seinem Volke ausgeschieden, also auch nicht von der durch Mose's Gesetz geordneten Lebensweise zurückgetreten, sondern hat sich nur das Gesetz kein Hinderniß seiner Berufsthätigkeit sein lassen. Für Jakobus aber, den sein Beruf ausschließlich auf den Verkehr mit seinen Volksgenossen anwies, konnte kein Anlaß entstehen, sich anders als nach den Ordnungen des geoffenbarten Gesetzes seines Volks zu halten, und dann war es auch seine Pflicht, so zu leben.

Grußüberschrift des Briefs.

Jakobus nennt sich in der Ueberschrift seines Briefs $\vartheta\varepsilon o\tilde{v}$ $\varkappa\alpha\grave{\iota}$ $\varkappa v\varrho\acute{\iota}ov$ $\vec{I}\eta\sigma o\tilde{v}$ $X\varrho\iota\sigma\tau o\tilde{v}$ $\delta o\tilde{v}\lambda o\varsigma$. $\varDelta o\tilde{v}\lambda o\varsigma$ $\vartheta\varepsilon o\tilde{v}$ nennt sich auch Paulus in der Ueberschrift seines Briefs an Titus, zugleich aber auch $\grave{\alpha}\pi\acute{o}\sigma\tau o\lambda o\varsigma$ $\vec{I}\eta\sigma o\tilde{v}$ $X\varrho\iota\sigma\tau o\tilde{v}$. Jakobus faßt in eins zusammen, daß er in Gottes und daß er in des Herrn Jesu Christi Dienste steht, mit Letzterem Ersteres näher bestimmend, aber ohne zu sagen, daß er im Dienste Jesu die Stellung eines Apostels einnimmt. Daß er sie auch nicht eingenommen habe, schließen wir hieraus ebenso wenig, als wir uns aus des Judas Selbstbezeichnung $X\varrho\iota\sigma\tau o\tilde{v}$ $\vec{I}\eta\sigma o\tilde{v}$ $\delta o\tilde{v}\lambda o\varsigma$ einen solchen Schluß zu ziehen für berechtigt achteten, oder das Buch der johanneischen Gesichte um deswillen für das Werk eines andern Johannes, als des Apostels, achten werden, weil sich sein Verfasser in der Ueberschrift nur ebenso nennt. Es ist ihm genug, seinen Lesern zu sagen, daß sie das, was er mit Abfassung dieser Schrift thut, als im Dienste Gottes und Jesu Christi gethan aufnehmen sollen. Und der Inhalt derselben wird sich hiezu schicken.

Bestimmt aber ist seine Schrift $\tau\alpha\tilde{\iota}\varsigma$ $\delta\dot\omega\delta\varepsilon\varkappa\alpha$ $\varphi v\lambda\alpha\tilde{\iota}\varsigma$ $\tau\alpha\tilde{\iota}\varsigma$ $\grave{\varepsilon}v$ $\tau\tilde{\eta}$ $\delta\iota\alpha\sigma\pi o\varrho\tilde{q}$. $T\grave{o}$ $\delta\omega\delta\varepsilon\varkappa\acute{\alpha}\varphi v\lambda o\nu$ $\hat{\eta}\mu\tilde{\omega}\nu$ nennt Paulus Akt. 26, 7 sein Volk, und $\tau\grave{\alpha}\varsigma$ $\delta\acute{\omega}\delta\varepsilon\varkappa\alpha$ $\varphi v\lambda\grave{\alpha}\varsigma$ $\tau o\tilde{v}$ $\vec{I}\sigma\varrho\alpha\acute{\eta}\lambda$ nennt Jesus Matth. 19, 28; Luc. 22, 30 das seinem Reiche der Zukunft angehörige Israel. Meinte Jakobus $\tau\alpha\tilde{\iota}\varsigma$ $\delta\acute{\omega}\delta\varepsilon\varkappa\alpha$ $\varphi v\lambda\alpha\tilde{\iota}\varsigma$ im erstern Sinne, so wäre seine Schrift dem außerhalb des heiligen Landes, im Zerstreuungsgebiete¹) befindlichen Theile des jüdischen Volks bestimmt. Da sie aber nichts enthält, was den nicht an Jesum gläubigen Juden um dieses ihres Unglaubens willen vor allem zu sagen gewesen wäre, sondern durchweg mit der Voraussetzung geschrieben ist, daß die Leser des Verfassers Glauben an Jesum theilen und sich deshalb von ihm sagen lassen, weil er als ein Knecht Jesu Christi zu ihnen redet; so deutet man sich ταῖς δώδεκα φυλαῖς dahin, daß ihm die an Jesum gläubigen Juden das wahre Volk Gottes waren. Aber dann müßte es eine andere Näherbestimmung haben, als ταῖς ἐν τῇ διασπορᾷ, eine solche, die den gläubigen Theil des jüdischen Volks vom ungläubigen unterschiede: erst einer solchen Näherbestimmung könnte sich die geographische Einschränkung anschließen. Versteht man ταῖς ἐν τῇ διασπορᾷ aus dem Gegensatze des Heimathsgebiets und des Zerstreuungsgebiets des jüdischen Volks, so kann mit ταῖς δώδεκα φυλαῖς eben auch nur das theils dort, theils hier wohnhafte Volk gemeint sein. Soll dieß aber nicht die Meinung sein, so wird jene Näherbestimmung anders verstanden sein wollen, wie uns denn auch in dem Briefe selbst nichts begegnen wird, was sich darauf bezöge oder daraus zu erklären wäre, daß sich die Leser außerhalb des heiligen Landes, in heidnischer Umgebung befinden. Sie wird ταῖς δώδεκα φυλαῖς in der Art näherbestimmen und einschränken, daß der Brief an die Gläubigen des jüdischen Volks gerichtet erscheint, und sie thut dieß, wenn sie nicht in dem alttestamentlichen Sinne, daß die außerpalästinensischen Juden die in der Fremde lebenden sind, sondern in dem neutestamentlichen gemeint ist, wie wir διασπορά in der Ueberschrift des ersten Briefs Petri gebraucht gefunden haben. In der Fremde lebten jetzt alle, die ihre Heimath im Himmel bei ihrem erhöheten Heilande hatten. Von dem jüdischen Volke lebte ein Theil in seiner irdischen Heimath, ein anderer außerhalb derselben. Aber dasjenige Israel, zu welchem Jakobus spricht, dasselbe, welches Gal. 6, 16 ὁ Ἰσραὴλ τοῦ θεοῦ heißt²), lebte in der Fremde, gleichviel wo es wohnte. Zu ihm spricht er, nicht zu einer Christenheit ohne Unterschied von Juden und Heiden, sondern zu dem Israel, welches sich von dem jüdischen Volke dadurch unterschied, daß

---

¹) vgl. z. 1 Petr. 1, 1. ²) vgl. z. b. St.

es sich nicht blos in den Ländern des Heidenthums, sondern überall auf Erden in der Fremde wußte.

Erste Ermahnung der Anfechtungen froh zu sein. 1, 2. Dem entspricht schon gleich der Anfang seines Schreibens. Er hat die aus der Redensart λέγω τινὰ χαίρειν entstandene Grußform χαίρειν gebraucht[1]), welche innerhalb des neuen Testaments nur in Briefen der Apostelgeschichte 15, 23; 23, 26 begegnet, ohne daß auf die erstere dieser beiden Stellen, als beweise sie, daß diese Grußform die dem Jakobus bräuchliche gewesen sei, Etwas zu geben ist, da der dortige Brief weder als ein Schriftstück von der Hand des Jakobus bezeichnet ist, noch auch für wörtliche Abschrift des wirklichen Gemeindebriefs gelten will[2]). Der Gruß konnte sich zu der Lage derer, denen er galt, übel zu schicken scheinen[3]). Sah sich doch der Apostel veranlaßt, sein erstes Wort ein auf ihre Anfechtungen bezügliches sein zu lassen. Daß er hiemit beginnt, hätte allein schon abhalten sollen, an innere Versuchungen zu denken oder unter πειρασμοῖς ποικίλοις alle Lebensverhältnisse zu begreifen, die den Christen dazu veranlassen können, aus seinem Glaubensstande herauszutreten oder darin wankend zu werden[4]). Nur wenn er Anfechtungen meinte, welchen die Leser in ihrer Eigenschaft als Christen ausgesetzt waren, und nicht wenn er auch solche darunter begriff, die das gemeine Leben mit sich bringt, konnte er Ursache haben, sein Schreiben mit einer auf sie bezüglichen Ermahnung zu beginnen. Nur solche meint auch Petrus im Beginne seines ersten Briefs, wo λυπηθέντες ἐν ποικίλοις πειρασμοῖς 1, 6 an dieses ὅταν πειρασμοῖς περιπέσητε ποικίλοις nicht minder, als die Bezeichnung seiner Leser an ταῖς ἐν τῇ διασπορᾷ erinnert. Hatte nun das Bekenntniß zu Jesu Christo Anfechtungen von allerlei Art im Gefolge, so mochten die Leser denken, wie sich doch gerade der Gruß χαίρειν zu ihrer Lage schicke, welche der Lage glich, aus welcher die unter heidnische Bevölkerungen verstreuten Israeliten ihre Klagen vor Gott kommen ließen. Aber Jakobus heißt sie das, was ihnen dann widerfährt — denn ein auf ὅταν[5]) bezügliches τοῦτο[6]) hat man als Objekt

---

[1]) Xenoph. Cyrop. 4, 5, 27; 1 Makk. 10, 18, 25; 15, 16; 2 Makk. 1, 1. [2]) gegen Kern, Huther. [3]) vgl. z. B. de Wette. [4]) so Huther. [5]) vgl. Kühner Gramm. II. S. 887. [6]) vgl. Soph. El. 59.

hinzuzudenken — für eitel Freude achten¹), ohne daß man hieraus folgern darf, sie seien bisher darüber unbillig bekümmert gewesen²). Da er zu dem ganzen christgläubigen Israel spricht, so hebt er mit dem an, was durch die allen ihm Angehörigen gemeinsame Lage veranlaßt ist, und ermahnt ohne Rücksicht darauf, ob Viele oder Wenige solcher Ermahnung bedürfen, die Anfechtungen, welche sie mit sich bringt, für das Gegentheil dessen zu achten, was dem natürlichen Menschen die ihm widerfahrenden Anfechtungen sind.

Der an den Imperativsatz sich anschließende Participialsatz kann entweder etwas benennen, was ist, so daß er das, wozu ermahnt wird, begründet³), oder etwas, das sein soll, indem er einen untergeordneten Bestandtheil der Ermahnung selbst bildet⁴). Wäre Letzteres der Fall, so müßte man erwarten, daß dem, was sie erkennen sollen, eine Bestätigung folgte. Aber es bedarf keiner Bestätigung, da es selbstverständliche Thatsache ist, und eben deshalb will es für etwas genommen sein, von dem der Apostel voraussetzt, daß seine Leser es wissen, so daß sie, weil sie es wissen, so thun sollen, wie er sie ermahnt. Er gebraucht γινώσκω im Sinne von ἔγνωκα⁵). Der Ausdruck τὸ δοκίμιον ὑμῶν τῆς πίστεως erinnert wieder an 1 Petr. 1, 7, ohne daß das vollwichtig bezeugte τῆς πίστεως dem Verdachte unterliegt, von dort her eingeschoben zu sein⁶). Aber er ist hier anders gemeint, als dort, wenn wir ihn an jener Stelle richtig verstanden haben. Τὸ δοκίμιον ist hier Substantivum, heißt aber dann weder „Prüfung"⁷) noch „Bewährtheit"⁸), sondern ist, wie in dem Spruche δοκίμιον ἀργυρίῳ καὶ χρυσῷ πύρωσις⁹), das, was dazu dient, daß sich Etwas in seinem reinen, schlackenfreien Werthe herausstellt. Was das Schmelzfeuer für Gold und Silber ist, die von allem Fremdartigen geläutert aus ihm hervorgehen, das sind für den Christenglauben die Anfechtungen, welche der Bekenner Jesu wegen dieses seines Bekenntnisses zu erleiden hat. Und von diesem Läuterungsmittel gilt nun in Wahrheit, und ohne daß es einer Auseinandersetzung mit Röm. 5, 3 f. bedarf, weil der dortige Satz ἡ θλῖψις

weil sie standhafte Ausdauer zu wirken bienen. 1, 3

---

¹) vgl. z. B. Eurip. Med. 454. ²) gegen Wiesinger. ³) so z. B. Wiesinger. ⁴) so Huther. ⁵) vgl. Kühner Gramm. II. S. 117. ⁶) gegen de Wette. ⁷) so z. B. de Wette, Wiesinger. ⁸) so Huther. ⁹) LXX Prov. 27, 21.

ὑπομονὴν κατεργάζεται ganz dasselbe besagt, daß es standhafte Ausdauer wirkt. Von der Bewährtheit des Glaubens ließe sich dieß nicht sagen, da sie das Ergebniß der Läuterung oder Prüfung ist, zu dem es ohne standhafte Ausdauer nicht gekommen wäre. Und wenn man dem entgegen behauptet, zur standhaften Ausdauer komme es bei dem Christen nicht unmittelbar dadurch, daß er geprüft wird, sondern dadurch, daß er in den Prüfungen besteht, also sich bewährt[1]), so setzt man unversehens die Bewährtheit in Selbstbewährung um. Unmittelbar wirkt freilich das, was den Glauben zu läutern dient, die standhafte Ausdauer nicht, wohl aber so, wie Paulus es meint, dessen Satz ἡ ὑπομονὴ δοκιμὴν κατεργάζεται, wenn er wahr ist, keine Umstellung verträgt, welche Subjekt und Objekt mit einander vertauscht. Wo die zur Läuterung des Glaubens dienende Anfechtung ihren Zweck erreicht, da macht sie, daß der Gläubige unter Erschwerungen seines Glaubensstandes festbleiben und aushalten lernt.

die dann aber eine völlige sein muß; 1, 4.
Aber die standhafte Ausdauer, welche die Anfechtungen als Mittel der Glaubensläuterung ihrerseits zu wirken geeignet sind, wird dann zur Sache dessen, in welchem sie zu Wege kommt, und da gilt dann die Ermahnung, ohne deren Befolgung ihre Wirkung vereitelt würde, ἡ δὲ ὑπομονὴ ἔργον τέλειον ἐχέτω. Verwunderlicher Weise hat man sich durch das Vorurtheil, ἔργον müsse hier, wie 2, 14 ἔργα, im Gegensatze zu πίστις das sittliche Thun bedeuten, zu dem Irrthume verleiten lassen, ὑπομονή sei die innere Willensthätigkeit des Gläubigen, ἔργον die ins Leben herausgestellte sittliche That, und die Ermahnung gehe also dahin, erstere solle nicht ohne letztere bleiben[2]). Gegen die hiebei angenommene Bedeutung von ἔχειν wäre zwar Nichts einzuwenden[3]), aber desto unrichtiger ist die Gegenüberstellung von ὑπομονή und ἔργον. Das ὑπομένειν ist ja selbst ein nicht blos innerliches, sondern auch nach außen gekehrtes Thun, und nicht, daß die ὑπομονή ein ἔργον, sondern daß sie ἔργον τέλειον haben soll, ist gefordert: der Ton liegt auf τέλειον[4]). Ohne τέλειον wäre gesagt, sie solle das leisten, was sie heißt[5]); mit τέλειον

---

[1]) so Huther. [2]) so nam. Kern. [3]) vgl. 1 Joh. 4, 18. [4]) vgl. Wiesinger. [5]) vgl. z. B. Eurip. Or. 454.

ist gesagt, sie solle das, was sie thut, ganz und vollkommen thun¹). Welcherlei Anfechtung auch den Gläubigen in seinem Glauben wankend oder dem Bekenntnisse desselben untreu machen oder zu welchem mit seinem Glauben unverträglichen Thun sie ihn bestimmen will, nie und unter keinen Umständen soll es die standhafte Ausdauer an sich fehlen lassen, zu thun, was ihres Thuns ist, also sich zu bethätigen. Dieß ist erforderlich, sagt der Apostel, damit ihr seid τέλειοι καὶ ὁλόκληροι, ἐν μηδενὶ λειπόμενοι. Τέλειος und ὁλόκληρος sind nicht weiter verschieden, als Vollkommenheit und Vollständigkeit: ersteres kann von einem ausgewachsenen Manne²), letzteres von einer vollen Woche³) gebraucht werden. Sie sollen im vollen Maße und sollen in aller Beziehung das sein, was sie sind. Dem ὁλόκληροι tritt, verneinungsweise dasselbe besagend, ἐν μηδενὶ λειπόμενοι zur Seite. Denn da λειπόμενοι keinen Genitivus bei sich hat, so ist ein Dahintenbleiben auf dem zurückzulegenden Wege⁴) gemeint. In keinem Stücke⁵) sollen sie dahintenbleiben, sondern in allem, was dem Christen ziemt, so weit kommen, als das vorgesteckte Ziel erheischt. Hiezu gelangen sie, wenn ihre Ausdauer unter Anfechtungen nicht erlahmt, indem dann die Anfechtungen dazu dienen, ihren Glauben in seinem reinen Werthe und frei von allem, was ihm fremdartig ist, herauszustellen. Denn nicht, was die Leser jetzt sein sollen, sagt der Absichtssatz, sondern was damit erzielt werden soll, daß sie es nie und unter keinen Umständen, also bis ans Ende nicht an der standhaften Ausdauer fehlen lassen.

Aber nicht ihrer allein bedarf der Christ in seinem anfechtungsvollen Stande, sondern auch der Weisheit. So nämlich stellt sich der Uebergang zu V. 5, wenn man nicht schon in V. 4 die Beziehung auf Anfechtungen aufgegeben und eine Ermahnung zu sittlichem Thun überhaupt gefunden hat. Denn im andern Falle kann die Weisheit, die von Gott erbitten soll, wer ihrer ermangelt⁶), eben auch nur als ein Erforderniß Anfechtungen gegenüber gemeint sein; und wer dennoch nichts Geringeres unter ihr versteht, als das

wem es hiebei an Weisheit gebricht, der soll sie von Gott erbitten. 1, 5.

---

¹) vgl. Wiesinger, Huther, Brückner. ²) wie Eph. 4, 13. ³) wie LXX. Lev. 23, 15. ⁴) vgl. z. B. Xenoph. anab. 4, 5, 12. ⁵) vgl. z. B. Herodot 7, 8, 1. ⁶) vgl. z. B. Soph. El. 474.

wesentliche Fundament der christlichen Lebensführung, die im Glauben wurzelnde, zur That treibende Einsicht in das, was des Christen Lebensaufgabe sowohl im Ganzen als im Einzelnen ist[1]), der giebt den Zusammenhang mit dem Vorhergehenden auf. Die Ermahnung geht ja aber an solche, die im Glauben stehen, die also unmöglich ohne Erkenntniß der christlichen Lebensaufgabe sein können. Wem sie fehlte, der müßte um diejenige Erleuchtung bitten, die zum Christen macht. Die Weisheit, die dem Gläubigen fehlen kann, ist das, was man gemeinhin Lebensweisheit nennt[2]). Ihrer bedarf er, um sich in der schwierigen äußern Lage so zu verhalten, daß er in keine andere Anfechtung geräth, als die ihn ohne sein Verschulden betrifft, und um sich in derjenigen, die ihn betrifft, Nichts zu Schulden kommen zu lassen, was sie unnöthig erschwert. Solche Weisheit ist eine Gabe, deren Besitz sich nicht nach dem Maße des Glaubens bemißt, sondern die bei gleichem Glaubensstande der Eine weniger haben kann, als der Andere. Der Apostel behandelt daher auch das Fehlen derselben nicht als etwas, das zum Vorwurf gereicht, sondern ermahnt nur, statt daß man darüber verzagt wird, sie von Gott zu erbitten, der Allen ohne Unterschied giebt, nämlich, was sie bedürfen und erbitten, giebt. Daß die Wortstellung Gott als den Gebenden schlechthin bezeichne[3]), ist unrichtig: διδόντος will nicht ohne seine Näherbestimmung πᾶσιν ἁπλῶς gedacht sein, ja es steht an tonloser Stelle, weil seine Näherbestimmung den Ton haben soll[4]). Allen ohne Unterschied giebt Gott, bevorzugt also nicht Einen vor dem Andern, daß man zweifeln könnte, ob man das Erbetene bekommen werde; und ἁπλῶς giebt er, nämlich so, daß er, anders als Menschen, die mit einer Nebenabsicht geben, welche ihre eigentliche Absicht ist, nur eben giebt, um zu geben[5]); und er giebt endlich, ohne dem, welchem er giebt, einen Vorwurf daraus zu machen, daß er ihm geben mußte[6]). Wo man besorgen muß, daß der Gebetene mit selbstsüchtiger Absicht giebt, sei es, um sich damit zu zeigen oder um den Empfänger zu etwas verbindlich zu machen, worauf er kein

---

[1]) so nam. Huther. [2]) vgl. Kol. 4, 5. [3]) so Huther. [4]) vgl. z. B. Akt. 1, 21; 2 Petr. 3, 2. [5]) vgl. 2 Kor. 9, 13; Röm. 12, 8. [6]) vgl. Sir. 20, 15; 41, 22.

Recht hat, oder wo man besorgen muß, daß er nicht giebt, ohne dem Empfänger aus seiner Bedürftigkeit, welche zum Geben nöthigt, einen Vorwurf zu machen, da ist nicht gut bitten. Gott aber kann man ohne Scheu mit Bitten angehen. Drum soll ihn bitten, wer der Weisheit entbehrt, und sie wird ihm gegeben werden.

Die eine Bedingung ist dabei, daß man gläubig bitte. So fährt der Apostel fort, diese Ermahnung ebenso an die hiedurch bedingte Verheißung δοθήσεται αὐτῷ anschließend, wie er an die tröstliche Aussage τὸ δοκίμιον ὑμῶν τῆς πίστεως κατεργάζεται ὑπομονήν die Forderung des 4. Verses angeschlossen hat, ohne deren Erfüllung jener Trost hinfällig würde. Der adverbialen Bestimmung ἐν πίστει, die Bitte müsse so geschehen, daß man ihrer Gewährung zuversichtlich gewiß sei, tritt verneinungsweise dasselbe besagend μηδὲν διακρινόμενος[1]) ebenso zur Seite, wie vorhin ἐν μηδενὶ λειπόμενοι dem ὁλόκληροι. Διακρίνεσθαι, in der Bedeutung „zweifeln" erst dem neutestamentlichen Sprachgebrauche eignend, kommt zu dieser Bedeutung schwerlich so, daß es eigentlich „mit sich selbst im Streite sein" heißt[2]). Da es sich immer auf einen gegebenen Gegenstand bezieht[3]), so wird man besser davon ausgehen, daß διακρίνειν mit folgendem indirekten Fragesatze[4]) wie ζητεῖν vom Anstellen einer Erörterung gebraucht wird. Hienach heißt das Medium διακρίνεσθαι sich bei sich selbst in Bezug auf Etwas fraglich stellen. Es verhält sich zu διακρίνειν, wie ὑποκρίνεσθαι zu ὑποκρίνειν. Daß der tiefere Grund solchen Zweifelns Hochmuth sei[5]), kann man nicht sagen[6]); es ist Herzensträgheit, wenn Einer nicht dazu kommt, entschieden zu glauben[7]). Ein solcher, sagt Jakobus, gleicht κλύδωνι θαλάσσης ἀνεμιζομένῳ καὶ ῥιπιζομένῳ, wo ἀνεμίζεσθαι, wie das sonst allein gebräuchliche ἀνεμοῦσθαι, der schwächere Ausdruck ist, die vom Winde bewirkte Bewegung überhaupt bezeichnend, ῥιπίζεσθαι als Bezeichnung stürmischer Bewegung der stärkere. Eine Meereswoge ist haltlos an sich selbst; kommt der Wind, so treibt er sie, wird er zum Sturme, so peitscht er sie vor sich her. So ist der Zweifelnde, der vom Zweifler

aber gläubig erbitten, da, wer zweifelt, leer ausgeht. 1, 6—7.

---

[1]) vgl. Akt. 10, 20. [2]) so z. B. Wiesinger. [3]) Röm. 4, 20; 14, 23; Matth. 21, 21; Akt. 10, 20. [4]) wie z. B. 4 Makk. c. 2. [5]) so Huther. [6]) vgl. Röm. 14, 23. [7]) vgl. Luc. 24, 25.

wohl zu unterscheiden ist. Des festen Halts entbehrend, der dem Glaubenden eignet, geräth er bei allem, was ihn von außen überkommt, vollends in Unruhe und, je mehr Noth oder Gefahr sich steigern, in fieberhafte Aufregung. Mit dieser Zeichnung des Zweifelnden begründet der Apostel seine Weisung, daß, wer Weisheit von Gott erbittet, gläubig, zweifelsfrei bitten müsse, und nicht soll sie nur dem διακρινόμενος zur nähern Erklärung dienen, daß erst der hernach folgende Satz die Begründung brächte[1]). Eine Beschaffenheit, wie die gezeichnete, macht ja offenbar untauglich zu rechtem Bitten. Andererseits aber, wenn nun der Imperativsatz folgt μὴ γὰρ οἰέσθω ὁ ἄνθρωπος ἐκεῖνος ὅτι λήψεταί τι παρὰ τοῦ κυρίου, kann man dieß nicht eine Fortsetzung jener Begründung nennen, mit dem zweiten γάρ nicht das erste wieder aufgenommen achten: solche Nebeneinanderstellung zweier begründenden Sätze ist undenkbar[2]). Das γάρ des Imperativsatzes verstärkt nur dessen Nachdrücklichkeit[3]). Meine doch, heißt es, selbiger Mensch ja nicht, daß er Etwas von dem Herrn, den er bittet, erlangen werde! Wobei ἐκεῖνος in so fern auf ein entfernteres Subjekt hinweist, als der zweifelnde Mensch der nicht ist, welcher sich der Zusage, daß der Bittende das Erbetene bekommen werde, getrösten darf[4]).

<small>wie ja ein in sich Zwieträchtiger durchweg haltlos ist. 1, 8.</small> Da der, welcher zweifelnd bittet, einerseits auf Erfüllung seiner Bitte hofft, indem er sonst nicht bitten würde, andererseits aber doch nicht darauf hofft, indem er sonst nicht zweifeln würde, so ist er ein ἀνὴρ δίψυχος. Da die innere Beschaffenheit eines Menschen ohne wesentlichen Unterschied als eine Beschaffenheit seiner καρδία oder seiner ψυχή bezeichnet werden kann, so konnte Jakobus ohne wesentlichen Unterschied statt des von ihm auch 4, 8 gebrauchten, möglicherweise von ihm selbst gebildeten Ausdrucks δίψυχος auch den Ausdruck δικάρδιος gebrauchen[5]). Aber δίψυχος paßt ihm besser, um einen Menschen zu bezeichnen, dessen Inneres so zwieträchtig gerichtet ist, als wären zwei unterschiedene Ich in ihm. Als einen solchen stellt sich dar, wer zweifelnd bittet. Daher meinte man, ἀνὴρ δίψυχος für Apposition zu ὁ ἄνθρωπος ἐκεῖνος nehmen zu sollen[6]):

---

[1]) gegen Huther. [2]) gegen Kern, Wiesinger. [3]) vgl. Kühner Gramm. II. S. 726. [4]) vgl. z. B. Demosth. 108. [5]) vgl. Sir. 1, 28. [6]) so Theile, Huther, Wiesinger, Brückner.

es wäre der allgemeinere Begriff, unter welchen der zweifelnd Bittende befaßt würde[1]). Aber dann müßte auch ἀκατάστατος ἐν πάσαις ταῖς ὁδοῖς αὐτοῦ als dem δίψυχος nebengeordnetes Prädikat dieser Apposition angehören, wozu es ungeeignet ist. Ἀκατάστατος[2]), das Gegentheil von εὐκατάστατος, ist derjenige, der einer festen Ordnung, eines sichern Halts ermangelt, also ἀκατάστατος ἐν πάσαις ταῖς ὁδοῖς αὐτοῦ, wem es in seiner ganzen äußern Lebensführung hieran gebricht. Wie könnte nun von dem, der Gott mit zweifelndem Herzen bittend angeht, ohne Weiteres gesagt sein, er ermangle in allem seinem Thun und Vornehmen einer guten Ordnung, eines festen Halts? Wer δίψυχος ist, von dem gilt es: die Zwieträchtigkeit seines Innern bringt mit sich, daß seine Lebensführung regellos und haltlos ist. Aber δίψυχος ist eben der weitere Begriff, unter welchen der zweifelnd Bittende nur in dieser Beziehung fällt. Es kann sonach ἀκατάστατος ἐν πάσαις ταῖς ὁδοῖς αὐτοῦ nur Prädikat zu ἀνὴρ δίψυχος sein und mit diesem Subjekte einen selbstständigen Satz bilden. Man wendet ein, der Begriff δίψυχος trete dann zu sehr zurück, und der Gedanke dieses selbstständigen Satzes stände zu unverbunden. Aber keines von beidem ist richtig, wenn der Gedanke der ist, daß ein Mensch, welcher das überhaupt ist, als was sich der zweifelnd Bittende in dieser Hinsicht erzeigt, in allem seinem Thun unfolgerichtig und haltungslos sei: er gleicht durchweg, wie der Zweifelnde in dem, was er zweifelnd thut, der vom Winde getriebenen Meereswoge. Diese Verallgemeinerung dessen, was von dem zweifelnd Bittenden gilt, bildet den Uebergang von der Ermahnung, daß festen Glaubens bitten soll, wer Gott um Weisheit in der anfechtungsvollen Lage des Christen bittet, zu der Ermahnung, die nun folgt.

Es war voreilig, wenn man zu δίψυχος bemerkte, ein solcher sei einerseits Gotte, andererseits der Welt zugewandt[3]), und man konnte dieß nur, wenn man, was in Wirklichkeit ein selbstständiger Satz ist, für Apposition zu ὁ ἄνθρωπος ἐκεῖνος nahm, zu dem es aber nicht paßt, weil dessen Zweifeln keineswegs in einer Weltliebe seinen Grund hat. Der Satz sagt ganz allgemein, was es um einen Menschen ohne innere Eintracht ist. Ein solcher soll nun der weshalb der Christ, unabhängig von dem Gegensatze der Niedrigkeit und des Reichthums, nur seines Christenstands froh sein soll, 1, 9—11.

---

[1]) vgl. Kern. [2]) LXX Jes. 54, 11. [3]) so Huther.

Christ nicht sein, damit nicht von ihm gelte, was von jenem gilt. Ein Christ, der niedrig steht, soll seiner Höhe froh sein und nicht, während er sich freut, Christ zu sein, sich darüber bekümmern, daß er so gering ist. Und ein Christ, der reich ist, soll seiner Niedrigkeit froh sein, in der er sich von wegen seines Christenstands befindet, und nicht daneben seines Reichthums[1]). Sonst wäre der Eine und der Andere ein ἀνὴρ δίψυχος und würde von ihm gelten, was von solchem gilt. Dieser Uebergang bietet sich uns im unmittelbaren Anschlusse an den vorhergegangenen Satz, wie wir ihn gefaßt haben, statt daß man sonst entweder bei der Freude in Anfechtung, zu welcher man eines höheren Bewußtseins bedürfe[2]), oder bei der Weisheit, als deren Fundament jetzt die richtige Betrachtung der irdischen Lebensverhältnisse benannt werde[3]), oder bei der Unfähigkeit des zweifelnd Bittenden, Etwas zu erlangen, welcher das Rühmen des Glaubenden gegenübertrete[4]), einen Anschluß sucht, gegen den sich bald das, was vorhergeht, bald das, was nun folgt, handgreiflich sträubt. Das, was nun folgt, kommt freilich sehr verschieden zu stehen, je nachdem man ὁ ἀδελφός auch zu ὁ πλούσιος gehören läßt oder nicht. Daß Ersteres das Näherliegende sei, läßt sich nicht läugnen. Die Gründe aber, aus denen man sich für das Andere entscheidet, sind nicht haltbar. Man sagt, die Unterscheidung armer und reicher Christen träte ganz unvermittelt ein und unterbräche den Zusammenhang zwischen V. 2 und V. 12, da sie zu den Anfechtungen, von welchen dieser Abschnitt handle, außer Beziehung stände. Man sagt ferner, ein reicher Christ hätte einer so eindringlichen Hinweisung auf die Vergänglichkeit des Reichthums wohl kaum bedurft, und was von dem Reichen gesagt sei, daß er wie des Grases Blume vergehen, in seiner Geschäftigkeit verwelken werde, lasse ihn nicht für einen Christen gelten[5]). Was den erstern Grund anlangt, so ist er zur einen Hälfte durch den Nachweis des Zusammenhangs mit dem nächstvorhergegangenen Satze entkräftet; zur andern Hälfte kommt er dadurch in Wegfall, daß in V. 12 um derjenigen standhaften Ausdauer willen glücklich gepriesen wird, deren ein in allem

---

[1]) vgl. Brückner. [2]) so de Wette. [3]) so Wiesinger. [4]) so Theile, Huther. [5]) so nam. Huther.

seinem Thun haltloser und unbeständiger Mensch, also jeder ἀνήρ δίψυχος, was auch ein um seine Niedrigkeit bekümmerter oder auf seinen Reichthum stolzer Christ sein würde, unfähig ist. Und was den zweiten Grund anlangt, so genügt gegen dessen eine Hälfte der Hinweis auf 1 Tim. 6, 17 und Matth. 6, 19, und gegen die andere die Unterscheidung von ὁ πλούσιος und ὁ ἀδελφὸς ὁ πλούσιος. Καυχᾶσθαι ἔν τινι ist nicht freudiges Bewußtsein[1]), sondern Aeußerung der Freude, etwas zu sein oder zu haben, was man ist oder hat, mag diese Aeußerung nun in Worten bestehen oder in der Haltung, die man einnimmt. Ταπεινός aber im Gegensatze zu πλούσιος ist, wie als Uebersetzung von רָשׁ oder אֶבְיוֹן[2]), Bezeichnung einer Lage und nicht eines Verhaltens und nicht beides zugleich[3]). Wenn es nun von einem in ärmlichen Verhältnissen lebenden, einer niedern Schicht der menschlichen Gesellschaft angehörigen Christen heißt καυχάσθω ἐν τῷ ὕψει αὐτοῦ, so ist es doch offenbar etwas schon Gegenwärtiges, nicht erst Zukünftiges[4]), dessen Besitz ihn froh machen soll. Die Höhe aber, die er einnimmt, ist entgegengesetzter Art, als die Niedrigkeit, in der.er lebt. Er ist klein vor den Menschen, aber groß vor Gott[5]). Umgekehrt heißt es von reichen, also in der Welt Etwas vorstellenden und vermögenden Christen καυχάσθω ἐν τῇ ταπεινώσει αὐτοῦ, wo ταπείνωσις ebenso, wie dort ὕψος, etwas Gegenwärtiges sein wird und nicht etwas ihm erst Zukünftiges, wie man es verstehen muß, wenn man ihn nur reich und nicht einen Christen sein läßt, indem dann der Gegenstand seines Rühmens das klägliche Ende sein soll, das er ungeachtet seines Reichthums nehmen wird. Ob es dem tief sittlichen Gemüthe des Jakobus natürlich[6]) und nicht vielmehr widersinnig wäre, ihn dessen sich rühmen zu heißen, mag Jedweder selbst beurtheilen. Ist es dagegen ein Christ, dem diese Ermahnung gilt, wie es ja doch nicht blos in Korinth[7]) oder Ephesus[8]), sondern auch unter der Christenheit, an welche Jakobus schreibt, Vornehme und Reiche gegeben haben wird[9]), so gilt, was oben von ὕψος im Gegensatze zu ταπεινός, nun umgekehrt von ταπείνωσις im

---

[1]) gegen de Wette. [2]) vgl. z. B. LXX 1 Sam. 18, 23; Jes. 32, 7; Sir. 29, 8. [3]) gegen Huther. [4]) gegen de Wette. [5]) Luc. 1, 15. [6]) so Huther [7]) 1 Kor. 1, 26. [8]) 1 Tim. 6, 17. [9]) Akt. 4, 34 vgl. mit 5, 4.

Gegensatze zu πλούσιος: nur daß jetzt, wo es sich um einen handelt, den sein weltlicher Besitz hoch stellt, den Gegensatz hiezu etwas bilden muß, was ihn in den Augen der Welt niedrig stellt; dieß ist aber sein verachteter und geschmähter Christenstand, dasselbe, was dort ὕψος in Gottes Augen ist, und nicht etwa seine Geringschätzung der irdischen Güter[1]), geschweige seine Demuth[2]). Ταπείνωσις bezeichnet nämlich gegenüber von ὕψος, wie sonst etwa im Gegensatze zu δόξα[3]), nicht ein Thun, sondern einen Stand. Nicht seiner Erniedrigung soll er sich rühmen, was dem Gegensatze ὕψος nicht entspricht, sondern seines Stands der Niedrigkeit[4]).

Nimmt man ὁ πλούσιος für den Gegensatz zu ὁ ἀδελφὸς ὁ ταπεινός, so bringt ὅτι einen dem ἐν τῇ ταπεινώσει αὐτοῦ nebengeordneten, den Gegenstand seines Rühmens näher benennenden Satz. Gehört dagegen ὁ ἀδελφός auch zu ὁ πλούσιος, so bringt es den Grund, warum sich der reiche Christ seiner Niedrigkeit rühmen soll und nicht seines Reichthums. Die Vertreter der erstern Auffassung machen nun geltend, daß nach der letztern von einem Christen etwas gesagt wäre, was nicht von ihm gesagt werden könne. Aber warum nicht? Was Pf. 103, 15 von dem Menschen gesagt ist אֱנוֹשׁ כֶּחָצִיר יָמָיו כְּצִיץ הַשָּׂדֶה כֵּן יָצִיץ, gilt auch von dem Christen und so denn auch von dem reichen Christen. Wenn es hier von Letzterm eigens gesagt wird, so hat dieß seinen Grund darin, daß er ermahnt wird, nicht seinen Reichthum seinen Stolz sein zu lassen. Was hilft ihm derselbe, da er selbst in dieser irdischen Welt nicht seines Bleibens hat? Mit einem auf die Vergleichung ὡς ἄνθος χόρτου bezüglichen γάρ fügt der Apostel eine Erzählung des Vorgangs an, wie des Grases Blume vergeht. Denn die Aoriste erzählen das, was je und je geschieht, als etwas, das einmal geschehen ist[5]), so zwar, daß ἀνέτειλεν ὁ ἥλιος σὺν τῷ καύσωνι einen selbstständigen Theil der Erzählung bildet, statt in einem Participialsatze dem Hauptsatze vorausgeschickt zu sein. Καύσων kann Hitze[6]), es kann auch der ausdörrende Ostwind sein, wie es in der Septuaginta für קָדִים gebraucht ist.

---

[1]) gegen Wiesinger. [2]) gegen Kern. [3]) Phil. 3, 21. [4]) vgl. z. B. Luc. 1, 48; LXX Pf. 136, 23; Sir. 11, 12; 1 Makk. 3, 51. [5]) Kühner Gramm. II. S. 136. [6]) wie Luc. 12, 55.

Hier ist es im letztern Sinne gemeint, da es nicht σὺν τῷ καύσωνι αὐτοῦ heißt, sondern ὁ καύσων in Begleitung der Sonne, also von ihr unterschieden gedacht ist.[1]) Mit dem heftigen aus der arabischen Wüste kommenden Ostwinde aufgegangen macht die Sonne das Gras dürre, und damit fällt dessen Blume und mit ihrem schönen Aussehen ist es vorbei. So, heißt es, wird auch der Reiche welken ἐν ταῖς πορείαις αὐτοῦ. Πορεία begegnet als Wiedergabe von דֶּרֶךְ[2]) oder עֵץ[3]), wo dieß von der Lebensführung gemeint ist, und πορεῖαι als Wiedergabe von הֲלִיכוֹת, was einestheils Züge wie Festzüge,[4]) anderntheils Gänge im Sinne des Einherziehens,[5]) oder, wie in der Verbindung הֲלִיכוֹת בֵּיתָהּ[6]) im Sinne des geschäftigen Thuns und Treibens bedeuten kann. Im letzten Sinne meint es Jakobus. Der Reiche, sagt er, wird inmitten seines mit dem Reichthum verbundenen geschäftigen Treibens, nicht inmitten seines glänzenden Lebensgenusses, den der Ausdruck nicht bedeuten kann,[7]) hinwelken: was aber nun nicht ein Strafgericht ist, das ihn sonderlich betrifft,[8]) sondern das gemeine Geschick, dessen nur deshalb gedacht ist, weil gesagt sein soll, daß den Reichen sein Reichthum desselben ja doch nicht überhebt. Denn nicht von der Vergänglichkeit des Reichthums ist die Rede, sondern von dem unausweichlichen Sterben des Reichen. Letzteres aber ist nicht als ein unversehens eintretendes, gänzliches Verderben gezeichnet, daß man sagen müßte, so gehe es nur demjenigen Reichen, der sein Herz an den äußerlichen Reichthum gehängt hat. Dieß besagt die Vergleichung nicht, so wenig als die gleiche des 103. Psalms,[9]) sondern nur, daß etwas über ihn kommt, wogegen ihn sein Reichthum nicht schützt, der unabwendbare Tod.

Diesem Geschicke stellt nun Jakobus das gegenüber, was desjenigen wartet, der Anfechtung aushält: ihn preist er um dessentwillen glücklich. Nicht preist er den glücklich, den er ταπεινός genannt hat, im Gegensatze gegen den, welchen er πλούσιος genannt hat. Auch jener kann in der Anfechtung unterliegen, und auch diesem,

dessen Bewährung in Anfechtung mit dem ewigen Leben belohnt wird. 1, 12.

---

[1]) gegen Huther. [2]) Prov. 2, 7. [3]) Jer. 10, 23. [4]) vgl. Delitzsch z. Ps. 68, 26. [5]) wie Hab. 3, 6. [6]) Prov. 31, 26. [7]) gegen de Wette, Wiesinger. [8]) gegen Huther, Beyschlag in d. theol. Stud. u. Krit. 1874 S. 128 f. [9]) gegen Kern.

wenn er Christ ist, bleibt die Anfechtung nicht aus, welche der Christenstand mit sich bringt. Um sie auszuhalten, müssen beide sich das gesagt sein lassen, was ihnen der Apostel gesagt hat; sonst sind sie zwiespältig in ihrem Innern und somit $\mathit{ἀκατάστατοι}$, haltlos und unfest, eine Eigenschaft, die des Aushaltens unter erschwerenden Umständen unfähig macht. Die Gefahr des Reichen war hier die näherliegende. Sein Reichthum konnte machen, daß ihm sein Christenstand nicht der alleinige Besitz war, dessen er sich rühmte. Daher wurde ihm vorgehalten, daß ihn der gewisse Tod aus Mitten seines Reichthums hinwegnehmen wird. Dem entgegen nennt der Apostel das, was dessen wartet, der Anfechtung aushält, die Krone des Lebens, welche Gott, oder vielmehr, da der Satz wahrscheinlich kein ausgesprochenes Subjekt hat, welche er, der nicht genannt zu werden braucht, den ihn Liebenden verheißen hat. Er wird sie bekommen, nachdem er aus der Anfechtung schlüßlich als einer hervorgegangen ist, welcher das, wofür er gelten will, ächt und wahrhaft ist. Denn dieß und nichts Anderes heißt $\mathit{δόκιμος}$. Wie edles Metall aus dem Schmelzfeuer, ist er aus den Anfechtungen schlackenfrei hervorgegangen und empfängt hierauf und in Folge dessen den Kranz des Siegers. So nämlich wird der Ausdruck $\mathit{στέφανος}$ zu nehmen sein,[1]) obgleich ein von Kampfspielen hergenommenes Bild allerdings fern läge. Auch von dem, der unter Anfechtung wohl bestanden ist, mag man sagen, daß er obgesiegt, den Sieg behalten habe.[2]) Der Ton aber liegt nicht auf $\mathit{στέφανον}$, daß $\mathit{τῆς\ ζωῆς}$ nur Näherbestimmung wäre, welcher Art der Kranz sei[3]), sondern auf $\mathit{τῆς\ ζωῆς}$ liegt er im Gegensatze gegen das $\mathit{παρέρχεσθαι}$ und $\mathit{μαραίνεσθαι}$, welches des Reichen wartet, ohne daß ihm sein Reichthum dagegen hilft, und Genitivus der Apposition ist $\mathit{τῆς\ ζωῆς}$, wie Apokal. 2, 10 in derselben Verbindung und wie 1 Petr. 5, 2 $\mathit{τῆς\ δόξης}$ in gleichem Falle. Mit dem seines Namens werthen, dem ewigen Leben hat Gott diejenigen zu krönen verheißen, die ihn lieb haben, und diese Verheißung wird sich an denen erfüllen, die aus der Anfechtung als ächte Bekenner Jesu hervorgehen. Daß Jakobus die, welchen solche Verheißung gegeben ist, gerade so benennt, wie er thut, erklärt sich nicht daraus,

---

[1]) gegen Brückner. [2]) vgl. z. B. Apokal. 3, 21. [3]) so Wiesinger.

daß die Anfechtung aushalten Beweis der Liebe Gottes, geschweige daraus, daß ihm, als das Wesen wahren Glaubens die Liebe zu bezeichnen, besonders wichtig ist[1]), sondern daraus, daß die Liebe Gottes es ist, an welcher es denen gebricht, die ihrer Seele Halbscheid, sei es in Bekümmerniß, sei es in Wohlbehagen, von Irdischem eingenommen sein laßen, was sie untauglich macht, die Anfechtung auszuhalten.

Mit V. 12 schließt, was wir in V. 9—11 gelesen haben, mit der Seligpreisung deßen, der die Anfechtung mit standhafter Geduld erträgt, die Ermahnung, weßen ein Christ froh sein soll. Unbetrübt um Armuth, wenn er arm, noch stolz auf Reichthum, wenn er reich ist, soll er deßen froh sein, daß er ein Christ ist, dem, wenn er Stand hält, ewiges Leben zu Theil wird.

Wenn nun der Apostel, allerdings ohne Uebergangspartikel, die aber auch V. 12 fehlt, so daß man daraus nicht schließen kann, er gehe wie etwa 3,1 zu etwas ganz Neuem über, mit μηδεὶς πειραζόμενος fortfährt, so kann er unmöglich ein πειράζεσθαι meinen, welches von dem πειρασμός, von welchem er bisher und noch eben gehandelt hat, so verschieden wäre, wie Reizung zur Sünde, der widerstanden, von Prüfung durch Leiden, die ausgehalten sein will.[2]) Daß Einer πειρασμῷ περιπίπτει und daß er πειράζεται, ist an sich eines und dasselbe. Es kann also auch der, von welchem Letzteres ausgesagt wird, nicht hiemit gegen den, von welchem es hieß ὑπομένει πειρασμόν, in Gegensatz gestellt sein.[3]) Er unterscheidet sich von jenem erst dann, wenn er in der Anfechtung, die er zu bestehen hat, so spricht, wie Jakobus sagt, daß er nicht sprechen solle, also wenn er sie, anstatt sie als fruchtbare Bewährung seines Glaubens auszuhalten, in der Art auf Gott zurückführt, daß er sich über ihn beschwert, von dem sie ihm komme. Indem er nämlich dies thut, macht er ihn für die Sünde der Untreue verantwortlich, zu der sie ihn bringen kann. Nicht hat er, wenn er spricht ἀπὸ θεοῦ πειράζομαι, eine Sünde gethan, deren Schuld er auf Gott schiebt, als welcher ihn dazu versucht habe: eine ungeachtet ihrer allgemeinen Verbreitung handgreiflich irrige, durch die Präsentia πειραζόμενος und πειράζομαι ausgeschloßene

Von Gott soll sich Niemand angefochten wähnen, 1, 13.

---

[1]) gegen Huther. [2]) gegen Kern, Wiesinger u. A. [3]) gegen Huther.

Auffassung. Seine Rede ist keine Selbstentschuldigung, sondern ein Murren gegen Gott; um so weniger hat sie mit der angeblichen Schicksalslehre der Pharisäer gemein[1]). Es ist etwas ganz Anderes, wenn Einer sagt διὰ κύριον ἀπέστην, αὐτός με ἐπλάνησεν[2]), als wenn er sagt ἀπὸ θεοῦ πειράζομαι. Die Begründung der Ermahnung, nicht so zu denken und nicht so zu sprechen, paßt jedenfalls zu unserer Auffassung derselben nicht weniger, als zu der sonst gewöhnlichen. Ἀπείραστος, spätere Form für ἀπείρατος, wird mit einem sachlichen Genitivus — und sachlich ist ja κακῶν ohne Zweifel gemeint — entweder in aktivischem Sinne verbunden, wenn die Sache eine Eigenschaft oder ein Thun ist, oder in passivischem, wenn sie etwas ist, das Einem widerfährt. Hienach heißt ἀπείραστος κακῶν entweder „Bösem fremd" oder „von Uebeln unbetroffen", auf keinen Fall aber „von Bösem oder zu Bösem unversucht oder unversuchbar"[3]). Zwischen jenen beiden Auffassungen wird der Umstand entscheiden, daß bei der ersten der Pluralis unveranlaßt wäre. Sonach ist von Gott gesagt, er sei von Schlimmem unangefochten, mit Uebeln unverworren, und dieß ist deshalb von ihm gesagt, weil das, was von ihm herkommt, wenn er von Schlimmem unberührt ist, auch nicht mit Schlimmem verflochten sein kann, das uns zu Bösem reizt: ein Gedanke, an welchen sich πειράζει δὲ αὐτὸς οὐδένα gut anschließt. Hieße es, Gott werde weder zu Bösem versucht, noch versuche er dazu, in welchem Falle αὐτός durch den Gegensatz im Sinne von „selbst" bestimmt wäre[4]), und nicht im Gegensatze gegen das, wodurch wirklich versucht wird, ein betontes „er" sein könnte[5]), so wäre die erste Hälfte des Satzes zwecklos; wogegen sich nach unserer Auffassung, bei welcher αὐτός auch ein „selbst", aber so viel als „von selbst" ist, der Gegensatz ergiebt, daß Gott ebenso wenig selbst und von selbst ansicht, damit man Böses thue, als er mit Schlimmem verworren ist, das sich mit dem verflicht, was von ihm ausgeht. Letzteres wäre allerdings kein πειράζεσθαι ὑπὸ θεοῦ, aber doch ein πειράζεσθαι ἀπὸ θεοῦ, und so nennt es ja der Apostel auch.

wohl aber wird Jeder vom eigenen Gelüsten angefochten; 1, 14—15.

Also Gott ficht Keinen an, sagt er. Wohl aber, fährt er fort,

[1]) gegen Schneckenburger. [2]) Sir. 15, 11 f. [3]) gegen Kern, Huther, Wiesinger u. A. [4]) so z. B. Theile, Wiesinger. [5]) gegen Huther.

geschieht Jedwedem, daß er von seiner eigenen Lust angefochten, versucht wird. Wäre der Gegensatz der, wenn ein Mensch versucht werde, so geschehe ihm dieß nicht von Gott, sondern von der eigenen Lust, so hätte das δέ des bejahenden Satzes, statt dessen aber dann wohl ἀλλά stände, den Sinn eines „vielmehr". Dann sollte man aber eine andere Wortstellung erwarten, daß ὑπὸ δὲ τῆς ἰδίας ἐπιθυμίας voran und dem Subjekte von πειράζει gegenüber stände, während in Wirklichkeit ἕκαστος mit Betonung dem Objekte von πειράζει entgegensteht. Von Gott angefochten zu werden, sagt der Apostel, widerfährt Niemandem; aber von der eigenen Lust angefochten zu werden, widerfährt einem Jeden: ein wesentlich anderer Gedanke, als den man zu lesen meint, wenn man V. 13 von innerlicher Versuchung im Gegensatze zu der vorher besprochenen äußern Anfechtung verstanden hat. Man läßt dann nicht von Jedem gesagt sein, daß er vom eigenen Gelüsten versucht werde, sondern daß jede Versuchung von ihm komme, indem man zu ἕκαστος, gleich als verstände sich dieß von selbst, πειραζόμενος ergänzt, während man doch zu οὐδένα, welchem ἕκαστος, und nicht dem μηδείς,[1]) gegenübersteht, keine derartige Ergänzung nöthig findet. Uebrigens verbindet sich ὑπὸ τῆς ἰδίας ἐπιθυμίας nicht mit πειράζεται[2]), sondern mit den andernfalls eines ὑπ' αὐτῆς bedürftigen Participien. In der Art, heißt es, wird Jedweder angefochten, daß er vom eigenen Gelüsten gezogen und geködert wird. Dieß ist dann freilich eine Anfechtung anderer Art, als die, von welcher wir V. 2 gelesen haben, daß man sie für eitel Freude achten solle, nicht die, in welche man von außen geräth, was von den Umständen abhängt, sondern die, welche uns in uns selbst entsteht, was bei Jedem der Fall ist. Anreizung zur Sünde, zur Verläugnung des Christenstands, ist die eine wie die andere. Wer die erstere als solche empfindet, soll nicht wider Gott murren, daß er ihn zur Sünde reize, sondern vor der andern auf der Hut sein, vor der Niemand sicher ist.

Man hat, was von letzterer gesagt ist, mit dem, was Paulus Röm. 7, 7 als Geschichte der Sünde im einzelnen Menschen giebt, verglichen oder auch ausgleichen zu sollen gemeint. Aber Paulus

---

[1]) gegen Wiesinger. [2]) gegen Theile, Wiesinger.

stellt dar, wie es dazu kommt, daß die dem Menschen als Menschen übererbt einwohnende Sünde zur persönlichen Sünde dieses Menschen, zum sündhaften Begehren des Ich wird. Jakobus dagegen schildert den Hergang, wie es bei dem, in welchem die sündhafte Begehrlichkeit bereits persönlich geworden ist, zur einzelnen Sünde kommt. Der Anfang ist, daß die sündhafte Begehrlichkeit zur Begierde nach dem oder jenem wird. Als solche ist sie hier gemeint, wenn es heißt, daß sie uns von da, wo wir sind, hinauszieht und durch etwas, das sie uns vorhält, ködert. Die Wahl der bildlichen Ausdrücke, mit denen der Apostel diesen Vorgang sammt seinen Folgen beschreibt, ist nicht durch eine darin durchzuführende Vergleichung, sondern durch die zu beschreibende Sache selbst bestimmt. Denn möchte δελεάζειν an den Fischfang erinnern[1]), so paßt hiezu ἐξέλκειν nicht, und möchte συλλαβοῦσα τίκτει ἁμαρτίαν die Lust als Buhlerin erscheinen lassen[2]), so geht ἡ ἁμαρτία ἀποκυεῖ[3]) θάνατον über dieses Bild hinaus. Die Lust ist, wie Röm. 7, 20 die Sünde, von dem Ich unterschieden gedacht, welches bei sich selbst oder, wenn es richtig mit ihm steht, in Gott ist. Von da zieht sie es an dem Widerhaken der Unbefriedigung, die sie in ihm erweckt, zu sich heraus, um es in ihre Gewalt zu bekommen, und hält ihm etwas vor, das ihm eine Befriedigung verspricht, damit es darnach greife, es sich anzueignen. Ihr ergiebt es sich denn und wird ihr zu Willen, geht in sie ein und befruchtet sie mit sich selbst, so daß sie nun die sündige That als das in ihr Erzeugte aus sich heraussetzt in die Wirklichkeit. Der persönliche Wille ist der Vater, die aus der angebornen Natur stammende Begierde, die ihn sich zu Willen gemacht hat, ist die Mutter dieser Sünde. So lange aber eine Sünde nicht ausgeführt ist, kann sie der Mensch noch rückgängig machen; nur wenn er dieß nicht thut, überantwortet sie ihn dem Tode, welcher der Sünde Sold ist. Daher heißt es ἡ δὲ ἁμαρτία ἀποτελεσθεῖσα ἀποκυεῖ θάνατον. Denn daß hier ἀποτελεσθεῖσα nur deshalb hinzugefügt sei, weil die Sünde wieder als Mutter vorgestellt werden sollte, wozu die geborene doch erst erwachsen sein müsse[4]), ist eine Meinung, bei der man dem Ver-

---

[1]) so z. B. Schneckenburger. [2]) so z. B. Huther. [3]) vgl. B. 18. [4]) so Brückner.

faffer zutraut, er habe auf die Vollständigkeit des Bilds solchen Werth gelegt, daß er ihr die Richtigkeit des Gedankens opferte. Auch ist von einer That wie ἁμαρτία gebraucht ἀποτελεῖσθαι nur von der Ausführung derselben zu verstehen und an ein Heranreifen in dem Sinne, wie ἀνὴρ ἀποτετελεσμένος ein voll ausgewachsener Mann sein kann, nicht zu denken. Wenn man den Apostel den Ursprung des Bösen im Menschen beschreiben läßt, dann ist freilich mit ἀποτελεσ-θεῖσα die Sünde überhaupt als zur Vollständigkeit ihrer Entwickelung fortgeschritten bezeichnet[1]). Aber hiezu paßt schon das aoristische Participium nicht. Er schreibt auch nicht ἡ ἐπιθυμία τίκτει τὴν ἁμαρτίαν, sondern ἁμαρτίαν ohne Artikel, und wenn er fortfährt ἡ δὲ ἁμαρτία, so weist hier der Artikel nur auf ἁμαρτίαν zurück. Bei ἡ ἐπιθυμία hat man allerdings nicht an einzelne Begierde zu denken, wohl aber bei ἁμαρτίαν an eine einzelne Sünde[2]). Und so unberechtigt es ist ἁμαρτίαν von der innern That zu verstehen, so daß mit ἀποτελεσθεῖσα deren Vollbringung in äußerer That gemeint wäre[3]), so kommt diese Unterscheidung dem Richtigen immerhin näher. Wenn man gefragt hat, wie denn von einer einzelnen Thatsünde, sobald sie vollbracht ist, gesagt sein könne, daß sie den Tod gebäre, als welcher doch das Ende aller Sündenfrucht sei[4]), so hat man nicht bedacht, daß jede Sünde des ewigen Todes schuldig macht[5]).

Ob wir V. 13 Recht daran gethan haben, πειράζομαι in demselben Sinne zu nehmen, wie vorher πειρασμός gemeint gewesen, wird sich jetzt zeigen. Denn es ist ja in aller Weise unrichtig, die Ermahnung μὴ πλανᾶσθε so zu verstehen, als warne der Apostel nun vor einem andern, von dem vorher abgewehrten verschiedenen Irrthume[6]). Immer[7]) steht μὴ πλανᾶσθε im Verfolge einer und derselben Rüge oder Ermahnung oder Zurechtweisung und leitet etwas ein, was ihr zur Unterstützung dient. Uebrigens handelt es sich nicht um einen bloßen Irrthum, sondern um eine Abirrung vom rechten Wege. Eine solche ist es, wenn man eine Anfechtung, welche zur Verläugnung des Christenstandes bringen möchte, in der Art auf Gott zurückführt, als ob er es hierauf absehe. So sich über ihn

von Gott kommt nur Gutes, 1, 16—17.

---

[1]) so z. B. Kern, Wiesinger. [2]) gegen Huther. [3]) so de Wette. [4]) so Wiesinger. [5]) vgl. Röm. 7, 10 f. [6]) gegen Theile. [7]) Gal. 6, 9; Kor. 6, 9; 15, 33.

beschweren und sich hiemit einer Stimmung hingeben, in der man unfähig wird, die Anfechtung zu bestehen, ist eine sittliche Verirrung, vor welcher der Apostel, um seiner Ermahnung den zu Herzen dringenden Ton besorgter Liebe zu geben, mit der Anrede ἀδελφοί μου ἀγαπητοί warnt. Sie sollen keinen anderen Gedanken Raum geben, als daß von droben eitel gute Gabe kommt. Denn dieß ist der Sinn des folgenden Satzes und πᾶς nicht anders gemeint, als V. 2 in πᾶσαν χαράν¹). Uebersetzt man „jede gute Gabe", so ist der Sinn nicht, da von Gott das Gute komme, so könne die Versuchung nicht von ihm ausgehen²), sondern alles, was gut ist, komme von ihm und nicht anderswoher, was dann auf den Irrthum brachte, als erinnere der Apostel, daß man es von ihm erbitten müsse³). Blieb man dabei, daß sich der Satz zu πειράζει οὐδένα wie das Positive zum Negativen verhalte⁴), so mußte man entweder πᾶσα und πᾶν unberücksichtigt lassen, oder man gerieth unversehens dazu, es in beiderlei Sinne zugleich zu nehmen, indem man erklärte, alles, was gute Gabe ist, komme von oben, und nur solches könne von dort kommen⁵). Wer also jenen Gegensatz anerkennt, kann den Apostel nicht anders verstehen, als daß er πᾶσα und πᾶν nicht minder, als ἀγαθή und τέλειον, betont wissen wolle und somit sage, lauter gute Gabe und lauter vollkommenes Geschenk komme von droben⁶). Er begnügt sich nicht, πᾶσα δόσις ἀγαθή zu schreiben, sondern fügt hinzu καὶ πᾶν δώρημα τέλειον. Gabe nennt er, was von oben kommt, in Rücksicht darauf, daß wir es empfangen, und Geschenk nennt er es in Rücksicht darauf, daß Gott damit seine Güte gegen uns erzeigt. Und was uns so zu Theil wird, ist gut, also geeignet, uns zu Gutem zu gedeihen, und was Gottes Güte uns spendet, ist vollkommen, also ohne einen Mangel oder Fehl, der es ungeeignet machte, uns das ganz und voll zu leisten, wozu wir seiner bedürfen. So entspricht der Verschiedenheit der beiden substantivischen Begriffe die Verschiedenheit der abjektivischen, wogegen es eine willkürliche Auffassung der letzteren ist, wenn man durch τέλειον das Gute als das sittlich Vollkommene näher bestimmt sein läßt, gleich als wäre τέλειος auf das

---

¹) vgl. Bengel, Schneckenburger, Kern. ²) so z. B. Huther. ³) so Grotius.
⁴) so de Wette. ⁵) so Wiesinger. ⁶) vgl Matth. 7, 9 ff.

Gebiet des Sittlichen eingeschränkt und ἀγαθός außer demselben gelegen[1]).

Ἄνωθέν ἐστιν kann für sich bestehen[2]). Verbindet man ἄνωθέν ἐστιν καταβαῖνον, so muß man übersetzen „ist eine von droben herniederkommende". Nicht steht ἐστίν καταβαῖνον, nur etwa mit Vereigenschaftlichung des Verbalbegriffs[3]), statt καταβαίνει. Die Stelle 3, 15, auf die man sich beruft, zeugt dagegen: ἄνωθεν κατερχομένη steht dort adjektivisch[4]). Mag man aber übersetzen „kommt von droben hernieder" oder „ist eine von droben herniederkommende", immer kann dieß nur von jeder, nicht von lauter guter Gabe ausgesagt sein: sonst könnte der Ton nicht, wie es bei dieser Uebersetzung der Fall ist, auf dem Prädikate liegen. Steht uns nun fest, daß vielmehr gesagt sein will, was und was allein von droben her ist, so müssen wir καταβαῖνον ἀπὸ τοῦ πατρός für einen an diese Aussage sich anschließenden Participialsatz nehmen, welcher besagt, warum lauter gute Gabe, lauter vollkommenes Geschenk von droben her ist. Wie könnte Anderes von dem herniederkommen, welcher ὁ πατήρ, τῶν φώτων παρ' ᾧ οὐκ ἔνι παραλλαγὴ ἢ τροπῆς ἀποσκίασμα? So nämlich wird der Relativsatz zu schreiben und nicht τῶν φώτων mit τοῦ πατρός zu verbinden sein, welcher Verbindung sich der Apostel sicherlich nicht versehen hat. Denn wie sollte Gott ὁ πατὴρ τῶν φώτων heißen, und welchen Zweck könnte diese Benennung in diesem Zusammenhange haben? Τὰ φῶτα sind, von allerlei thörichten Umdeutungen des Ausdrucks abgesehen, die Himmelsgestirne[5]). Daß nun Gott deren Vater heißen könne oder jemals heiße, hat noch Niemand nachgewiesen. Man sagt, sie seien dem Apostel das natürliche Abbild der Heiligkeit Gottes, was doch nur vom Lichte, nicht von den Lichtern gelten könnte, und verweist auf 1 Joh. 1, 5[6]), wo doch φῶς nur sinnlicher Ausdruck für Nichtsinnliches ist. Und warum nennt er ihn dann den Vater der Lichter, und nicht, was für solchen Zweck genug wäre, ihren Schöpfer, wie er Pf. 136, 7 עֹשֵׂה אוֹרִים גְּדֹלִים heißt? Man vergleicht Hebr. 12, 9[7]). Aber dort ist er unser Vater genannt: dem τοὺς τῆς σαρκὸς ἡμῶν πατέρας steht τῷ πατρὶ τῶν

---

[1]) gegen Huther. [2]) vgl. Joh. 8, 23. [3]) gegen Huther u. A. [4]) vgl. Huther z. 3, 15. [5]) Pf. 136, 7; Jrr. 4, 23. [6]) so Wiesinger. [7]) so Grotius.

πνευμάτων gegenüber[1]). Und wenn Gott ποιητής τῶν ὅλων καὶ πατήρ genannt wird[2]), so ist dieß doch offenbar etwas wesentlich Anderes, als wenn er sonderlich Vater der Himmelsgestirne genannt wäre. Noch entfernter davon ist, daß Philo[3]) den Logos die Quelle nennt, aus welcher die Sterne ihr Licht schöpfen[4]). Aber gesetzt, es ließe sich einer solchen Benennung Gottes ein erträglicher Sinn abgewinnen, so wäre doch nicht abzusehen, was den Apostel veranlaßt haben sollte, ihn in diesem Zusammenhange so zu benennen, weder wenn er sagt, daß von ihm her lauter gute Gabe, noch auch, ja noch weniger, wenn er sagt, daß jede gute Gabe nirgend anders, als von ihm her kommt. Um zu sagen — denn so deutet man etwa seine Meinung —, Gott, dessen Licht ohne Wechsel, überstrahle die Lichter, deren Licht ein wechselndes sei[5]), brauchte er ihn nicht ihren Vater zu nennen, gleich als bestände zwischen ihm und ihnen eine Wesensverwandtschaft. Zudem sagt er aber auch das gar nicht, was man ihn sagen läßt, daß das Licht der Himmelsgestirne ein wechselndes sei: nicht von ihnen, sondern von Gott handelt der Relativsatz, und zwar nicht so, daß er ihn mit ihnen in Vergleich oder ihnen gegenüber stellt, sondern so, daß er etwas benennt, was bei uns statthat, bei ihm aber nicht. Und dieß ist nicht eine Eigenschaft seines Wesens, sondern eine Beschaffenheit seines Seins. Mit Unrecht nämlich erklärt man παρ' ᾧ οὐκ ἔνι, als hieße es παρ' ᾧ οὐκ ἔστιν, wie Röm. 2, 11; 9, 14; Eph. 6, 9. Die allein zulässige Erklärung ist[6]): da, wo er ist, giebt es keine παραλλαγή noch τροπῆς ἀποσκίασμα. Dann bedürfen aber diese Begriffe eines Genitivus. Denn wenn auch παρ' ᾧ οὐκ ἔνι παραλλαγή etwa heißen könnte, da, wo er ist, gehe überhaupt keine Veränderung vor, so ergiebt sich doch für τροπῆς ἀποσκίασμα ohne dazu gehörigen Genitivus kein möglicher Sinn. Σκίασμα ist Beschattung im passiven Sinne[7]), Beschattung, die widerfährt, ἀποσκίασμα also Beschattung, die in der Art widerfährt, daß ein Körper seinen Schatten auf einen andern wirft. Hiemit verträgt sich nicht, τροπῆς sonderlich von der Sonnenwende zu verstehen[8]), die mit solcher Beschattung Nichts zu thun hat; der Ausdruck wird

---

[1]) vgl. z. b. St. [2]) wie z. B. Philo de car. § 2. [3]) de mundi opif. § 8. [4]) gegen Schneckenburger. [5]) so z. B. Huther. [6]) vgl Gal. 3, 28; 1 Kor. 6, 5; Kol. 3, 11. [7]) gegen de Wette. [8]) gegen Gebser, Theile.

allgemeiner davon zu verstehen sein, daß Gestirne in Wendungen ihre Bahn am Himmel beschreiben¹), welche Beschattungen in ihrem Gefolge haben. Und nun wird auch παραλλαγή in dem Sinne gemeint sein, in welchem es von Gestirnen gebraucht sein kann. Da es zunächst solche Veränderung bedeutet, welche den Begriff des Wechsels oder Tausches in sich schließt, so hat man zu verstehen, daß die Gestirne mit einander abwechseln. Bald scheint die Sonne, bald der Mond, und die Wendung, mit der sie ihre Bahn beschreiben, bringt bald der Sonne, bald des Monds Verdunkelung mit sich. Von den Gestirnen, die uns leuchten, gilt dieß; von Gott aber ist gesagt, daß da, wo er ist, solches nicht statthat. Dann ist aber der Relativsatz des Genitivus τῶν φώτων, da sonst nicht ersichtlich ist, wessen παραλλαγή und ἀποσκίασμα gemeint sei, eben so bedürftig, als seine Verbindung mit τοῦ πατρός unzulässig ist: er ist des Nachdrucks wegen, der auf τῶν φώτων liegt, dem Relativum vorangestellt²). Das Licht, worin Gott droben, nämlich schlechthin droben, über Allem wohnt³), ist unwandelbar, der Welt des wechselnden Lichts, die wir bewohnen, jenseitig: er ist der Vater im Himmel. Als der Vater wird er uns seinen Kindern nur Gutes geben⁴), und aus seinem unwandelbaren Lichte wird er nur vollkommene Geschenke spenden.

Und wie könnte er uns dazu reizen wollen, unserm Christenstande zu entfallen, nachdem er uns aus gnädigem Willen und mittelst eines Wortes der Wahrheit und, um an uns eine Erstlingschaft seiner Schöpfungen zu haben, von sich aus in das Leben geboren hat, in dem wir als Christen stehen? So begründet nun der Apostel durch das, was Gott an uns gethan hat, sein μὴ πλανᾶσθε, nachdem er vorher versichert hat, wie gewiß von droben nur Gutes komme. Denn daß er jetzt statt aller anderen guten Gaben Gottes die größte, die unserer Wiedergeburt nenne⁵), kann man nicht sagen. Was vorherging, war eine in Gottes Wesen begründete allgemeine Aussage; was jetzt folgt, ist Erinnerung an eine Thatsache der eigenen Erfahrung. Untergeordnet ist also Letzteres dem Erstern nicht. Daß es ihm aber auch nicht nebengeordnet, weil ein zum Folgenden

und sein Wille war es, daß er, Wort der Wahrheit, wodurch er uns aus sich geboren hat. 1, 18—19.

---

¹) vgl. LXX Hiob 38, 33; Plato Tim. 39 D. ²) vgl. z. Kol. 2, 14; Röm. 16, 27. ³) 1 Tim. 6, 16. ⁴) Matth. 7, 11. ⁵) so de Wette, Wiesinger.

überleitender¹) Hauptgedanke, sei, wird man ebenso wenig sagen können, geschweige, was sich von selbst widerlegt, daß es eine specielle Folgerung aus dem vorherigen Satze sei. Es gab sich von selbst, daß die Begründung des μὴ πλανᾶσθε in den Gedanken ausging, in welchem sie gipfelt und welcher zugleich dem Folgenden einen Anschluß bot. Freilich an eine solche Nebenordnung, wie man sie in den Satz faßte, Gott sei, wie der Gestirne, so auch unser Vater²), können wir glücklicherweise nicht mehr denken. Den Vater nannte ihn der Apostel, als welcher er gewiß nur gute Gaben giebt, und daran, wie er unser Vater geworden ist, erinnert er jetzt. Und weil dieß dazu dienen soll, daß man sich nur alles Guten und keiner zur Sünde reizenden Anfechtung von ihm versehe, drum steht βουληθείς voran. Auf Grund seiner Willensmeinung, der er also nicht selbst entgegenhandeln wird, hat er uns von sich aus in das selbstständige Leben geboren, in dem wir als Christen stehen. Wohl nicht ohne Grund gebrauchte der Apostel hier wie V. 15 den Ausdruck ἀποκυεῖν, welcher sonst die Geburt als Ausgang der Schwangerschaft, nicht, wie man wohl gesagt hat³), als Schmerzgeburt benennt. Es liegt darin, daß Gott uns in ihm selbst des Lebens Anfang hat nehmen lassen, in welches er uns dann aus sich hinaussetzte. Aber der Apostel nennt auch das Mittel, wodurch er dieß gethan hat, und benennt als dasselbe ein Wort, nicht das Wort⁴), der Wahrheit, um die Wesenheit desselben zu betonen und hiedurch zu bedenken zu geben, daß er, der uns durch solches Wort in das Christenleben geboren hat, nicht in Widerspruch mit sich selbst treten und an uns thun wird, was uns um dasselbe bringe. Ist Wahrheit das Wesen des Worts, mittelst dessen er uns in dieses Leben gesetzt hat, so wird er seinem Worte auch getreu bleiben und es mit der That an uns erfüllen. Hat er es doch mit der Absicht gethan, daß wir eine Erstlingschaft seiner Schöpfungen sein sollten. Um des τινά willen bei ἀπαρχήν diesen Ausdruck in der Art bildlich zu fassen, daß damit auf die alttestamentliche Darbringung aller Erstlingsfrucht angespielt wäre, wornach man den Apostel sagen läßt, wir sollten von allen

---

¹) so Huther. ²) so Theile. ³) so Werner in b. theol. Quartalschr. S. 261. ⁴) gegen Huther.

Geschöpfen Gottes zuerst ihm geweiht sein¹), ist schon deßhalb unthunlich, weil ἀπαρχή diesen Sinn nur haben kann, wo Menschen solches, das ihnen eignet, an Gott dargeben. In der Verbindung mit τῶν αὐτοῦ κτισμάτων kann ἀπαρχή nur so gemeint sein, wie wenn 1 Kor. 15, 30 Christus ἀπαρχὴ τῶν κεκοιμημένων heißt. Es kommt nur darauf an, daß man τῶν αὐτοῦ κτισμάτων richtig verstehe, und hiezu giebt die nachdrucksvolle Stellung des αὐτοῦ die nöthige Anweisung. Es hat damit die gleiche Bewandniß, wie wenn Apokal. 3, 14 Christus ἡ ἀρχὴ τῆς κτίσεως τοῦ θεοῦ genannt wird. Die Schöpfungen Gottes in dem unbedingten Sinne, den die Stellung des αὐτοῦ andeutet, werden erst dann vorhanden sein, wenn das geschehen sein wird, was Paulus Röm. 8, 21 in Aussicht stellt. Die Kinder Gottes aber sind das, was die Welt dann sein wird, bereits vermöge des Lebens, in welches sie Gott aus sich geboren und hiemit die Schaffung der Welt, welche ganz Gottes Schöpfung sein wird, angehoben hat. Ἀπαρχήν τινα schreibt der Apostel sonach nicht, weil er einen bildlichen Ausdruck gebraucht — von einem ungewöhnlichen oder zu kühnen Tropus könnte ja wahrlich nicht die Rede sein²) —, sondern weil die Christen das, was er sie nennt, in so fern noch nicht im vollen Sinne sind, als die Herrlichkeit ihrer Gotteskindschaft noch erst eine innerliche ist und ihrer die Verklärung der übrigen Welt mit sich bringenden Offenbarung entgegenwartet. Denn nicht, was zu werden, sondern, was zu sein, Gott uns aus sich geboren hat, besagt der Zwecksatz. Daß aber ἡμᾶς von den Christen überhaupt und nicht von den ersten oder den jüdischen gemeint ist, bedarf wohl keiner Erinnerung³).

Mit dem Zurufe Ἴστε⁴) ἀδελφοί μου ἀγαπητοί, wieder so liebevoll dringend, wie er ermahnt hatte μὴ πλανᾶσθε ἀδελφοί μου ἀγαπητοί, schließt der Apostel seine Warnung ab, Anfechtungen nicht so aufzunehmen, als bringe Gott in die Lage, dem Christenstande untreu zu werden. Die Lesart ὥστε hat nicht nur das Gewicht der äußeren Zeugnisse gegen sich, sondern unterliegt auch dem Verdachte, aus denselben Bedenken herzurühren, welche gegen die andere geltend

---

¹) so z. B. Kern, Wiesinger, Huther, Brückner. ²) gegen Winer Gramm. S. 160. ³) gegen Theile u. A. ⁴) so Lachmann, Tregelles, neuerlich auch Tischendorf wieder, anders Reiche comm. crit. in N. T. III. S. 159 f.

gemacht werden; und der Umstand, daß sich die Form *ἴστε*, wenn es Indicativus sein soll, in den neutestamentlichen Schriften nur Hebr. 12, 17, dagegen bei Jakobus selbst 4, 4, wie sonst immer, die Form *οἴδατε* findet, erleichtert nur die Annahme, daß *ὥςτε* geschrieben wurde, weil man mit *ἴστε* nicht zurechtkam. Imperativus kann es freilich nicht sein. Nicht, wenn man es auf das Vorhergehende bezieht, da das Nächstvorhergegangene nicht der Art ist, daß es die Leser als eine Belehrung hinnehmen sollten, und noch weniger, wenn man es das Folgende einleiten läßt, in welchem Falle das *δέ* hinter *ἔστω* unmöglich wäre[1]). Wohl aber kann der Apostel dem vorhergegangenen Satze ein „ihr wißt es ja" folgen lassen, um ihnen zu Gemüthe zu führen, daß sie sich dieß selbst sagen könnten und also von selbst dagegen verwahrt sein sollten, sich von Gott aus angefochten zu wähnen. Wenn es so die in V. 13—18 ausgeführte Warnung abschließt, so ist dieß ein wesentlicher Vorzug vor der andern Lesart, deren *ὥςτε* die folgende Ermahnung so an V. 18 anknüpft, als ob er den Zweck hätte, sie einzuleiten, während er doch vielmehr die Warnung vor jenem Wahn zu begründen dient und nur in so fern dem Folgenden einen Anknüpfungspunkt bietet, als er daran erinnert, daß es ein Wort der Wahrheit ist, durch welches uns Gott in unser Christenleben geboren hat.

Zweite Ermahnung statt selbstischen Eiferns zu hören auf Gottes Wort. 1, 19—21. Von den Anfechtungen, die der Christenstand für Alle mit sich bringt, hat der Apostel bis jetzt gehandelt. Er hat gesagt, wofür man sie achten soll, nämlich für Bewährungen des Glaubens, bei denen es Gott dem gläubig Bittenden nicht an der nöthigen Weisheit fehlen läßt und deren Aushaltung er mit dem, was für Arme und Reiche das alleinige Gut ist, mit dem ewigen Leben belohnt; und hat gesagt, wofür man sie nicht halten soll, nämlich nicht für Versuchungen Gottes zum Bösen, wie sie von der eigenen bösen Lust ausgehen, während von ihm nur Gutes kommt und sein Werk unserer Neugeburt solche Gedanken ausschließt. Im Folgenden wird nun der Apostel von dem thätigen Verhalten des Christen handeln, worin es wesentlich bestehe und was man nicht dafür achten solle. Die an Sprüche des Siraciden[2]) erinnernde und gemeinmenschlicher Weisheit

---

[1]) gegen Huther. [2]) vgl. Sir. 4, 29; 5, 11 ff.

angehörige[1]) Regel, daß man schnell sein solle zum Hören, langsam zum Reden, dient dem Folgenden, wo es auf das eigenthümlich christliche Leben angewendet wird, nur zur Einleitung[2]). Denn von Hören und Reden ganz im Allgemeinen handelt sie, und nicht hat man, wozu die Lesart ὥςτε verführen mochte, das Wort der Wahrheit als das hinzuzudenken, dem man williges Gehör leihen soll[3]). Wer aber schnell ist, zu reden, der wird auch schnell sein zum Zorn. Denn dasselbe, was ihn zu reden treibt, wird ihn auch leidenschaftlich erregen, wenn er kein Gehör findet. In diesem Sinne schreitet die Ermahnung von βραδὺς εἰς τὸ λαλῆσαι fort zu βραδὺς εἰς ὀργήν, und nicht darf man Letzteres so in Ersteres eintragen, daß nur von zornigem Reden gesagt wäre, man solle langsam dazu sein[4]). Umgekehrt will βραδὺς εἰς ὀργήν näher so verstanden sein, wie sein Anschluß an βραδὺς εἰς τὸ λαλῆσαι es mit sich bringt. Daß man dann βραδύς, weil ὀργή im schlimmen Sinne gemeint sei, während λαλεῖν nicht an sich selbst etwas Schlimmes sei, in zweierlei Bedeutung nehmen müsse, ist nicht richtig. Die Langsamkeit ist beide Male die eine und selbe desjenigen, der es an sich kommen läßt, weil ihm nicht darum zu thun ist, sich oder sein Wort zur Geltung zu bringen. Er redet nicht, um zu Wort zu kommen, und wird nicht leidenschaftlich gegen den, bei welchem sein Wort kein Gehör findet. Zürnen kann er, wie Jakobus selbst 3, 20; 4, 4; 5, 1 ff., kann es ebenso wohl als reden, beides aber erst dann, wenn es Pflichtversäumniß wäre, es nicht zu thun. Dieß ist dann aber nicht der Zorn, von dem der Apostel sagt ὀργὴ ἀνδρὸς δικαιοσύνην θεοῦ οὐκ ἐργάζεται. Ob hier οὐκ ἐργάζεται zu lesen ist oder οὐ κατεργάζεται, macht für die Auslegung keinen Unterschied. Beide Verba wechseln mit einander ab, nicht nur in der Bedeutung „thun", wie Röm. 2, 9 f., sondern auch in der Bedeutung „wirken", wie 2 Kor. 7, 10. In der erstern Bedeutung kann ἐργάζεται, das allerdings die beglaubigtere Lesart sein dürfte, hier nicht genommen sein wollen. Wohl heißt ἐργάζεσθαι δικαιοσύνην Akt. 10, 35 thun, was recht ist, während es Hebr. 11, 33 von der Rechtsverwaltung gebraucht ist. Aber wenn man hier er-

---

[1]) vgl. Theile. [2]) vgl. Huther. [3]) so Kern, de Wette u. A. [4]) gegen Huther.

klärt, Zorn thue nicht, was recht, nämlich von Gottes wegen recht ist[1]), so hat man für diese Auffassung des Ausdrucks δικαιοσύνη θεοῦ keinen Beleg[2]) und macht den Gegensatz ἀνδρός und θεοῦ bedeutungslos. Δικαιοσύνη θεοῦ ist im Gegensatze zu einer dem Menschen von ihm selbst aus eignenden Gerechtigkeit eine nach Gott benannte, also von Gottes wegen ihm eignende Gerechtigkeit[3]), dieß aber dann entweder hinsichtlich des Verhältnisses zu Gott, daß der Mensch Gottes Urtheil für sich hat, oder hinsichtlich des Verhaltens, daß des Menschen Beschaffenheit die rechte ist. Im vorliegenden Falle kann es sich nicht darum handeln, wie ein Mensch dazu gelange, seiner Sünden Vergebung zu haben, sondern wie er dazu gelange, so beschaffen zu sein, wie Gott ihn haben will. Wird nun diese Beschaffenheit δικαιοσύνη θεοῦ genannt, so ist damit gesagt, daß sie Gottes Werk ist. Wenn sie aber dieß ist, wie kann menschlicher Zorn sie wirken? Der Apostel spricht von einem Zorne dessen, der zu Anderen redet, also durch sein Wort auf sie wirken will und in Zorn geräth, wenn sein Wort das nicht wirkt, was er bezweckt. Da kann er doch nicht sagen wollen, ob das, was ein solcher thut, wohl oder übel gethan sei, sondern nur ob er das damit bewirke, was er zu Wege bringen will. Was bei denen, über die er in Zorn geräth, und nicht was bei ihm selbst oder gar bei ihm und bei ihnen[4]) nicht zu Wege kommt, ist das Objekt von ἐργάζεται. Der Einwand, daß doch Niemandem einfallen konnte, sein Zorn wirke die Rechtbeschaffenheit, in welche herzustellen Gottes Werk sei[5]), ist nichtig. Der Satz soll ja eben dessen überführen, daß es Thorheit sei, einen Menschen durch zornige Worte in das hineinreden zu wollen, wozu nur Gott ihn machen kann, und deshalb ist ihm eine Fassung gegeben, welche diesen Widersinn handgreiflich macht. Solcher Zorn wird aber dem fern bleiben, der langsam zum Zorne wie zum Reden ist. Wie er nicht eher redet, als von Gottes wegen, so zürnt er auch nicht anders, als um Gottes willen. Anders zu reden und anders zu zürnen, ist Sache der Eigensucht, die das Ihre will.

Welche Anwendung die in V. 19 vorangestellte allgemeingültige

---

[1]) so z. B. Bengel, de Wette, Kern, Huther. [2]) vgl. z. 2 Kor. 1, 12. [3]) vgl. z. 2 Kor. 5, 21. [4]) so Brückner. [5]) so Huther.

Regel sonderlich auf den Christen erleibe, sagt nun der mit διό angefügte Satz. Nicht aus V. 20 folgert er[1]), der ja nur jener Weisung und nur einem Bestandtheile derselben zur Begründung dient, sondern aus der gemeingültigen Regel selbst. Denn nicht zur Sanftmuth im Gegensatze zum Zorn ermahnt der Apostel, sondern zu willigem Hören, zu sanftmüthiger Aufnahme des heilsamen Worts im Gegensatze zu einer in Zorn ausartenden Leidenschaft, zu reden. Voraussetzung dafür ist das völlige Abthun dessen, was er ῥυπαρίαν καὶ περισσείαν κακίας nennt. Zu übersetzen „den Schmutz der reichlich sich findenden Bosheit"[2]), ist durch die Gleichstellung der durch καὶ verbundenen Begriffe verwehrt. Und übersetzt man wortgetreuer „die Unsauberkeit und Reichlichkeit der Bosheit"[3]), so bleibt unverständlich, daß zwei so grundverschiedene Begriffe wie Unsauberkeit und Reichlichkeit, von denen der erste eine an sich selbst schlimme Eigenschaft, der andere nur ein Maß ausdrückt, als gleichartige Beschaffenheiten der κακία verbunden sein sollten. Verbunden aber sind allerdings nicht ῥυπαρίαν und περισσείαν κακίας, so daß letzteres der eigentlichere Ausdruck für ersteres[4]) oder ein ihm nächstverwandter Begriff[5]) wäre, sondern ῥυπαρίαν καὶ περισσείαν ist verbunden, so daß κακίας von beidem abhängt. Dieß ist so gewiß die Meinung, so gewiß πᾶσαν nicht blos zu ῥυπαρίαν gehört und hinter καὶ nicht wiederholt ist. Aber eben so gewiß ist, daß πᾶσαν zu περισσείαν nicht paßt, wenn damit die Bosheit als eine reichlich vorhandene bezeichnet sein soll. Oder weiß Jemand zu sagen, was das heißen will, man solle alle Reichlichkeit der Bosheit abthun? Das Wort muß also in dem andern Sinne gemeint sein, den es haben kann. Denn aus der Grundbedeutung „darüber hinaus" ergiebt sich für περισσός und περισσεύειν neben der Bedeutung des Ueberschwänglichen auch die des Ueberschüssigen[6]) und des Uebrigseienden[7]). Hienach kann περισσεία κακίας ein Ueberblieb von Bosheit sein. Man hat zwar, es so zu nehmen, eine Willkürlichkeit genannt, indem diese Bedeutung nur περίσσευμα habe[8]). Aber kann περισσεία nicht nur

---

[1]) gegen Wiesinger, Huther, Brückner. [2]) so Wiesinger. [3]) so Huther. [4]) so Schneckenburger. [5]) so Kern. [6]) vgl. Philo de vict. off. § 9. [7]) vgl. Matth. 14, 20; LXX Exod. 10, 5; 1 Sam. 2, 36; Joseph. b. Jud. 2, 6, 2. [8]) so Huther.

Ueberschwänglichkeit, sondern auch Ueberschwang, überschwängliche Fülle bedeuten¹), so wird es auch Ueberblieb bedeuten können. In diesem Sinne genommen, verträgt es sich mit πᾶσα und paßt zu ῥυπαρία, welches nicht blos die Eigenschaft der Unsauberkeit, sondern auch den Schmutz selbst bedeutet. Der Apostel ermahnt seine Leser nicht, sie sollen alles bösliche Wesen, sondern sie sollen allen Schmutz und Ueberblieb desselben von sich thun. Daß sie ihm abgesagt haben, setzt er voraus. Aber es kann, wie bei einem Gefäße, das man unreinen Inhalts entleert hat, Schmutz davon hängen, ein Bodensatz davon übrig geblieben sein, der sie zu sanftmüthiger Aufnahme des heilsamen Worts ungeeignet, zu eigensüchtiger und dann auch leidenschaftlicher Geltendmachung der eigenen Person geneigt macht.

Und so nennt er ja auch das Wort, welches sie in Sanftmuth aufnehmen sollen, nicht nur das ihre Seelen erretten könnende, um welcher Eigenschaft willen sie es doch gerne sich aneignen müssen, sondern auch das eingepflanzte, nämlich, wie sich von selbst versteht, nicht von Geburt oder Natur eignende, sondern, gleichviel wie, innerlich zu eigen gewordene²). Es ist jenes Wort der Wahrheit, von dem er gesagt hat, Gott habe uns durch dasselbe, also dadurch, daß es an uns kam und in uns Raum gewann, in das Christenleben geboren. Verdanken wir aber ihm diesen unsern Lebensstand, so muß es uns, damit es unsere fort und fort gefährdeten Seelen auch wirklich rette, innerlich zu eigen bleiben, und hiezu dient uns jede Verkündigung desselben, durch welche das uns einwohnende immer wieder zu vernehmen kommt. Es ist also nicht genug, daß es uns einwohnt, wir müssen es auch, wo immer es an uns kommt, in uns aufnehmen. Daß wir es bereits in uns haben, ist so wenig ein Grund hiegegen, daß wir es vielmehr eben deshalb, weil es dasselbe ist, das uns einwohnt, immer gerne in uns aufnehmen müssen. Es kann also keine Rede davon sein, als wäre ἔμφυτον proleptisch gemeint³) oder das Wort als Besitz der Christenheit, nicht des einzelnen Christen, so genannt⁴). Ἐν πραΰτητι benennt nicht sowohl die Art und Weise, wie wir das Wort, wo es an uns kommt, aufnehmen, als vielmehr,

---

¹) Röm. 5, 17. ²) vgl. Herodot. 9, 94. ³) gegen Calvin. ⁴) gegen de Wette.

im Gegensatz zur κακία, die Gemüthsverfassung, welche erforderlich ist, damit wir es, wie δέχεσθαι besagt,[1]) hinnehmen. Πραΰτης aber ist das Widerspiel anspruchvollen Wesens, nicht liebreiche Gesinnung gegen den Nächsten[2]), sondern die Gemüthsverfassung dessen, der nicht darauf aus ist, sich geltend zu machen, sondern sich bescheidet, den Andern gelten und sich gerne sagen läßt[3]). Ein solcher ist überhaupt schnell zu hören, langsam zu reden, langsam zum Zorn, und ist es insonderheit als Christ hinsichtlich des Hörens und Redens des Worts, welches unsere Seelen retten kann.

Das erste Erforderniß christlichen Verhaltens ist also, daß wir für das Wort der Wahrheit immer gleich zugänglich seien, das zweite, daß wir es unser Thun bestimmen lassen. Mit einem γίνεσθε ermahnt der Apostel hiezu, welches weder „werdet" noch „seid" übersetzt sein will, wenigstens nicht in dem Sinne, daß der Christ das, was er als solcher sei, noch immer mehr werden müsse[4]). Sich als Etwas erzeigen, so und so sich verhalten heißt γίνεσθαι hier und an den ähnlichen neutestamentlichen Stellen[5]), das Sein bezeichnend, wie es je und je ist. Die Leser sollen sich als Leute erzeigen, die das Wort, das sie hören, nicht blos anhören, sondern thun. Ποιηταί λόγου ohne rückweisenden Artikel vor λόγου ist so gedacht, daß nicht sowohl ausgedrückt sein soll, wie sie sich zu diesem Worte, dem seelenrettenden, weil es dieses ist, sondern wie sie sich, da sie es mit einem Worte zu thun haben, solchem gegenüber verhalten sollen. Wortes Thäter sollen sie sein, den Inhalt desselben je und je in das Thun ihres Verhaltens übersetzend, nicht Anhörer blos, womit sie sich nur so begnügen könnten, daß sie sich mit falscher Rechnung selbst betrögen. Παραλογιζόμενοι ἑαυτούς kann nämlich nicht adjektivisch zu ἀκροαταί gehören[6]). Denn obgleich ἀκροαταί an μόνον seine Näherbestimmung hat, ohne die es vollends ungeeignet wäre für einen derartigen Beisatz, so wäre er doch deshalb unpassend, weil ja doch nicht diese Eigenschaft der bloßen Anhörer das sein soll, was sie abhält, sich hiemit zu begnügen. Als Participialsatz dagegen an καὶ μὴ ἀκροαταί μόνον angeschlossen besagt es, wie sie dazu kämen, sich

aber so, daß man es auch thut. 1, 22—25.

---

[1]) vgl. 1 Thess. 1, 6. [2]) gegen Huther. [3]) vgl. z. Gal. 5, 23. [4]) so Huther. [5]) vgl. z. Gal. 4, 12; 1 Kor. 11, 1; Phil. 2, 15. [6]) gegen Kern, Schneckenburger u. A.

blos anhörend zu verhalten. Sie würden sich auf Grund einer falschen Rechnung, indem sie sich nämlich Rechnung darauf machten, das Wort werde sie schon so erretten, damit begnügen.

Mit ὅτι fügt der Apostel einen Grund an, warum man so thun soll, wie er ermahnt hat, womit dann zugleich erklärt ist, in wie fern, wer es nicht thut, sich selbst betrügt, ohne daß sich aber ὅτι nur auf das untergeordnete παραλογιζόμενοι ἑαυτούς bezieht[1]). Er sagt, wenn Einer Hörer des Worts sei, aber kein Thäter, der gleiche einem sich im Spiegel beschauenden Manne. Den Ausdruck τὸ πρόςωπον τῆς γενέσεως αὐτοῦ faßt man so, daß τῆς γενέσεως Näherbestimmung des Hauptbegriffs πρόςωπον sei, das Angesicht als das von Geburt her eignende bezeichnend, in welchem Falle αὐτοῦ dem Gesammtbegriffe τὸ πρόςωπον τῆς γενέσεως angehören muß[2]). Es begreift sich, daß man von hier aus dazu kam, den Ausdruck im Gegensatze gegen des Menschen innere, sittliche Gestalt[3]) oder gegen die Beschaffenheit, die ihm durch die Wiedergeburt zu eigen wird[4]), gewählt zu achten, was sich doch mit dem Zwecke der Vergleichung nicht verträgt, welcher keinen andern Vergleichungspunkt zuläßt, als den solchem Gegensatze fremden, den der Apostel V. 24 namhaft macht. Dann ist aber auch eine solche Näherbestimmung, wie sie τὸ πρόςωπον an τῆς γενέσεως haben soll, unveranlaßt und zwecklos, ja zweckwidrig. Wenn möglich, muß τῆς γενέσεως der Hauptbegriff sein. Und es ist möglich, weil γένεσις nicht blos das Werden, sondern auch das Sein bedeuten kann, und zwar entweder im Sinne des Daseins, das Einer durchlebt[5]), oder seines derzeitigen Seinsbestandes[6]). Im letztern Sinne wird es hier gemeint sein. Dann ist aber τὸ πρόςωπον nicht das Antlitz, sondern wie 1, 11 die äußere Gestalt, die sich dem Anblicke darbietende Erscheinung, hier also die des sich im Spiegel Beschauenden, in welchem er sich sieht, wie er dermalen ist. Dem so sein Spiegelbild Betrachtenden vergleicht nun der Apostel den, welcher das, was ihm gesagt wird, nur Gegenstand seines Hörens sein läßt, ohne es zum Inhalte seines Thuns zu machen. In wie fern, sagt V. 24, dessen Präterita gleich denen von 1, 11 dazu dienen, das, was auf

---

[1]) gegen Wiesinger. [2]) gegen Huther. [3]) so z. B. Knapp. [4]) so Kern.
[5]) so z. B. Weish. Sal. 7, 5; Jud. 12, 18; Plato Phaedr. 252 D. [6]) so Plut. de εἰ apud Delph. 18.

solche Selbstbeschauung im Spiegel folgt, als eine rasche Folge von Vorgängen zu zeichnen, mit denen es dann vorbei ist, und dessen nur mit καί aneinandergereihten Sätze in dem innerlichen Verhältnisse stehen, daß der dritte der Nachsatz des zweiten ist, welcher den ersten zu seiner Voraussetzung hat. So wie er, heißt es, nach seiner ja doch nur augenblicklichen Selbstbeschauung weggegangen ist — ein Perfectum, welches den Zeitpunkt bezeichnet, wo er also nicht mehr vor dem Spiegel steht —, hat er sofort vergessen, wie er war. Ebenso geht es dem, der es bei dem Hören des Wortes bewenden läßt. Sein Hören desselben nützt ihm nicht mehr, als jenem seine Spiegelschau, und drum vergleicht es sich ihr. Er hat von dem, was er hört, einen augenblicklichen Eindruck; da er es aber nicht zu seinem Thun werden läßt, so ist es ihm hernach wieder ebenso fremd, wie vorher: es ist ihm lediglich gegenständlich gewesen und außer ihm geblieben. Wäre freilich richtig, daß Viele sehr gut behalten, wie sie aussehen[1]), dann wäre die Vergleichung irrig: es müßte heißen, der bloße Hörer des Worts gleiche dem, der, nachdem er sich im Spiegel betrachtet hat, vergißt, wie er aussehe. Aber dem ist nicht so. Wohl kann Einer im Allgemeinen wissen, wie er aussehe, aber seine Züge so zu behalten, wie er sie im Spiegel gesehen hat — weshalb es denn auch ὁποῖος ἦν heißt —, vermag Niemand. Es hat also mit dem, was zur Vergleichung dient, seine Richtigkeit. Andererseits darf man es aber auch nicht weiter ausbeuten, als der Apostel selbst. Wenn man auf den Gedanken verfällt, daß Gottes Wort ein Spiegel sei, in welchem man seine sittliche Gestalt erkennen könne und solle[2]), so verwirrt man die Vergleichung, als besage sie nebenher, der Mensch solle seine innere Gestalt im Worte Gottes betrachten, wie Einer seine äußere im Spiegel beschaue.

Von dieser Verirrung aus ist man denn auch weiter darauf gerathen, den Ausdruck παρακύπτειν εἰς νόμον τέλειον ebenfalls von einer Selbstbeschauung im Spiegel des göttlichen Wortes zu verstehen, wornach man dann dem παρακύπτειν einen durch den Sprachgebrauch[3]) nicht gerechtfertigten Gegensatz zu κατανοεῖν beimaß, als bedeute letzteres

---

[1]) so de Wette. [2]) so de Wette, Wiesinger. [3]) vgl. z. 1 Petr. 1, 12.

ein bloßes Wahrnehmen[1]), ersteres dagegen ein sorgfältiges oder eifriges Hineinschauen[2]), und sich wohl gar ein Hineinschauen in einen auf dem Boden oder auf dem Tische liegenden Spiegel vorstellte[3]). Die Vorstellung eines Spiegels paßt ja nur zu der Selbstbeschauung, und mit solcher Selbstbeschauung ist das Verhalten dessen, der ein bloßer Hörer des Worts ist, nicht so verglichen, als ob auch er sich im Worte Gottes beschaue, sondern nur in so fern, als beide von dem, was sie thun, nichts haben, das ihnen bleibt, weil das, was sie thun, nur Sache eines vorübergehenden Augenblicks ist. In dieser letztern Beziehung wird nun dem bloßen Hörer des Worts nicht sofort der, welcher auch Thäter desselben ist, sondern der gegenübergestellt, der in ein vollkommenes Gesetz hineingeschaut und dabei, nämlich nicht beim Gesetze, sondern beim Hineinschauen in dasselbe, in dieser Haltung beharrt hat. Das, worein er eingeschaut hat, wird diesmal namhaft gemacht als ein vollkommenes Gesetz, weil es dieß und ihm dieß sein muß, wenn von ihm gelten soll μακάριος ἐν τῇ ποιήσει αὐτοῦ ἔσται. Gesetz, also Weisung, was er soll, muß es sein und er es sich dieß sein lassen, und vollkommenes Gesetz muß es sein, aber vollkommen in dem Sinne, wie die Apposition „nämlich das der Freiheit" besagt. Denn dieser Beisatz benennt nicht etwa eine zweite Eigenschaft desselben neben der Vollkommenheit, daß man fragen müßte, worin letztere bestehe[4]), sondern besagt, welches Gesetz für ein vollkommenes zu gelten habe, benennt es aber gleich nach dem, was es hiezu macht. Nach der Freiheit aber kann das Gesetz nicht blos so benannt sein, daß der Genitivus entweder den bezeichnet, der es gegeben hat, oder den, welchem es gegeben ist: ein Angesichts von Stellen wie Röm. 9, 31; Eph. 2, 15 gewiß verwunderlicher Irrthum, der auf die Erklärung des Ausdrucks brachte, es sei das Gesetz benannt, welches dem Menschen in seinem von der Herrschaft der Sünde freigewordenen Heilsstande gegeben ist[5]). Nach der Freiheit, welche das Stehen unter einem Gesetze ausschließt, kann ein Gesetz, welches sagt, was sein soll, nur in dem Sinne benannt sein, daß es darnach beschaffen ist, im Stande der Freiheit erfüllt

---

[1]) vgl. dagegen z. B. Hebr. 3, 1; 10, 24. [2]) so z. B. Kern, Wiesinger, Huther. [3]) so Schneckenburger, Theile, Huther. [4]) gegen Wiesinger. [5]) so Weiß Lehrb. der bibl. Theol. des N. T. S. 178.

zu werden. Ein solches Gesetz hat Jeremia in Aussicht gestellt, als er von einer Zeit sagte, wo Jehova sein Gesetz ins Innere, ins Herz seines Volks geschrieben haben werde[1]). Und so ist dem Christen gesagt, was er solle. Nicht in einer Anzahl einzelner Gebote, die man einzeln erfüllen muß, weil sie vorgeschrieben sind, wie ein Knecht die einzelnen Befehle seines Herrn ausrichtet, besteht das Gesetz des Christen, sondern ist der einheitliche Wille Gottes, zum eigenen Willen des Menschen geworden. Eine unangemessene Bezeichnung ist es, wenn man dieses neutestamentliche Gesetz, das Evangelium[2]), und eine unrichtige, wenn man es das christliche Sittengesetz[3]) nennt. Die christliche Wahrheit heißt hier $νόμος$ in gleichem Sinne, wie anderwärts $ἐντολή$[4]), nämlich als Offenbarung dessen, was Gott von uns will. Sie kommt an uns, wenn wir sie verkündigen hören, und ist uns innerlich, nachdem wir sie uns im Glauben haben zu eigen werden lassen, wie V. 21 das Wort, das man aufnehmen soll, $ὁ ἔμφυτος λόγος$ hieß. Als Wort, das uns sagt, was wir sollen, ist sie außer uns und Gegenstand unsers ihr zugewendeten Blicks; aber uns innerlich geworden ist sie Inhalt unsers eigenen Willens, also das Gesetz, welchem wesentlich ist, so frei, wie es selbst uns gemacht hat, erfüllt zu werden.

Hieraus erklärt sich, wie der Apostel von dem, der in dieses Gesetz eingeblickt und dabei beharrt hat, sofort sagen kann, er sei ein Thäter desselben geworden. Er thut dieß aber so, daß der es besagende Participialsatz einen Bestandtheil des Nachsatzes bildet, wenn anders $οὗτος$ sowohl hinter $παραμείνας$, als vor $μακάριος$ steht. Daß sich die Einschaltung des erstern $οὗτος$ aus dem Fehlen einer verbindenden Partikel hinter $παραμείνας$ unschwer erkläre[5]), kann man doch wohl kaum sagen, da es, wenn man eine solche Partikel vermißte, viel näher lag, $καί$ einzuschalten. Aber man konnte gar nichts vermissen: ein Participialsatz, welcher aussagte, was in und mit dem beharrlichen Einblicke in das Gesetz der Freiheit gegeben sei, hatte nichts Anstößiges. Und hätte man, um mit ihm den Nachsatz beginnen zu lassen, $οὗτος$ an dieser Stelle eingeschaltet, so würde man

---

[1]) Jerem. 31, 33. [2]) so z. B. Wiesinger. [3]) so de Wette. [4]) vgl. z. 1 Tim. 6, 14; 2 Petr. 2, 21; 3, 2. [5]) so Huther.

es an der andern ausgemerzt haben[1]). Hiezu kommt, daß der Participialsatz wirklich geeigneter ist, dem Nachsatze anzugehören, indem er die Vermittelung desselben mit dem Vordersatze bildet. Nachdem nicht der, welcher ein Thäter des Gesetzes geworden ist, sondern der, welcher in dasselbe eingeblickt und hiebei beharrt hat, das Subjekt der Aussage ist, daß ihm sein Thun zur Beseligung gedeihen werde, so bedurfte sie einer Vermittelung mit jener Benennung des Subjekts, wie sie mit dem Participialsatze gegeben ist, als welcher sie dadurch begründet, daß ein solcher nicht ἀκροατὴς ἐπιλησμονῆς, sondern ποιητὴς ἔργου geworden sei. Der oben ἀκροατὴς λόγου καὶ οὐ ποιητής hieß, heißt jetzt ἀκροατὴς ἐπιλησμονῆς, nachdem die Vergleichung mit dem sich im Spiegel Beschauenden seiner Kennzeichnung hinzugefügt hat, daß ihm, was er gehört hat, hinterher sofort entschwunden ist, als hätte er es nicht gehört. Hienach heißt er jetzt nicht sowohl ein vergeßlicher Hörer, als wenn mit ἐπιλησμονῆς eine tadelnswerthe Eigenschaft oder beklagenswerthe Schwäche von ihm ausgesagt sein sollte, sondern vielmehr ein Hörer, dessen Hören so geartet ist, daß es Vergessenheit[2]) des Gehörten im Gefolge hat. Den Gegensatz bildet dann ποιητὴς ἔργου, was entsprechendermaßen einen Thäter darnach bezeichnet, daß durch sein Thun ein Werk, also etwas, das eine Leistung ist, zu Wege kommt. Um dem gegenüber, der nur hört, ohne zu thun, den beharrlich in das Gesetz der Freiheit Einblickenden als den zu betonen, von welchem gilt, daß er werkthätig ist, giebt der Apostel dem dieß von ihm aussagenden Participialsatze ein nachdrückliches οὗτος bei, wenn ich recht sehe. Denn eine bloße Wiederaufnahme des ersten οὗτος wäre hinter dem kurzen Zwischensatze allerdings unveranlaßt. Er, heißt es, ein Werkthäter er und kein Vergessenheitshörer, wird in seinem Thun selig sein. So belohnt es sich, daß er in das Gesetz der Freiheit eingeblickt und hiebei beharrt hat, womit er ein Werkthäter geworden ist, während dem, der nur so hört, wie man hört, wenn man kein Thäter wird, von seinem Hören Nichts bleibt, indem ihm das Gehörte hinterher wieder so fremd ist, als hätte er es nicht gehört. Daß μακάριος nicht von einer bereinstigen, jenseitigen Seligkeit gemeint ist, ergiebt sich aus

---

[1]) vgl. Reiche comm. crit. de N. T. III. S. 161 f. [2]) vgl. Sir. 11, 27.

der Verbindung mit ἐν. In und mit seinem Thun ist ihm die Seligkeit des Bewußtseins, Gottes Willen zu thun, als darin begründet gegeben.

Wenn man gesagt hat, was nun folgt, sei eine Schlußfolgerung aus dem Vorhergegangenen, durch welche Jakobus die Leser über den Unwerth ihrer Gottesverehrung zu orientiren suche[1]), so ist dieß in jeder Beziehung irrig. Damit, daß der Apostel den Fall setzt, es sei Einer blos Hörer des Worts oder er setze die Frömmigkeit in etwas, das keine ist, bezichtigt er nicht seine geliebten Brüder schlechthin des Einen oder des Andern. Und statt aus dem Vorhergehenden Etwas zu folgern, geht er vielmehr zu einem wesentlich andern Gegensatze über, von dem des bloßen Hörens gegenüber der werkthätigen Achtsamkeit auf Gottes Wort zu dem eines frommen Schwatzens gegenüber von frommem Leben. Die Ermahnung, das heilsame Wort aufzunehmen, hat ihn darauf geführt, daß es freilich mit bloßem Hören desselben nicht gethan sei, und von der Seligpreisung dessen, der es nicht hiebei bewenden läßt, kommt er auf die Warnung vor einem frommen Thun, das nur in Schwatzen besteht, was doch wahrlich etwas ganz Anderes ist, als bloßes Hören[2]). Denn auch so verhält es sich nicht, daß er jetzt im Gegensatze gegen ein bloßes Hören des Worts die rechte Frömmigkeit schildern will, zuvor aber die falsche schildert[3]), sondern, wie vorher vor bloßem Hören, so warnt er jetzt vor eitlem Schwatzen. So nämlich ist es gemeint, wenn er von Einem sagt, der seine Zunge nicht im Zaume halte, und nicht meint er schmähsüchtiges Rechten[4]) oder zornmüthige Leidenschaftlichkeit, sei es im Reden überhaupt[5]) oder in eigenwilligem Belehren[6]). Zu allem dem paßt die Zusammenstellung von χαλιναγωγεῖν γλῶσσαν αὐτοῦ mit ἀπατᾶν καρδίαν αὐτοῦ nicht. Man hat freilich gemeint, ἀπατῶν καρδίαν αὐτοῦ sollte eigentlich dem Nachsatze angehören, indem man es von der Selbsttäuschung dessen verstand, der sich für fromm achtet und es nicht ist, aus welcher Selbsttäuschung dann der gerügte Mißbrauch der Zunge entstamme[7]). Und wer in ἀπατῶν καρδίαν αὐτοῦ des Apostels Urtheil über den, der mit zorn-

(Randnotiz: und nicht mit Schwatzen, sondern mit Liebeswerk und Selbstbewahrung Gotte zu dienen. 1, 26—27.)

---

[1]) so Wiesinger. [2]) gegen de Wette. [3]) so Huther. [4]) so Calvin. [5]) so Wiesinger, Huther. [6]) so Brückner. [7]) so Schneckenburger.

müthigem Reden Gotte zu dienen meint, ausgedrückt findet[1]), der müßte in der That erwarten, daß dieses Urtheil den Nachsatz bilde. Es müßte heißen, wer damit, daß er seine Zunge nicht in Zaum hält, Gotte zu dienen meint, der betrügt sein Herz. Daher ist man auch darauf verfallen, das gegensätzliche ἀλλά mit einem „aber" zu vertauschen und so zu erklären, als ob sich in ἀλλὰ ἀπατῶν καρδίαν αὐτοῦ der Satz εἰ τις δοκεῖ θρησκός[2]) εἶναι fortsetze. Man ließ den Apostel sagen: wer den Gottesdienst darin sucht, daß er auf Andere lehrend zu wirken strebt, aber so sich selbst täuscht, dessen Gottesdienst ist „eitel"[3]). Aber dieß ist selbst nichts Anderes, als eine Selbsttäuschung: die Worte ἀπατῶν καρδίαν αὐτοῦ gehören dann immer nicht in den Vordersatz. Auch bedeutet ἀπατᾶν καρδίαν nicht so schlechtweg „sich selbst betrügen", sondern das Herz ist gedacht als nach etwas verlangend, das ihm dadurch nicht zu Theil, um das es also dadurch betrogen wird, daß man ihm statt dessen etwas Anderes bietet, was es dann dafür nimmt. Wie πείθειν καρδίαν[4]) das beunruhigte Herz zufriedensprechen heißt, so ἀπατᾶν καρδίαν dem verlangenden Herzen eine betrügliche Befriedigung geben. Das Herz verlangt darnach, Gotte zu dienen, und wird betrogen, wenn man ihm etwas als Gottesdienst bietet, was keiner ist. Dieß kann so geschehen, daß man seine Zunge nicht im Zaume hält, wenn man sie nämlich im Verkehre mit Anderen die Frömmigkeit zum Geschwätze machen läßt; und dieß hinwieder geschieht nicht, ohne daß man unwahr ist gegen sich selbst, so daß der Selbstbetrug die Maßhaltigkeit im Reden ausschließt, weil ihm das Schwatzen Bedürfniß ist. So wird, daß Einer seine Zunge nicht zügelt, hier gemeint sein, weil der, von dem es gesagt ist, hiemit fromm zu sein wähnt. Denn nicht, obgleich oder während er sie nicht zügelt, wähnt er fromm zu sein[5]). Wäre dieß die Meinung des Participialsatzes, so stände οὐ, nicht μή, weil er Apposition zum Subjekte wäre. Er muß dem von δοκεῖ abhängigen Infinitivsatze angehören[6]) und also das Thun benennen, auf welches hin ein Solcher fromm oder, wie wir das nur hier vorkommende θρησκός entsprechender wiedergeben werden[7]), religiös zu

---

[1]) wie Huther. [2]) vgl. Rost u. Palm Handwörterb. u. d. W. [3]) so Brückner. [4]) 1 Joh. 3, 19. [5]) so z. B. Kern, Theile, Schneckenburger, de Wette, Wiesinger. [6]) vgl. Huther. [7]) vgl. Akt. 26, 5; Kol. 2, 18.

sein meint, während er sich mit dem, was er thut, zwiefach versündigt, sofern er schwätzt, was nicht taugt, und gegen sich selbst unwahr ist, der Zunge ihren Lauf läßt, die er in Zaum halten sollte, und das Herz dagegen betrügt, das er zufriedenstellen sollte.

Dieser vermeintlichen, des Wahrheitsgehalts entbehrenden, also unsittlichen[1]) Religiosität stellt Jakobus eine in Gottes Augen reine und durch nichts Sündliches in ihrer Reinheit getrübte[2]) Weise, Gotte zu dienen, gegenüber. Nicht, als ob die θρησκεία in dem, was er nun nennt, aufgienge und Nichts weiter unter ihr begriffen wäre sondern er nennt nur, wie denn θρησκεία ohne Artikel steht, im Gegensatze gegen religiöses Geschwätz solches, was zu thun reiner Gottesdienst sei. Man hat keinen Grund, an der Gegenüberstellung zu tadeln, daß sie nicht erschöpfend sei[3]). Unverbunden stehen die beiden Infinitivsätze, welche solches benennen, was reiner Gottesdienst sei, neben einander, weil nicht gesagt sein soll, daß der reine Gottesdienst in diesen beiden Stücken bestehe, sondern daß jedes derselben, jedes für sich, reiner Gottesdienst sei; und nicht dient ihre Unverbundenheit blos einem nicht erfindlichen rhetorischen Nachdrucke, noch erklärt sie sich durch die verwirrte Annahme, Jakobus habe in dem Besuchen der Wittwen und Waisen etwas gesehen, womit man sich von der Welt unbefleckt halte[4]). Liebe, sagt der Apostel, ist reiner Gottesdienst, und Selbstheilighaltung ist es auch. Aehnlich verbindet Paulus Röm. 13, 8—14 diese beiden Stücke. Jakobus nennt aber anstatt der Liebe überhaupt eine sonderliche Bethätigung derselben, daß man sich um Wittwen und Waisen hülfreich annehme[5]), indem sich so Hülflosen gegenüber, von denen man Nichts zu erwarten hat, wirkliche Liebe als Liebe des Erbarmens beweist; und was sonst Heiligung heißt, nennt er sich von der Befleckung frei halten, die sich zuzieht, wer sich von Gott hinweg an das ihm entfremdete Weltwesen verliert[6]), weil er das Widerspiel dessen bezeichnen will, wessen diejenigen sich schuldig machen, deren Frömmigkeit nur in Schwatzen besteht. In Bezug auf Letzteres benennt er den, in dessen Augen solches reine Frömmigkeit ist, mit dem Namen ὁ θεός um des Gegen-

---

[1]) 1 Petr. 1, 18. [2]) vgl. Huther. [3]) gegen de Wette. [4]) gegen Huther.
[5]) vgl. Matth. 25, 36; Luc. 1, 78; LXX. Jer. 23, 2. [6]) vgl. z. 2 Petr. 1, 4.

ſatzes gegen die Welt willen; in Bezug auf Erſteres benennt er ihn mit dem Namen ὁ πατήρ, indem es der Vaterliebe entſpricht, die er uns erzeigt.

<small>Dritte Ermahnung, wenn ſich Beſucher in ihren Verſammlungen einfinden, die Reichen nicht vor den Armen zu bevorzugen, 2, 1—7.</small> Von dem leidentlichen Verhalten des Chriſten unter den Anfechtungen, die er als ſolcher erfährt, was ſie ihm ſein und was ſie ihm nicht ſein ſollen, und von dem thätigen Verhalten deſſelben, worin es weſentlich beſtehe und worin es nicht beſtehe, hat der Apoſtel bis jetzt gehandelt. Beides bezieht ſich auf den Chriſtenſtand überhaupt und gilt Allen ohne Unterſchied. Um richtig zu leiden, was er an Widerfahrniſſen mit ſich bringt, müſſen ſie ſich das Eine, um das zu thun, was er fordert, müſſen ſie ſich das Andere geſagt ſein laſſen. Was nun folgt, bezieht ſich auf Einzelnes oder gilt Einzelnen. Und war dort das Erſtere durch ſolches veranlaßt, was die Chriſten von außen ankommt, ſo folgt jetzt zunächſt eine Ermahnung, die das Verhalten gegen ſolche betrifft, die von draußen zu ihnen kommen. Wie der Chriſt jenes hinnehmen müſſe, war dort, wie er dieſe aufnehmen müſſe, iſt hier Inhalt der Ermahnung. Unverdroſſene Geduld fordert ſie dort, unparteiiſche Liebe hier. Fraglich iſt, ob ſich dem Apoſtel die letztere Forderung an die in 1, 27 enthaltene Einſchärfung der dort in anderer Richtung geltend gemachten Liebespflicht anſchloß[1]), und wahrſcheinlicher, daß er der Forderung, es müſſe dem Chriſten gleich ſein, ob er reich iſt oder arm, nun die entſprechende Ermahnung folgen läßt, auch den Nichtchriſten nicht darnach zu werthen, ob er reich oder arm iſt.

Mit der neuen Anrede ἀδελφοί μου hebt der Apoſtel den neuen Abſchnitt an und benennt ſofort das, wovon er abmahnen will, mit dem rechten Namen als eine mit dem Chriſtenglauben, dem Glauben an Chriſti Herrlichkeit unverträgliche perſönliche Berückſichtigung. So nämlich wird der Genitivus τῆς δόξης conſtruirt ſein wollen. Denn da der Name ὁ κύριος ἡμῶν Ἰησοῦς Χριστός eine geſchloſſene Einheit bildet, ſo kann dieſer Genitivus weder von Χριστός abhängen[2]), wofür die Vergleichung von Χερουβὶμ δόξης Nichts austrägt[3]), noch von ὁ κύριος ἡμῶν[4]), wenn gleich Chriſtus ὁ κύριος τῆς δόξης heißt[5]).

---

[1]) ſo z. B. Kern, Huther, Wieſinger. [2]) ſo z. B. Baur Paulus I. S. 339.
[3]) vgl. zu Hebr. 9, 5. [4]) ſo z. B. Theile, Schneckenburger, de Wette, Wieſinger.
[5]) 1 Kor. 2, 8.

Vollends ungeheuerlich ist es, ihn von dem Gesammtnamen abhängen[1]) oder Apposition zu demselben[2]) sein zu lassen. Das allein sprachlich Mögliche, aber auch Nächstliegende, wie schon der syrische Uebersetzer erkannt hat, ist die Abhängigkeit desselben von τὴν πίστιν, aber so, daß dann τοῦ κυρίον ἡμῶν Ἰησοῦ Χριστοῦ von τῆς δόξης abhängt[3]) und nicht etwa Subjektsgenitiv und τῆς δόξης Objektsgenitiv zu τὴν πίστιν ist[4]). Die Umstellung der beiden Genitive[5]) hat ihren Grund darin, daß auf dem Namen dessen der Nachdruck liegt, dessen Herrlichkeit des Christenglaubens Gegenstand ist. Wer an dieses Herrn Herrlichkeit glaubt, wie sollte dem irgend welcher äußere Stand eines Menschen solchen Eindruck machen, daß er ihn aus Rücksicht auf denselben vor Anderen bevorzugte? oder, um an den Worten des Apostels zu bleiben, wie sollte er diesen Glauben so haben[6]), daß er dabei vorkommenden Falls — denn so ist der Pluralis προςωπολημψίαι gemeint — sein Verhalten gegen die Einzelnen durch Rücksicht auf äußere Umstände bestimmt sein ließe?

In wie fern die Ermahnung, es nicht so zu halten, Seitens der Leser veranlaßt sei, sagt der Apostel in dem mit γάρ angeschlossenen Satze, dessen Aoriste zu erkennen geben, daß dergleichen Verfehlungen bei ihnen vorgekommen sind, so jedoch, daß ἐάν dieß nur als seine Annahme, wenn auch als eine Annahme, zu welcher er Grund hat, hinstellt[7]). Denn er will nur sagen, was sie in solchem Falle und hiemit gethan haben. Um den Fall handelt es sich, daß ein Reicher und ein Armer in ihre Versammlung gekommen und jenem um seines Reichthums und stattlichen Aussehens willen ein besserer Platz angewiesen worden ist, als diesem. Da von einem Eintreten und Platznehmen die Rede ist, so ist ἡ συναγωγὴ ὑμῶν die Versammlung der Christen als örtliche, ohne daß es gerade den Versammlungsort bedeuten muß[8]). So gewiß aber die Angeredeten Bekenner Jesu sind, so gewiß ist nicht ein Ort gemeint, wo die Judenschaft ihre gottesdienstlichen Versammlungen hielt[9]), sondern wo die an Jesum Gläubigen ihre einer eigenen Stätte bedürfende gottesdienstliche Gemeinschaft pflegten, ohne daß es eine schon beträcht-

---

[1]) wie Kern, Huther. [2]) wie Bengel. [3]) vgl. Grotius. [4]) so Huther früher. [5]) vgl. z. Hebr. 4, 12. [6]) vgl. z. 1 Tim. 3, 9. [7]) vgl. Kühner Gramm. II. S. 976. [8]) vgl. Akt. 13, 43 u. 14, 1. [9]) gegen Schneckenburger.

lich fortgeschrittene Ausbildung ihres Gemeindelebens verräth, wenn sie da Sitzplätze hatten[1]). Nicht minder gewiß ist dann aber auch, daß einer, dem von den Versammelten — denn ihnen gilt die pluralische Anrede —, wenn er unter sie trat, ein Platz angewiesen werden mußte, ein ihrer Gemeinschaft Fremder war[2]). Es handelt sich nicht um eine Zuweisung der Plätze überhaupt, sondern nur um solchen besondern Fall[3]). Gründe für die gegentheilige Meinung giebt es nicht. Denn daß sich auch unter den Christen Reiche befanden und Jakobus 5, 1 gegen solche angeht, kann doch vernünftiger Weise für keinen Grund gelten[4]), geschweige daß seine Rüge der Bevorzugung Reicher an Bedeutung gewinne, wenn beide, der Reiche und der Arme, Christen sind[5]) oder gar, was man ja auch für möglich erachtet hat, wenn nur der Arme es ist und der Reiche nicht[6]).

Jakobus stellt den angenommenen Fall so vor, daß der Arme und der Reiche zu gleicher Zeit in die Versammlung eingetreten sind. Aber nur der Letztere mit seinen goldnen Fingerringen, wofür der Ausdruck χρυσοδακτύλιος vielleicht vom Apostel selbst gebildet ist, und mit seiner von Wohlhabenheit zeugenden Kleidung hat die Augen auf sich gezogen, und man hat sich beeilt, ihm in der Nähe bei sich — denn dieß besagt ὧδε — einen bequemen Sitzplatz anzubieten. Dem Armen dagegen hat derselbe, der den Reichen so empfing, nur die Wahl gelassen, ob er in einem entfernten Winkel, wo eben Raum ist, stehen oder sich, falls er in der Nähe zu bleiben — denn ὧδε dürfte hier nur als vermeintlich überflüssig weggelassen worden sein — und zu sitzen vorzieht, am Schemel dessen, der ihn anweist, auf den Boden niederlassen will. Dieß der angenommene Fall. Folgt nun ein Nachsatz, so führt er ihnen zu Gemüthe, was sie damit gethan haben. Aber das, was folgt, kann nur dann Nachsatz sein, wenn das καί, welches sich vor οὐ geschrieben findet, keine Berücksichtigung verdient. Und ergäbe sich ohne dasselbe ein bequemer Sinn des Satzes, so würde man es wohl kaum berücksichtigen. Einen bequemen Sinn bietet aber zunächst nur dessen zweite Hälfte, wo Niemand mehr darauf verfallen wird, διαλογισμῶν πονηρῶν von den

---

[1]) gegen de Wette. [2]) vgl. 1 Kor. 14, 23 f. [3]) vgl. Huther. [4]) gegen Wiesinger u. A. [5]) gegen de Wette. [6]) so Weiß, Lehrb. der bibl. Theol. des N. T. S. 185.

Gedanken der Reichen und κριταί von deren Gutheißung zu verstehen¹). Διαλογισμοί sind Gedanken, die man sich selbst macht²), also διαλογισμοὶ πονηροί arge Gedanken, die man sich nicht machen sollte, und zwar, da κριταί an dem ihm angeschlossenen Genitivus die Näherbestimmung der Art und Weise des κρίνειν hat, in diesem Falle nicht Gedanken des Zweifels oder Unglaubens³), sondern Erwägungen, von denen die so Benannten ihr Richten bestimmen lassen. Solche Richter sind diejenigen geworden, haben sich als solche benommen, die den Armen und den Reichen verschieden behandelten: sie haben den Einen höher, den Andern niedriger gewerthet, ohne dafür einen andern Entscheidungsgrund zu haben, als den für die Theilnahme an einer Christenversammlung gleichgültigen, eines Christen unwürdigen, daß der Eine reich, der Andere arm war, gleich als ob es eine größere Ehre für die Versammlung und von größerem Werth für sie wäre, von Reichen besucht zu werden, als von Armen. Sie versündigten sich damit ähnlich, wie wenn sich ein Richter durch die äußeren Umstände der Parteien bestimmen läßt, zu Gunsten oder Ungunsten zu entscheiden: es ist eine eben solche προσωποληψία. Diese Hälfte des Satzes könnte also allerdings den Nachsatz bilden, sei es mit οὐ frageweise oder ohne οὐ aussageweise. Aber anders steht es mit der ersten, man mag sie als Frage oder als Aussage nehmen. Sie müßte jedenfalls gleich der zweiten etwas Schlimmes besagen. Es kann also nicht heißen „habt ihr denn nicht gezweifelt?"⁴), in welchem Falle διακρίνεσθαι so viel sein soll als Anstand nehmen, was nicht möglich ist. Aber es kann auch nicht heißen „habt ihr dann nicht gezweifelt?", in welchem Falle διακρίνεσθαι so viel sein soll als die Wahrheit, daß Reiche und Arme in Christo eins sind, verläugnen⁵), oder die Norm des Glaubens, der nur Einen Reichthum kennt, verlassen⁶), oder mit dem Glauben an Christi Herrlichkeit, wornach Reichthum etwas Nichtiges ist, in Widerspruch gerathen⁷), was alles ebenso unmöglich ist⁸). Der wirkliche Begriff des Zweifels paßt hier in keiner Weise. Daß aber διακρίνεσθαι nach neutestamentlichem Sprachgebrauche die Bedeutung „zweifeln" haben

---

¹) wie Bengel. ²) vgl. z. Röm. 14, 1. ³) gegen Huther. ⁴) so z. B. Kern. ⁵) so de Wette. ⁶) so Wiesinger. ⁷) so Huther. ⁸) vgl. z. Judä 22.

müsse, kann man nicht sagen: wo das Activum διακρίνειν vorkommt, ist auch διακρίνεσθαι als Passivum möglich. Und als Passivum wird es hier auch gemeint sein, nicht als Medium, am wenigsten mit einer Bedeutung, wie das Activum sie hat, "einen Unterschied machen"[1]). Auf passivische Bedeutung weist der sichtliche Gegensatz von διεκρίθητε und κριταί, welcher durch das dem erstern beigegebene, bei den meisten anderen Auslegungen überflüssige ἐν ἑαυτοῖς noch mehr ins Licht tritt. Wir können deshalb auch von der Bedeutung des Verbums keinen Gebrauch machen, auf Grund deren man übersetzt "habt ihr euch nicht unter euch selbst zerspalten?"[2]), was es übrigens auch nicht bedeutet, sondern nur "auseinandergehen". Nach allem dem bleibt nur die ohnehin nächstliegende Uebersetzung möglich "ihr seid unter euch selbst nicht unterschieden worden". Denn daß man den Satz dann nicht fragweise lesen kann, versteht sich von selbst. Aber er ist dann auch dem andern ἐγένεσθε κριταὶ διαλογισμῶν πονηρῶν nicht gleichartig, daß er ebenfalls Schlimmes von den Angeredeten sagte, sondern vielmehr gegensätzlich. Sie haben unter denen, die ihrer Versammlung als Fremde beizuwohnen kamen, einen Unterschied gemacht zwischen Reichen und Armen, während sie doch unter ihnen selbst nicht so unterschieden worden sind, daß die Reichen eine bevorzugte Stelle bekamen, als sie der Gemeinde einverleibt wurden, die Armen eine geringere. Was sie wurden, als sie sich zu Jesu bekannten, das sind sie alle ohne Unterschied geworden. Wenn nun unter ihnen kein Unterschied gemacht worden ist, wie kommen sie dazu, zwischen den fremden Besuchern ihrer Versammlungen solchen Unterschied zu machen? Der Schiedspruch, den sie damit thun, stellt sie parteiischen Richtern gleich, die auf Grund von Erwägungen, welche dem Rechte fremd sind, nach Maßgabe der äußeren Umstände der Parteien ihr Urtheil fällen. Ist nun dieß der Sinn der beiden Sätze, so gehören sie weder zusammen, noch können sie einen Nachsatz bilden, sondern der erste reiht sich dem Vordersatze in der Art an, daß er etwas von den Angeredeten aussagt, was sie hätte abhalten sollen, so zu thun, wie sie gethan haben. Er kann dann aber jenes καί nicht entbehren, von welchem ohnehin nicht ersichtlich

---

[1]) so Grotius, Bengel. [2]) so Lange.

ist, was zu seiner Einschaltung hätte veranlassen mögen, während solche sehr wesentlich andersartige Stellen wie 4, 15, oder Apokal. 3, 20, mag man διεκρίθητε erklären wie man will, die Annahme, daß καί nur den Nachsatz einleite, da dieß dem innern Verhältnisse desselben zum Vordersatze geradewegs widerstritte, nicht rechtfertigen könnten[1]). In adversativem Sinne[2]) fügt καί den Satz οὐ διεκρίθητε ἐν ἑαυτοῖς dem Vordersatze an: „und ihr seid doch, heißt es, unter euch selbst nicht unterschieden worden". Und das folgende καί schließt dann hieran wieder adversativ den Satz, welcher das, was sie in dem angenommenen Falle gethan haben, als ein Unrecht gegen Andere benennt, welches gegenüber dem, wie ihnen selbst geschehen ist, doppelt schwer wiegt. Und seid, heißt es, dennoch schlimmen Erwägungen Raum gebende Schiedsrichter geworden. Durch diese im Gedankenverhältnisse wohl begründete Anschließung des ἐγένεσθε κριταί διαλογισμῶν πονηρῶν an das dem Vordersatze gegensätzlich angereihte καὶ οὐ διεκρίθητε ἐν ἑαυτοῖς ist Ersteres darum gekommen, grammatisch den Nachsatz zu bilden, den es inhaltlich ausmacht: eine ähnliche Verlassung der Konstruktion, wie daß 2 Petr. 2, 4 ff. der Bedingungsvordersatz ohne Nachsatz geblieben ist[3]), der sich hier und dort aus dem Vorhergegangenen, hier nämlich aus V. 1, von selbst versteht.

Doch die gesammte hier gebotene Auffassung des Abschnitts 2, 1—4 wäre unrichtig, wenn das was der Apostel im Folgenden mit dem ebenso freundlichen als dringenden Zurufe ἀκούσατε ἀδελφοί μου ἀγαπητοί seinen Lesern zu erwägen giebt, für diejenige Deutung desselben bewiese, welche auf der Annahme beruht, jene Reichen und Armen oder wenigstens die Letzteren habe man sich als Angehörige der christlichen Gemeinde zu denken. Gleich der Anfang dieser Verständigung soll für sie beweisen. Denn, sagt man[4]), der Apostel hält ihnen vor, daß sie da verunehren, wo sie Grund hätten, zu ehren, und da ehren, wo sie keinen Grund dazu haben. Wenn er dieß wirklich sagte, dann müßte der Arme, den sie verunehrt haben, ein Christ, der Reiche keiner, oder jener ein frommer Christ, dieser

---

[1]) gegen Reiche comm. crit. in N. T. III. S. 165. [2]) vgl. Kühner Gramm. II. S. 792. [3]) vgl. auch 2 Thess. 2, 3 ff. [4]) so Wiesinger.

ein unfrommer sein. Aber er sagt es nicht. Mit Unrecht erklärt man den Satz ὁ θεὸς ἐξελέξατο τοὺς πτωχοὺς τῷ κόσμῳ πλουσίους ἐν πίστει, als hieße es wie Eph. 1, 4 εἶναι oder εἰς τὸ εἶναι αὐτοὺς πλουσίους. Die Berufung auf Stellen wie Röm. 8, 29[1]) oder 2 Kor. 3, 6[2]) rechtfertigt diese Auffassung nicht, weil ἐκλέγεσθαι, wie es von Gott oder von Jesu heißt, er habe sich Einen erlesen, ein in sich fertiger Verbalbegriff ist, der keiner Ergänzung durch ein Objekts=prädikat bedarf[3]). Die Gott sich erlesen hat, sind hiemit ἐκλεκτοὶ θεοῦ[4]). Soll eine Bestimmung benannt werden, für welche sie Gott sich erlesen hat, so muß dieß durch einen Infinitivsatz geschehen[5]). Und diese Bestimmung müßte eine solche sein, daß sie dem etwas sein sollen, der sie hiefür sich erlesen hat, wie Eph. 1, 4 nicht über=haupt, daß wir heilig, sondern daß wir es vor Gott sein sollten, gesagt ist. Es kann also auch aus diesem Grunde nicht heißen, Gott habe sich die für die Welt, nach ihrer Schätzung[6]) Armen da=zu erlesen, daß sie reich an Glauben sein sollten. Wir sagen „reich an Glauben". Denn die unklare Fassung des ἐν πίστει, daß es die Sphäre benenne, innerhalb welcher ihnen der Reichthum zu Theil wird[7]), kann uns nicht bestimmen, πλούσιος ἔν τινι hier anders zu nehmen, als Eph. 2, 4. Man sagt nun zwar, wenn man ἐν πίστει hienach und πλουσίους als Apposition fasse, so erscheine, daß die für die Welt Armen reich an Glauben waren, als Grund ihrer Erwäh=lung[8]). Und dieß kann es freilich schon deshalb nicht sein sollen, weil der Apostel hinter πλουσίους ἐν πίστει fortfährt καὶ κληρονόμους τῆς βασιλείας. Aber eine Apposition findet auch in Wahrheit nicht statt, sondern πλουσίους ἐν πίστει καὶ κληρονόμους τῆς βασιλείας unter=steht mit πτωχοὺς demselben Artikel und ist die des Gegensatzes halber asyndetisch angereihte anderseitige Benennung des Objekts. Die für die Welt arm, an Glauben reich und des von Gott verheißenen Königreichs Erben sind, hat Gott sich erlesen. Nach dem, was sie sind, benennt sie der Apostel, nicht nach dem, was sie waren, als Gott sie sich erkor. Denn nicht, wie hoch Gott die Armen geehrt

---

[1]) so Schneckenburger. [2]) so Huther. [3]) vgl. z. B. 1 Kor. 1, 27; Marc. 13, 20; Joh. 6, 70. [4]) Röm. 8, 33; Kol. 3, 12. [5]) wie Akt. 1, 25. [6]) vgl. Akt. 7, 20. [7]) so Huther. [8]) so Huther, ähnlich de Wette, Wiesinger.

habe, besagt, was hinter τοὺς πτωχούς folgt¹), sondern, da letzteres der Hauptbegriff ist, in welcher bei der Welt außer Betracht bleibenden Hinsicht diese Armen reich und vornehm sind. Für die Welt ist nur derjenige reich, der viele sichtbare Güter hat: an Glauben, dieser innerlichen Gewißheit unsichtbarer Güter, reich sein bedeutet ihr Nichts. Und vornehm ist für sie nur, wer Glied eines edeln Geschlechts oder Inhaber einer hohen Stellung in dieser irdischen Gegenwart ist: das Königreich, welches Gott denen verheißen hat, die ihn lieb haben, liegt außerhalb ihres Gesichtskreises, und eine Anwartschaft auf Betheiligung an ihm gilt in ihren Augen weniger als Nichts. Gott aber hat die in diesem, nur in diesem Sinne Reichen und Edlen, im Sinne der Welt dagegen Armen sich erlesen, als die Seinen an sich genommen. Nicht als wären seine Erkorenen alle dieses Standes äußerer Armuth, sondern so ist es gemeint, daß die irdisch arm und nur geistlich reich sind, der Zahl derer angehören, die er erkoren hat, und daß sie ihn lieb haben und nicht die Welt, macht sie zu seines Reiches Erben. Wie übel stimmt hiezu das Verhalten derer, die sich eine solche Zurücksetzung des Armen, blos weil er arm war, haben zu Schulden kommen lassen! Denn wenn auch die Rede an die Leser überhaupt gerichtet ist, so gilt doch die Rüge selbstverständlich nur denen, die unter den oben angenommenen Fall begriffen sind.

Den Armen haben sie verunehrt aus keinem andern Grunde, als weil er arm war, und den Reichen bevorzugt aus keinem andern Grunde, als weil er reich war. Wie übel jenes gethan war, hat der Apostel V. 5 gezeigt. Er wird jetzt zeigen, wie verkehrt Letzteres war. Hat er nun im erstern Falle nicht gerügt, daß sie den Armen verunehrten, obgleich er ein Christ und ein frommer Christ, sondern daß sie ihn verunehrten, weil er arm war, wornach man sich ihn also nicht als Christen zu denken hat; so wird die Verkehrtheit, die er jetzt rügt, auch nicht darin bestanden haben, daß sie den Reichen bevorzugten, obgleich er kein Christ oder ein schlechter Christ, sondern daß sie ihn blos deshalb bevorzugten, weil er reich war. Er wird ihnen also auch nicht zu Gemüthe führen, welche Erfahrungen sie

---

¹) gegen Wiesinger.

mit den reichen Christen, sondern welche sie mit den Reichen als solchen, von denen eben nur zu sagen ist, daß sie reich sind, gemacht haben. Nur wer V. 5 dahin mißverstanden hat, als sei dort die Gläubigkeit der Armen schlechthin gerühmt, kann sagen, wenn jener Reiche als Nichtchrist zu denken wäre, so würde der Gegensatz zum Vorhergehenden erfordern, daß ihr jetzt die Ungläubigkeit der Reichen gegenübergestellt würde[1]). Die Reichen, sagt der Apostel, vergewaltigen euch, sie gebrauchen die Ueberlegenheit, die ihnen ihr Reichthum giebt, um euch zu drücken, zu drücken nämlich in Sachen des Mein und Dein. Denn es handelt sich nur um solches, was sie von Reichthums wegen und um Reichthums willen thun. Und so hat man auch, wenn der Apostel fortfährt „und sie, sie sind es, die euch vor die Gerichte schleppen", nicht an ein Verklagen wegen christlichen Bekenntnisses zu denken[2]), sondern an Verklagen in Sachen des Mein und Dein. Darüber hinaus geht dann freilich, daß er weiter von ihnen sagt βλασφημοῦσιν τὸ καλὸν ὄνομα τὸ ἐπικληθὲν ἐφ' ὑμᾶς, wo die Vergleichung von Stellen wie Jer. 14, 9 außer Zweifel setzt, daß der Name Jesu gemeint ist. שִׁמְךָ עָלֵינוּ נִקְרָא, τὸ ὄνομά σου ἐπικέκληται ἐφ' ἡμᾶς, ruft dort der Prophet Jehova zu. Wie nun Israel nach Jehova heißt als dessen Volk, so die Christenheit nach Jesu als seine Gemeinde. Alle Erklärungen, nach welchen der Name ein solcher wäre, mit dem man die Christen selbst benennt, und nicht der Name dessen, nach dem sie von Gotteswegen hießen, sind durch den sonstigen Gebrauch des Ausdrucks ausgeschlossen. Der Name Jesu also ist der edle Name, den die Reichen lästern. Sie sprechen so von ihm, daß sie ihm die Ehre aberkennen, die ihm von Gotteswegen gebührt, und sie in ihr Gegentheil verkehren. Denn etwas Anderes heißt βλασφημεῖν nicht, und wenn man es deshalb, weil die Reichen, die der Apostel meine, Christen seien, eine, wie man sich ausdrückte, indirekte Lästerung, nämlich ein den Namen Jesu schändendes Verhalten bedeuten ließ[3]), so sollte man sich gerade umgekehrt, durch das, was er hier von ihnen sagt, überführen lassen, daß er von Nichtchristen spricht. Daß in dem Schreiben der Gemeinde

---

[1]) so Wiesinger. [2]) gegen Huther. [3]) so z. B. Theile, de Wette, Wiesinger, Brückner.

von Lugdunum[1]) der Ausdruck διὰ τῆς ἀναστροφῆς αὐτῶν βλασφημοῦντες τὴν ὁδόν vorkommt, beweist für das Gegentheil dessen, wofür man sich auf ihn beruft: eines solchen Beisatzes, wie dort, bedürfte βλασφημοῦσιν, wenn es ein Lästern des Namens Jesu durch ein ihn verunehrendes Thun bezeichnen sollte. Es fragt sich nur, warum gerade und sonderlich die Reichen es sind, die lästerlich von Jesu reden. Doch auch dieß erklärt sich daraus, daß sie eben reich sind. Denn um so verächtlicher mußte ihnen ein Heiland sein, der so geringer Herkunft war und in solcher Armuth und Niedrigkeit gelebt hatte. Ob man hiebei vorzugsweise an jüdische oder an heidnische Reiche zu denken habe, wird keinenfalls durch die Behauptung entschieden, daß es unter den Juden nicht viele Reiche gegeben habe[2]). Die Entscheidung hängt davon ab, ob der Apostel eine vorwiegend in oder außer dem heiligen Lande befindliche Christenheit vor Augen hat, was hinwieder mit der Frage nach der Zeit zusammenhängt, aus welcher der Brief herrührt oder, wenn er nur unter dem Namen des Apostels verfaßt ist, herrühren will.

Was die Leser abhalten sollte, Arme, weil sie arm sind, geringschätzig zu behandeln und Reiche, weil sie reich sind, zu bevorzugen, hat ihnen der Apostel in V. 5—7 zu bedenken gegeben, aber zunächst in der Richtung, daß sie unbedacht handeln, wenn sie es thun. Daß sie sich damit versündigen, führt er ihnen im Folgenden zu Gemüthe[3]), und nicht begegnet er einem etwaigen Versuche derselben, ihr Verhalten gegen die Reichen mit dem Gebote der Nächstenliebe zu rechtfertigen[4]). Mit dieser letztern Auffassung, die doch schon an sich sehr wenig Wahrscheinlichkeit hat, verträgt sich nicht, daß beides, ihre Erfüllung des Gebots der Nächstenliebe und ihre widerrechtliche Bevorzugung des Einen vor dem Andern in dieselbe Satzform gefaßt ist, und also beides gleicherweise von ihnen gilt oder nicht gilt. Mit dem Erstern thun sie, was wohlgethan, mit dem Letztern, was Sünde ist. Auch könnten sie sich auf das Gebot der Nächstenliebe nur für ihr Verhalten gegen die Reichen berufen, während es sich doch um die Verschiedenheit ihres Verhaltens gegen Reiche und Arme handelt.

was sie als Uebertreter des im Gebote der Liebe einheitlichen Gesetzes dem Gerichte überantwortet. 2, 8—13.

---

[1]) Euseb. hist. eccl. V. c. 1. [2]) gegen Bengel. [3]) vgl. Kern, Schneckenburger, de Wette. [4]) so z. B. Calvin, Theile, Wiesinger, Huther.

Sollte ihnen der Apostel eine so thörichte Selbstrechtfertigung unterschieben? Endlich steht mit jener Auffassung des Zusammenhangs in Verbindung, daß man μέντοι eine unrichtige Bedeutung giebt. Man übersetzt „wenn ihr freilich das Gesetz erfüllt", und dieses „freilich" soll eine Einräumung ausdrücken, deren Gegensatz der Apostel dabei schon in Gedanken hat[1]). Aber das Eingeräumte müßte den Nachsatz bilden, in welchem dann μέντοι seine rechte Bedeutung, die Bedeutung „wirklich" hätte[2]). Denn nur in diesem Sinne heißt es „freilich, allerdings". Εἰ μέντοι heißt demnach „wenn wirklich"[3]). Wenn euer Thun, sagt der Apostel, in Wirklichkeit Gesetzesvollzug, Vollzug[4]) eines königlichen Gesetzes ist, so thut ihr löblich. Da νόμον βασιλικόν ohne Artikel steht, so darf man nicht übersetzen „wenn ihr das königliche Gesetz vollbringt". Das Fehlen des Artikels zeigt an, daß mit νόμον τελεῖτε βασιλικόν ein Thun nicht nach seinem Inhalte, sondern nach seiner Beschaffenheit bezeichnet ist. Und um die Beschaffenheit dessen, was die Leser thun, handelt es sich ja. Der Apostel setzt den Fall, daß ihr Thun Gesetzesvollzug und, wie das nachträgliche βασιλικόν besagt, Vollzug eines Gesetzes ist, welches alles Gebotene unter sich begreift[5]), wie unter dem Könige das von ihm beherrschte Volk in Eins befaßt ist. Denn aus Weish. Sal. 6, 19 ff. die Bezeichnung βασιλικόν so zu erklären, daß das Gebot als Salomo's, des weisesten Königs, Gebot geltend gemacht würde[6]), kann uns doch nicht zu Sinne kommen. Κατὰ τὴν γραφήν bezeichnet dann dieß ihr Thun noch eigens als ein solches, mit welchem sie dem Schriftworte Lev. 19, 18 וְאָהַבְתָּ לְרֵעֲךָ כָּמוֹךָ nachleben. Und zwar ist zu bedenken, daß dieses Schriftwort hier auf das Verhalten der Christen als solcher nach außen, also gegen Nichtchristen angewendet ist, die sie als ihre Nächsten behandeln, nicht blos sich unter einander lieben sollen.

Wenn dieß überall ihr Thun ist, so ist es wohl gethan. Aber wenn sie die Person ansehen und um äußerer Umstände willen den Einen vor dem Andern bevorzugen, was der Apostel mit dem vielleicht

---

[1]) so Huther. [2]) vgl. z. B. Plato Phaed. 87 D. [3]) vgl. Kühner Gramm. II. S. 695 u. z. Xenoph. mem. 1, 8, 10. [4]) vgl. Röm. 2, 27. [5]) vgl. Gal. 5, 14; Röm. 13, 8 ff. [6]) so Werner in d. theol. Quartalschr. 1872, S. 276 f.

von ihm selbst gebildeten Ausdrucke προςωπολημπτεῖν benennt[1]), so thun sie Sünde. Sie mögen also wohl zusehen, ob das, was sie thun, das Erstere ist oder das Letztere. Und er sagt nicht blos, ihr thut Sünde, sondern fügt hinzu ἐλεγχόμενοι ὑπὸ τοῦ νόμου ὡς παραβάται, welcher Participialsatz aber nicht mit „indem" übersetzt und als Erhärtung jenes Urtheils verstanden sein will[2]), was er nur sein könnte, wenn eine bestimmte Gesetzesstelle angezogen wäre. Auch spricht das alsdann überflüssige ὡς παραβάται gegen diese Auffassung. Vom Gesetze überhaupt, nicht von einem einzelnen Gebote, sagt er, daß es sie als Uebertreter, nämlich als Uebertreter schlechthin, nicht eines einzelnen Gebotes[3]), strafe, ohne daß jedoch hiedurch verwehrt ist, an die Verbote der Parteilichkeit[4]) zu denken, welche auf den Fall, um den es sich hier handelt, ebenso anwendbar sind, wie das Gebot der Nächstenliebe. Was sich für sie mit diesem ihrem Sündigen verbinde, besagt der Participialsatz, um zu verhüten, daß sie es damit nicht etwa leicht nehmen. Es bringt mit sich, daß sie vom Gesetze nicht etwa nur um ein Einzelnes, womit sie sich verfehlt haben, sondern als Frevler am Gesetze überhaupt, als Leute dieser Beschaffenheit[5]) gestraft werden: ein Urtheil, welches V. 10 rechtfertigt, wo ὅςτις mit dem Conjunctivus ohne ἄν auch der classischen Sprache nicht fremd ist[6]), und zu πάντων ebenso wenig als zu ἑνί eine Ergänzung aus ὅλον τὸν νόμον, wo ja ὁ νόμος eine Einheit ist, entnommen werden kann[7]), noch entnommen zu werden braucht, da sich von selbst versteht, daß die Neutra ἕν und πάντα[8]) von dem Einzelnen des Gesetzes gemeint sind. Und zwar nicht von den einzelnen Geboten desselben. Denn πταίειν ἔν τινι ist nicht anders zu fassen, als ἁμαρτάνειν ἔν τινι[9]), und hat also auch ἔνοχος nicht einen Genitivus dessen bei sich, an dem man sich versündigt hat[10]), sondern, was auch classischer Gebrauch ist, dessen man sich schuldig gemacht hat. Jene Neutra sind sonach von dem zu verstehen, was als Verbotenes des Gesetzes Inhalt ist, wie das μοιχεύειν, das φονεύειν,

---

[1]) vgl. Akt. 10, 34. [2]) gegen de Wette, Huther, Wiesinger. [3]) vgl. Huther. [4]) Exod. 23, 3; Lev. 19, 15. [5]) vgl. Gal. 2, 18. [6]) vgl. Kühner Gramm. II. S. 206. [7]) gegen de Wette, Huther, Wiesinger. [8]) vgl. Schneckenburger, Kern. [9]) vgl. LXX. Esr. 9, 11; Weish. Sal. 12, 2. [10]) wie 1 Kor. 11, 27.

von dem nun der Apostel sagt, daß wer sich des Einen nicht, wohl aber des Andern schuldig macht, hiemit ein Gesetzesübertreter schlechthin geworden ist, weil es der eine und selbe ist, der das Eine und das Andere verboten hat. An ihm, der das ganze Gesetz als seines einheitlichen Willens Ausdruck gegeben hat, versündigt sich und wird also ein Frevler am Gesetze überhaupt, wer es in irgend einem Stücke übertritt. So ernst müssen es die Leser mit der Sünde nehmen, die sie damit begehen, daß sie ungerechtfertigter Weise, nur durch äußere Rücksichten bestimmt, den Einen vor dem Andern bevorzugen, und nicht dürfen sie es als eine Einzelheit, welche bei denen, die sonst dem Gesetze nachleben, wenig zu bedeuten habe, leicht nehmen.

Des Apostels Begründung seiner Ermahnung hat hiemit eine Wendung genommen, die ihn über das Einzelne, wovon er zunächst handelte, auf den allgemeinen Satz hinausführte, welche Bewandniß es mit der Gesetzeserfüllung überhaupt habe, und so kommt es, daß er den Abschnitt nicht schließt, ohne die hieraus fließende Mahnung zu folgern, welche dann wie eine Ergänzung der 1, 22 gegebenen ist und zugleich den Uebergang zu dem nächsten Abschnitte anbahnt. Die Form derselben gleicht der des Satzes 1, 27 darin, daß ebenso, wie dort αὕτη den folgenden Infinitivsatz, so hier οὕτως den folgenden Participialsatz ankündigt. Denn auf das Vorhergehende zurückweisen kann es nicht, da nicht, wie man wohl sagt, eine Regel für das richtige Verhalten vorhergegangen ist, sondern ein Urtheil über unrichtiges[1]). Es dient gleich jenem αὕτη, das richtige, welches nun benannt werden soll, dem unrichtigen gegenüber, welches vorher benannt war, nachdrücklich zu betonen, weshalb es ohne Uebergangspartikel steht, welche den Nachdruck nur schwächen würde. Der Participialsatz aber mit ὡς sagt etwas von den Ermahnten aus, was sie für die Beschaffenheit ihres Verhaltens sollen maßgebend sein lassen. Sie wissen, daß sie mittelst eines Gesetzes der Freiheit, als welches der angelegte Maßstab sein wird[2]), dereinst gerichtet werden. Διὰ νόμου ἐλευθερίας ohne Artikel sagt nicht, welches, sondern was für ein Gesetz der Maßstab sein werde. Es ist kein anderes, als das, auf welches sich der Apostel vorher bezogen und die Unerläß-

---

[1]) gegen Brückner, Huther.   [2]) vgl. Röm. 2, 12.

lichkeit seiner allseitigen Erfüllung geltend gemacht hat. Aber für die Christen ist es ein nicht mehr äußerlich gegenüberstehendes, sondern innerlich mit ihrem Willen eins gewordenes Gesetz, wenn sie anders in dem Leben stehen, in welches sie Gott durch ein Wort der Wahrheit geboren hat. Gott hat sie also dadurch, daß er es ihnen hiezu gemacht hat, in den Stand gesetzt, es so, wie es gemeint ist, also nicht stückweise, wie wenn es nur aus einer Anzahl einzelner Gebote bestände, sondern in seiner Einheitlichkeit zu erfüllen, all ihr Verhalten, es sei Thun oder Reden — denn auch mit der Zunge sündigt man nicht minder —, in dieser Weise durch dasselbe bestimmt sein zu lassen. Nun hat aber der Apostel die Einheitlichkeit desselben darein gesetzt, daß er das Gebot, den Nächsten zu lieben wie sich selbst, das königliche Gesetz nannte. Daher kann er die Ermahnung, so zu thun und zu reden, wie es geschehen wird, wenn wir dessen eingedenk sind, daß wir durch ein Gesetz der Freiheit werden gerichtet werden, durch den Satz bekräftigen, daß der Lieblosigkeit schonungsloses Gericht wartet. Er schreibt jedoch $\check{\epsilon}\lambda\epsilon o \varsigma$[1]), nicht $\dot{\alpha}\gamma\dot{\alpha}\pi\eta$, weil sich die Liebe, wo sie wirklich vorhanden ist, vor allem darin beweist, daß sie dem gütig ist, der ihrer Güte bedarf. Wer solche Güte nicht geübt hat, sagt der Apostel, das nur ihm eigene, aber wie $\check{\alpha}\pi\alpha\iota\varsigma$, $\check{\alpha}o\iota\kappa o\varsigma$ gebildete $\dot{\alpha}\nu\dot{\epsilon}\lambda\epsilon o\varsigma$ gebrauchend, dem wird das Gericht ungütig sein; dann, wenn er selbst ihrer am meisten bedürfte, wird sie ihm versagt sein. Uneigentlicher ist das Gegentheil mit dem Satze $\kappa\alpha\tau\alpha\kappa\alpha\nu\chi\tilde{\alpha}\tau\alpha\iota\ \check{\epsilon}\lambda\epsilon o\varsigma\ \kappa\rho\iota\sigma\epsilon\omega\varsigma$ ausgedrückt. Der Apostel wollte sich nicht so ausdrücken, als ob der Mensch, der Liebe geübt hat, Gotte seinem Richter gegenüber in der Lage sei, sich etwas darauf zu Gute zu thun, sondern stellt Güte und Gericht einander gegenüber. Von ihr kann er sagen, daß sie sich um dessentwillen, was sie ist, davor sicher weiß, von einem Gerichte in Anspruch genommen zu werden. Uebrigens verhalten sich die beiden Hälften des 13. Verses, da sie nach wahrscheinlich richtiger Lesart[2]) keine Partikel einander entgegenstellt, nicht eigentlich wie Satz und Gegensatz zu einander, sondern nur die erste dient zunächst der vorhergegangenen Weisung zur Bekräftigung. Die zweite ist Abschluß der mit V. 8 angehobenen Gedankenfolge

---

[1]) vgl. Matth. 9, 13. [2]) so auch Tregelles.

und kehrt dahin zurück: ein Beweis mehr, daß dort nicht einer Selbstrechtfertigung der Leser entgegengetreten, sondern im Gegensatze gegen unberechtigte Bevorzugung dasjenige Verhalten benannt ist, welches das rechte wäre. Sie schließt aber zugleich den ganzen Abschnitt 2, 1—13 in der Art ab, daß ein Zweites folgen kann, das der Apostel seinen Lesern überhaupt sagt, damit es diejenigen sich gesagt sein lassen, die es trifft.

Vierte Ermahnung. keinen Glauben, von dem Einer sagt, er habe ihn, ohne daß er Werke hat, für das gelten zu lassen, was nach zum Gerechten macht und errettet. 2, 14—19.

Er hat vor einer zu dem Glauben an die Herrlichkeit Christi übel stimmenden Bevorzugung des Reichen und Zurücksetzung des Armen gewarnt, deren sich die an ihn Gläubigen, wo sie als solche versammelt waren, gegen Nichtchristen, die ihrer Versammlung beizuwohnen kamen, somit aber überhaupt, da dieser Fall nur als nächstliegendes Beispiel dient, mit solcher Unterschiedlichkeit des Verhaltens nach außen schuldig machen mochten, ohne zu bedenken, daß sie sich damit gegen das im Gebote der Liebe einheitlich beschlossene Gesetz versündigten und hiedurch unter das Gericht des Gesetzgebers fielen, vor welchem nur die Liebe sicher ist. Wenn er nun fortfährt τί τὸ ὄφελος, ἀδελφοί μου, so sieht man gleich an diesen Worten, daß er von etwas handeln wird, was im Unterschiede von der Liebe nicht dazu nützt, vor dem Gerichte sicher zu sein, ohne daß aber die Werke, von denen er dann handelt, ausschließlich Werke der barmherzigen Liebe sind[1]). Dem entspricht es, daß er auf den Satz, „was ist da der Nutzen[2]), wenn Einer sagt, er habe Glauben, hat aber Werke nicht" die Frage folgen läßt, ob ihn der Glaube erretten könne. Er schreibt nicht „wenn Einer Glauben hat", sondern „wenn er sagt, er habe ihn", und ist dieß nicht etwa nur eine der lebendigen Darstellung zu Liebe gebrauchte andere Wendung[3]). Andererseits ist aber auch die Meinung nicht, er gebe nur vor oder meine nur ihn zu haben[4]). Dann müßte der Gegensatz sein, daß er ihn, und nicht, daß er Werke nicht hat. Der Apostel will nur nicht von sich aus sagen, daß er Glauben habe, weil dieß in seinem eigenen Munde die Anerkenntniß wäre, daß Glauben zu haben in demselben Sinne von ihm gelte, in welchem es vom Christen überhaupt gilt. Er läßt

---

[1]) vgl. 1 Kor. 15, 32. [2]) gegen Weiffenbach über Jak. 2, 14—26 S. 4.
[3]) gegen Huther. [4]) so z. B. Kern, de Wette, Wiesinger.

dahingestellt, welche Bewandniß es mit seinem Glauben und Glaubensbesitze habe, und setzt nur den Fall, daß sich Einer dieses Zeugniß giebt, ohne daß sich Werke, nämlich solche Werke, in denen die erforderte Gesetzeserfüllung besteht, bei ihm finden, und fragt, was in diesem Falle der Nutzen sei, nämlich den er dann hat[1]), nicht der sich daraus ergiebt[2]). Denn daraus, daß er ihn hat, nicht daraus, daß er sagt, er habe ihn, müßte sich der Nutzen ergeben. Wenn er dann weiter fragt, ob ihn der Glaube erretten könne — denn erretten ist σώζειν, nicht seligmachen —, so hat der Artikel vor πίστις freilich nicht die Kraft eines Demonstrativums[3]), aber die Frage ist für den Fall gemeint, daß der, welcher sagt, er habe Glauben, keine Werke hat, und der Glaube, von dem sich fragt, ob er ihn erretten könne, ist also allerdings nicht der Glaube schlechthin, sondern der Glaube, von welchem jener sagt, er habe ihn, ohne daß er Werke hat.

Der Apostel giebt mit einem neuen Fragesatze zu erkennen, wie sich ihm die erste, im Sinne der zweiten gemeinte Frage beantwortet. Er setzt nämlich den Fall, daß Einer an Nahrung und Kleidung Mangel leidende Mitchristen mit freundlicher Zusprache, sich zu wärmen und zu sättigen, von sich entläßt[4]), ohne ihnen zu geben, was sie bedürfen, und fragt, was da der Nutzen sei. Von demselben, dessen die verabschiedende Zusprache ist, wird gesagt sein sollen, daß er es bei ihr beläßt, statt zu geben, was Noth thut, und solche Bemerkungen zu ὥστε, wie daß im Flusse der Rede von dem τις auf die ὑμεῖς übergegangen sei[5]), oder daß sich der Pluralis aus ἐξ ὑμῶν erkläre[6]), können über die Zweckwidrigkeit dieses Personwechsels schwerlich beruhigen. Es ist deshalb vielleicht erlaubt, μὴ δῷ τε δέ zu lesen und ein ungewöhnliches τὲ δέ in der Bedeutung „und aber" anzunehmen, wie sich ebenfalls ungewöhnlich καὶ δέ in derselben Bedeutung verbunden findet[7]). Man hat gesagt, die Fiktion, deren sich der Apostel bediene, sei etwas stark und unwahrscheinlich[8]). Und allerdings darf man sie nicht dadurch abschwächen, daß man θερμαίνεσθε καὶ χορτάζεσθε in einen Wunsch umsetzt, die Armen möchten

---

[1]) vgl. Matth. 16, 26; 1 Kor. 13, 3. [2]) gegen Huther. [3]) gegen Schneckenburger. [4]) vgl. z. B. Akt. 16, 36. [5]) so Wiesinger. [6]) so Huther. [7]) vgl. Judith 2, 13; 2 Makk. 9, 21 u. Grimm z. letzterer St. [8]) so de Wette.

haben, was sie satt und warm mache¹), oder in eine Abfertigung, sie sollten sich wärmen und sättigen, wo es ihnen beliebe²). Der so zu ihnen spricht, ist ausdrücklich als Christ bezeichnet, und Mitchristen sind es, zu denen er spricht. Es besteht also die Voraussetzung, daß er es gut mit ihnen meint. Er will nicht, daß sie so hungrig und bloß seien, wie er sie vor sich sieht, will sie deshalb auch nicht aufhalten, sondern entläßt sie freundlich, damit sie hingehen und sich satt essen und warm kleiden. Aber er sollte sie zu sich nehmen, statt sie zu verabschieden, und ihnen zu essen geben und sie kleiden, statt sie aufzufordern, daß sie sich warm und satt machen sollen. Gewiß eine unwahrscheinliche Art des Wohlmeinens und der Aeußerung desselben. Aber wenn Niemand so thöricht sein wird, einem Armen so zu begegnen, so sollte auch Niemand an einem Glauben sich begnügen, der ohne Werke ist. Der verglichene Fall stellt also zugleich auch ins Licht, wie thöricht dieß sei, während er es zunächst als nutzlos darstellt, sofern mit solchen wohlmeinenden Worten weder der sich hiemit Abfindende einen Nutzen schafft, noch den so Abgefundenen genützt ist. Aber in der Anwendung der Vergleichung sagt nun der Apostel nicht, so sei es auch nutzlos, wenn Einer Glauben habe und keine Werke, sondern so sei auch der Glaube, wenn er nicht Werke habe, todt. Hiedurch ist vor allem der Irrthum ausgeschlossen, auf den man durch V. 14 kommen könnte, als seien Glaube und Werke wie zwei neben einander liegende Stücke gedacht. Der Glaube selbst soll die Werke haben. Es ist also ein Glaube gefordert, der sich in einem Thun auswirkt³). Sodann heißt ein der Werke ermangelnder Glaube todt, nicht blos nutzlos. Daraus, daß er sich nicht in einem Thun auswirkt, ist ersichtlich, daß er kein Leben in sich hat, indem Leben nicht ohne Selbstäußerung und Selbstbethätigung sein kann: eine Beschaffenheit, in welcher er allerdings jener thörichten Rede gleicht, sofern sie nur wie Freundlichkeit aussieht, ohne von Freundlichkeit beseelt zu sein, die sich zu hülfreicher That erbieten würde. Der Beisatz καθ' ἑαυτήν, der ja freilich zum Prädikate νεκρά ἐστιν gehört, kann weder deshalb, noch weil er sonst dasselbe besagte, wie ἐὰν μὴ ἔχῃ ἔργα, so viel sein sollen,

---

¹) so z. B. Grotius. ²) so Kern. ³) gegen Weiffenbach S. 11 f.

als hieße es *ἐν ἑαυτῇ*. Nicht daß der Glaube innerlich bei sich selbst[1]), in seiner Wurzel[2]), oder, was überdies unklar gedacht ist, daß er in Bezug auf sich selbst und nicht blos in Bezug auf Anderes[3]) todt sei, bedeutet *καθ' ἑαυτήν*. Der Sprachgebrauch[4]) erlaubt keine andere Bedeutung, als die der Beschränkung auf sich[5]). Auch in dieser Bedeutung ist es aber Näherbestimmung zu *νεκρά ἐστιν*, indem es besagt, daß der Glaube, wenn er nicht Werke hat, in der Art todt ist, wie seine Beschränkung auf sich selbst dieß mit sich bringt. Und so besagt es dann auch nicht dasselbe, wie *ἐὰν μὴ ἔχῃ ἔργα*, sondern während letzteres den Fall benennt, in welchem vom Glauben gilt, daß er todt ist, sagt *καθ' ἑαυτήν*, daß dieses Todtsein ein mit seiner Beschränkung auf sich selbst gegebenes ist.

Mit einem unzweifelhaft ächten *δέ* ist der Apostel von der Frage des 14. zur Frage des 15. Verses übergegangen. Unrichtig erklärt man sich dasselbe daraus, daß jetzt die Beweisführung gegen den vorgestellten Gegner beginne[6]). Dann müßte ja, was vorhergeht, im Sinne dieses sogenannten Gegners geredet sein, statt dessen *τί τὸ ὄφελος* dort dieselbe verneinende Frage ist, wie hernach. Das Richtige wird sein, daß der Apostel dem vorher gesetzten Falle und der dort fraglich, also offen gelassenen Möglichkeit einen andern gegenüberstellt[7]), damit das Urtheil über den letztern seine Anwendung auf den erstern finde. Die Anwendung hat nun aber der Apostel so gemacht, daß er nicht den Besitz eines Glaubens ohne Besitz von Werken für nutzlos erklärt, sondern von dem Glauben selbst urtheilt, daß er, wenn er keine Werke hat, todt sei; womit nicht sowohl gesagt ist, er könne den, welcher sagt, er habe ihn, nicht erretten, als vielmehr, er verhalte sich zu dem Glauben, welcher Werke hat, wie ein Leichnam zum beseelten Leibe, sei also von einer Beschaffenheit[8]), die ihn schlechthin unvermögend, wirkungsunfähig macht. Er hat nicht blos keine Werke, sondern ermangelt in seiner Beschränkung auf sich selbst aller Fähigkeit, Etwas zu wirken oder zu bewirken, und also freilich auch der Fähigkeit, den, der ihn hat, zu erretten. Hiemit ist, wie denn V. 26 der Abschnitt eben damit schließt, das

---

[1]) so de Wette. [2]) so Wiesinger. [3]) so Huther. [4]) vgl. Kühner Gramm. II. S. 414. [5]) so auch Röm. 14, 22. [6]) so Schneckenburger, de Wette, Huther. [7]) vgl. Wiesinger. [8]) vgl. Wiesinger.

Stärkste von ihm gesagt, was sich sagen läßt, wenn auch nicht, daß er gar kein Glaube sei¹) oder keine wahre Realität habe²). Das Folgende, wo nur gesagt ist, daß er nicht aufzeigbar sei, kann also schon deshalb nicht für eine steigernde Korrektion des Vorhergehenden gelten, kann es aber auch deshalb nicht, weil $\dot{\alpha}\lambda\lambda\dot{\alpha}$ ohne $\varkappa\alpha i$ diesen Sinn nicht hat³). Mit „sondern" kann man den Apostel freilich auch nicht fortfahren lassen, da keine Verneinung vorhergegangen ist⁴), und am allerwenigsten folgt, mit $\dot{\alpha}\lambda\lambda'$ $\dot{\varepsilon}\varrho\varepsilon\tilde{\iota}$ $\tau\iota\varsigma$ eingeführt, eine Gegenrede gegen das, was er gesagt hat. Man hat Letzteres dadurch möglich machen wollen, daß man den Gegner sagen ließ „wenn du doch auch gleich mir Glauben hast, so habe auch ich Werke, indem dann mein Glaube die Werke schon selbst in sich schließt"⁵): eine unsinnige Gegenrede, da es keine Werke giebt, die der Glaube selbst schon in sich schließt, sondern nur solche, in denen er sich erzeigt, und dem einfachen Gegensatze $\pi i\sigma\tau\iota\nu$ $\dot{\varepsilon}\chi\varepsilon\iota\varsigma$ und $\dot{\varepsilon}\varrho\gamma\alpha$ $\dot{\varepsilon}\chi\omega$ mit verzweifelten Mitteln abgedrungen. Oder man hat es dadurch möglich zu machen gemeint, daß man einen Vertheidiger des Werkelosen von diesem, den Jakobus mit $\sigma\acute{v}$ anrede, sagen läßt, er habe den Glauben, und von Jakobus, der mit $\dot{\varepsilon}\gamma\acute{\omega}$ sich selbst meine, er habe die Werke, womit dann gesagt sein soll, der einseitig auf Werke Dringende sei eben so im Unrecht, wie der einseitig beim Glauben Beharrende⁶): was aber eine nicht minder unsinnige Gegenrede wäre, da Jakobus nicht Werke statt des Glaubens, sondern einen Glauben mit Werken verlangt hat, und dem schlichten Wortlaute nicht minder abgezwungen, da Jakobus vorher seine christlichen Brüder angeredet hat und nicht den vermeintlich Vertheidigten, und also auch dessen Vertheidiger nicht oder höchstens in indirekter Rede, mit einführendem $\ddot{o}\tau\iota$, seine Worte an diesen, statt an den, gegen welchen er ihn vertheidigt, richten lassen kann. Dennoch bleibt aufrecht, daß $\dot{\alpha}\lambda\lambda'$ $\dot{\varepsilon}\varrho\varepsilon\tilde{\iota}$ $\tau\iota\varsigma$ nichts Anderes sein kann, als Einführung einer Entgegnung⁷). Man irrt nur darin, daß man meint, diese Entgegnung müsse dem gelten, was der Apostel über einen Glauben ohne Werke geurtheilt hat: ein Irrthum, welcher sogar dazu geführt hat, daß man sie auf

---

¹) gegen Schneckenburger. ²) gegen Kern. ³) gegen Wiesinger, Brückner.
⁴) gegen Schneckenburger. ⁵) so Kern. ⁶) so Huther. ⁷) vgl. 1·Kor. 15, 35.

die für sich allein sinnlosen Worte σὺ πίστιν ἔχεις κἀγὼ ἔργα ἔχω beschränkt und mit dem Folgenden, wo dann die Lesart ἐκ τῶν ἔργων σου gegen χωρὶς τῶν ἔργων aufrechterhalten wird, die aber ihren Ursprung wohl nur demselben Irrthume verdankt, den Apostel darauf erwiedern ließ[1]). Er hat sich aber bisher nur seinen Lesern gegenüber darüber geäußert, was von Einem zu halten sei, der sich für gläubig bekenne, ohne Werke zu haben. An derlei Gläubige selbst hat er sich noch nicht gewendet, und so ist die an einen Solchen gerichtete Entgegnung, mit welcher der Apostel jetzt einen Andern redend einführt, die erste Erwiederung auf die Rede dessen, welcher sagt, er habe Glauben, während er Werke nicht hat[2]), womit der Einwurf gegen diese Auffassung, daß ja bis hieher der bestrittene Irrthum nicht das Wort geführt habe, sondern nur, um bestritten zu werden, genannt worden sei[3]), um so mehr widerlegt sein dürfte, als hiebei außer Acht gelassen ist, daß es nicht hieß ἐὰν πίστιν τις ἔχῃ, sondern ἐὰν πίστιν λέγῃ τις ἔχειν.

Du hast Glauben, sagt der redend Eingeführte, und ich habe Werke. So kann derjenige nicht sprechen, dem der Glaube das Erste und alles Werk des Glaubens Bethätigung ist. Man sagt wohl, daß er sich dem πίστιν ἔχειν gegenüber blos das ἔργα ἔχειν beilege, geschehe nur deshalb, weil er von letzterm ausgehen müsse, um zu zeigen, wie mit den Werken auch der Glaube gegeben sei[4]). Aber so würde eben Jakobus oder ein ihm gleich gesinnter Christ seine Ueberführung des Bestrittenen nicht anstellen. Er würde nicht zeigen wollen, wie mit den Werken auch der Glaube gegeben sei, und dieß will der redend Eingeführte doch zeigen, da hinter κἀγὼ ἔργα ἔχω den Jakobus wieder selbst sprechen zu lassen[5]) das Allerunmöglichste ist. Jakobus würde, wie wir ihn hernach thun sehen, darthun, daß der rechte Glaube Werke in seinem Gefolge habe. Dem mit seinem werkelosen Glauben sich Begnügenden dient es zur Beschämung, wenn ihn Einer der Fraglichkeit desselben überführt, der sich nur auf seine Werke beruft. Warum dieß christliche Werke sein müssen, ist nicht abzusehen. Zwischen Jakobus und dem, welchen er hernach bestreiten

---

[1]) so Reiche comm. crit. in N. T. III. S. 177. [2]) vgl. Bengel, de Wette.
[3]) so Wiesinger. [4]) so Wiesinger. [5]) wie Weiffenbach S. 17.

wird, handelt es sich freilich um den Christenglauben und um ein Thun, in welchem sich derselbe erzeigt. Aber für den jetzt redend Eingeführten ist es genug, daß er ein Thun aufweisen kann, aus welchem ersichtlich ist, daß er Glauben hat, während der Andere seinen Glauben in Geschiedenheit von Werken nicht aufzeigen kann. Das Thun, welches jener geltend macht, ist also ein solches, welches beweist, daß er in einem Glauben steht, ohne welchen er so nicht thun würde. Aber was er glaubt, bleibt hiebei außer Betracht. Hinwieder der Andere giebt sich freilich als einen Bekenner Jesu, und der Glaube, von dem er sagt, daß er ihn habe, ist Glaube dessen, wozu sich der Christ bekennt. Für den aber, der ihn bestreitet, bleibt außer Betracht, was er glaubt: es handelt sich für ihn nur darum, ob ein Glaube, der sein Dasein nicht durch ein entsprechendes Thun offenbart, überhaupt den Anspruch machen könne, für eine Wirklichkeit zu gelten. Denn nur so weit reicht die als möglich eingeführte Gegenrede, nicht beweist sie dem Angegriffenen, daß sein Glaube ein todtes Ding sei[1]). Er kann ihn haben, wie er versichert, aber es bleibt eben bei der Versicherung, und sie kann auch der geben, der ihn nicht hat.

Weiter greift der zweite Theil der Entgegnung. Denn nicht als eigenes Wort des Jakobus[2]), sondern als Wort des redend Eingeführten ist auch der folgende Satz gemeint, wie schon die Redeform zu erkennen giebt, wenn dem $σὺ\ πίστιν\ ἔχεις$ das $σὺ\ πιστεύεις$ zur Seite tritt. Auch wird hier nicht so vom Glauben gehandelt, wie es zwischen einem Christen und einem Mitchristen der Fall sein würde. Der Angreifende sieht ab von dem, was der Angegriffene in seiner Eigenschaft als Christ sonderlich glaubt, und hält sich an das, was er als Jude gleich ihm glaubt. Denn daß er deshalb ein Christ sein müsse, weil er wisse, daß die Anerkennung der höchsten Glaubenswahrheiten, wenn sie nicht zu den Werken der Liebe treibt, ohne allen Werth sei[3]), kann man nur bei völliger Verkennung des Zwecks sagen, zu welchem der Gegner dem Angegriffenen gerade den Glauben beimißt, daß Gott einer ist. Diese oberste Wahrheit haben sie beide gemein, und sie ist es ihnen beiden. Wenn nun der Gegner

---

[1]) gegen Huther. [2]) gegen Huther. [3]) so Wiesinger.

dem Andern bezeugt, daß er wohl daran thue, dieß zu glauben, und doch hinzufügt, auch die bösen Geister glauben es, so entsteht die Frage, wie das wohlgethan sein könne, was sie auch thun. Sie glauben es, sagt er, und schaudern. Zu nichts Anderm gedeiht es ihnen, als daß es sie mit Entsetzen erfüllt, den Gott, den sie wider sich haben, als den einigen zu kennen, der es über Alles ist, und sich der Gewißheit, daß er dieß ist, nicht entziehen zu können. Nur in dem Sinne nämlich kann von Geistern ein πιστεύειν ausgesagt werden, sofern es die Gewißheit ausdrückt, daß Etwas und daß es so und nicht anders sei. Ein solches πιστεύειν ist aber ein Zustand und kein Verhalten. Wenn also der, welcher sagt, er habe Glauben, nicht anders glaubte, als die bösen Geister, so wäre daran Nichts zu loben, noch würde es ihn beglücken. Er mag also wohl zusehen, ob sein Glauben ein anderes ist, als das er mit den argen Geistern gemein hätte: nur wenn es ein anderes ist, nicht die Zuständlichkeit dessen, der von einer Thatsache überführt ist, sondern ein Verhalten, zu dem man sich hat bestimmen lassen, nur dann gilt davon, daß es wohlgethan ist. Die beiden Hälften des Verses stehen also in dem Verhältnisse zu einander, daß die zweite etwas zu bedenken giebt, wornach die in der ersten ausgesprochene Anerkennung bemessen sein will. Ironisch ist weder die erste, noch die zweite sarkastisch; nur schneidig scharf ist die Rede hier, wie in V. 18. Dort sollte der, welcher sagt, er habe Glauben, ohne daß er Werke hat, überführt werden, daß dann sein angeblicher Glaube für Andere nicht vorhanden und fraglich ist, und hier soll ihm zu bedenken gegeben werden, ob er nicht auch bei ihm selbst sittlich werthlos und für ihn selbst ungedeihlich ist. Und dieß muß er sich von Einem sagen lassen, der dabei nicht einmal von der Wahrheitserkenntniß ausgeht, deren er als Christ sich berühmt.

Erst jetzt tritt Jakobus auch im eigenen Namen in die an solchen Menschen gerichtete Entgegnung ein, um das Urtheil zu begründen, welches er zuvor über dessen Glauben gefällt hatte. Daß es so gemeint ist, erhellt erstens aus der Einleitung, die er dem nun Folgenden vorausschickt, nachdem er das Vorhergegangene mit ἀλλ' ἐρεῖ τις eingeführt hatte, erhellt ferner aus dem veränderten Tone der Rede, welcher jetzt der des Unwillens ist, nachdem vorher der

und Ueberführung dessen, der sich ihn dafür gelten läßt, aus der Schrift. 2, 20—26.

überlegene Verstand gesprochen hatte, und erhellt endlich aus dem wesentlich verschiedenen Inhalte, sofern jetzt wieder der Glaube als die Voraussetzung der Werke behandelt und nur gezeigt wird, daß er nicht ohne sie bleiben dürfe, während der vorher redend Eingeführte in einer Weise von ihm gesprochen hatte, welche fraglich ließ, ob er etwas sei, das selbstständigen Werth habe. $\mathring{\omega}$ $\check{α}νθρωπε$ $κενέ$ redet der Apostel unwillig den an, welcher sagt, er habe Glauben, Werke aber nicht hat, und bezeichnet ihn damit als einen Menschen, welchem das fehlt, was er haben müßte, wenn er das sein sollte, wofür er gelten will. Denn diesen Sinn hat $κενός$, wo es von Personen[1]), wie wenn es von Sachlichem gebraucht wird. Er giebt sich dafür, daß er an seinem Glauben habe, was ein Mensch haben müsse, um vor Gott zu bestehen, und hat es doch nicht. Und dessen soll er nun — so lautet die Frage $θέλεις$ $γνῶναι$ —, wenn er Beweis verlangt, überführt werden. Es soll ihm bewiesen werden, daß der Glaube ohne die Werke ein dem, der ihn hat, keinen Ertrag bietender Besitz ist. So heißt es nämlich, wenn $ἀργή$,[2]) nicht $νεκρά$, zu lesen ist. Die letztere Lesart ist so stark beglaubigt, daß man sie vorziehen müßte, wenn sich die Entstehung der andern daraus erklären ließe, daß man mit einem andern Prädikate statt $νεκρά$ abwechseln oder gar ein dem $χωρὶς$ $τῶν$ $ἔργων$ entsprechendes an die Stelle setzen wollte[3]). Doch man hat ja $νεκρά$ gerade deshalb vorgezogen, weil $ἀργή$ als Prädikat nur eben dasselbe besagen würde, was $χωρὶς$ $τῶν$ $ἔργων$ beim Subjekte besage[4]), und dieß wird denn auch der Grund sein, weshalb es mit dem in V. 17 und 26 gebotenen $νεκρά$ vertauscht worden ist. Der Sinn ist auch wirklich ein anderer, wenn $νεκρά$, als wenn $ἀργή$ geschrieben steht[5]). Jenes bezeichnet den Glauben, wie zu V. 17 bemerkt ist, als einen wirkungsunfähigen, dieses dagegen als einen ertraglosen, und nicht als einen leistungsunfähigen[6]). Wäre nun letzteres so gemeint, daß er Nichts leiste, so wäre damit freilich dasselbe gesagt, wie daß er keine Werke hat. Aber von einer Sache gebraucht, die man hat, bedeutet $ἀργός$, daß sie dem Nichts trägt, der sie hat. Und in diesem Sinne ist $ἀργή$

---

[1]) vgl. Soph. Ant. 709. [2]) so auch Tregelles. [3]) so Huther. [4]) so Reiche a. a. O. S. 186. [5]) gegen Huther. [6]) gegen Weiffenbach S. 24.

wirklich hier der passendere Ausdruck. Denn es soll dem, der Glauben hat ohne Werke, dargethan werden, daß ihm derselbe nicht dazu dient, rechtbeschaffen zu sein.

In diesem Sinne nämlich verweist der Apostel auf die Geschichte Abraham's, als in welcher sich das Gesetz der mit ihm anhebenden, ihn zu ihrem Ahnherrn habenden[1]) Heilsgemeinde darstellt[2]), und entnimmt ihr, wie er gerecht geworden. Werke, sagt er, haben ihn dazu gemacht, er ist es damit geworden, daß er seinen Sohn Isaak auf die Opferstätte brachte[3]). Denn der Participialsatz, als Apposition zu $\dot{\varepsilon}\xi\ \dot{\varepsilon}\rho\gamma\omega\nu$, benennt gleich diesem die Art und Weise, wie er zu dem gelangt ist, was der Apostel sein $\delta\iota\kappa\alpha\iota o\tilde{v}\sigma\vartheta\alpha\iota$ nennt, nur mit dem Unterschiede, daß $\dot{\varepsilon}\xi\ \dot{\varepsilon}\rho\gamma\omega\nu$ ein Thun überhaupt, weshalb der Pluralis steht, der Participialsatz dagegen die eine That, welche die Krone seines Thuns war, als das bezeichnet, was ihm hiezu gediehen ist. Wäre nun $\dot{\varepsilon}\delta\iota\kappa\alpha\iota\dot{\omega}\vartheta\eta$ so gemeint, daß er von Gott für gerecht erklärt, gerechtgesprochen worden sei, so hätte Jakobus ein Schriftwort hiefür haben müssen, dessen Kenntniß er bei dem, den er bestreitet, so gewiß voraussetzen konnte, daß er nicht nöthig hatte, es anzuführen. Ein solches giebt es aber nicht. Man meint es Gen. 22, 12[4]) oder 16—18[5]) zu finden. Aber an der erstern Stelle lautet das Gotteswort nur „ich habe erkannt, daß du gottesfürchtig bist", was ebenso wenig eine Gerechtsprechung heißen kann, als Cornelius deshalb, weil er gottesfürchtig war[6]), der Sündenvergebung um Christi willen entbehren konnte. Und das andere ist vollends nur eine Wiederholung der längst gegebenen Verheißung, und daß sie ihm wegen des bewiesenen Gehorsams wiederholt oder, wie man gesagt hat, als ein nunmehr unverlierbares Gut zuerkannt wird, schließt doch immerhin nur eine Anerkennung dieses seines Gehorsams in sich, nicht aber eine Gerechtsprechung, welche eins ist mit Sündenvergebung. Um eine solche müßte es sich aber hier handeln, wenn eine göttliche Gerechtsprechung in dem Sinne gemeint wäre, wie V. 15 gefragt worden ist, ob der Glaube den erretten könne der keine Werke hat. Es ist deshalb auch damit nicht geholfen, daß

---

[1]) vgl. z. Röm. 4, 1. [2]) vgl. z. Gal. 4, 22 ff. [3]) vgl. z. 1 Petr. 2, 24.
[4]) so Wiesinger. [5]) so Huther. [6]) Act. 10, 2.

man eine Gerechtsprechung versteht, welche den für gerecht erklärt, der es ist[1]): von einer solchen kann eben hier keine Rede sein. Dem gegenüber, welcher meinte, sein Glaube errette ihn, ohne daß er Werke hatte, müßte gezeigt werden, daß Gott den Abraham nicht eher, als bis sein Glaube Werke hatte, für gerecht erklärt habe, und nicht daß er den auf Grund seines Glaubens schon Gerechtgesprochenen in Folge seines Thuns für den Gerechten erklärt habe, der er schon war.

Aber müssen wir denn übersetzen „er ist gerechtgesprochen worden?" Heißt nicht φιλοῦσθαι Freund werden, κακοῦσθαι schlecht werden, ἐλαττοῦσθαι kleiner werden, ψυχροῦσθαι kalt werden, ἰσοῦσθαι τινι Einem gleichkommen, παλαιοῦσθαι veralten, τελειοῦσθαι zur Reife gelangen? Warum sollte δικαιοῦσθαι nicht heißen können gerecht werden? Wir haben anderwärts[2]) gesehen, daß es so überall gemeint sein muß, wo δικαιοῦσθαι διὰ πίστεως oder ἐνώπιον τοῦ θεοῦ vorkommt: jenes heißt durch Glauben dazu gelangen, daß man gerecht ist, dieses dazu gelangen, daß man vor Gott gerecht ist[3]). Denn der Glaube ist kein Mittel des Gerechtsprechens, sondern die Bedingung, unter welcher es geschieht, und daß man ebenso gut sagen könne „vor Gott gerecht erklärt werden", wie „vor Gott gerichtet werden", ist nur in so fern wahr, als man eben auch letzteres nicht sagen kann[4]). Nun kann aber δίκαιος, je nachdem es sich um das Verhältniß zu Gott dem Richter oder um das Verhalten gegen Gott handelt, entweder der heißen, welcher Gottes Urtheil für sich hat, was Sündenvergebung voraussetzt, oder der, dessen Verhalten dem entspricht, was Gott von dem sündigen Menschen fordert. Im letztern Sinne ist das alttestamentliche צַדִּיק gewöhnlich gemeint und dem entspricht auch das neutestamentliche δίκαιος überall, wo es Bezeichnung menschlichen Verhaltens ist[5]), daher insonderheit bei Jakobus[6]). Und wie nun הַצַּדִּיק auch das Wirken bezeichnen kann, welches macht, daß Einer צַדִּיק in diesem Sinne wird[7]), so wird doch

---

[1]) so Frank Zeitschr. f. Prot. u. K. 1861 Dez. S. 364. [2]) vgl. z. Gal. 2, 16; Röm. 3, 20. [3]) vgl. LXX. Pf. 143, 2 mit Luc. 16, 15. [4]) gegen Wieseler z. Gal. 2, 16 S. 193. [5]) z. B. Matth. 1, 19; 5, 45; 23, 28; Luc. 1, 6; 2, 25; 23, 47; Act. 10, 22; Röm. 5, 7; Hebr. 12, 23; 2 Petr. 2, 7. [6]) Jac. 5, 6, 16. [7]) Dan. 12, 3; Jes. 53, 11; vgl. LXX. Pf. 73, 13.

auch δικαιοῦσθαι ein Gerechtwerden in diesem Sinne, ein Gelangen in den so gemeinten Stand der Gerechtigkeit bedeuten können. Heißt nicht Sir. 18, 2 κύριος μόνος δικαιωθήσεται, Gott allein werde als gerecht zu stehen kommen? Aehnlich ist hier von Abraham gesagt, er sei vermöge Thuns, als welches ihm hiezu gedieh, sei damit, daß er seinen Sohn opferte, dazu gelangt, ein Gerechter, ein richtig zu Gott Stehender zu sein, der Stand der Rechtbeschaffenheit sei ihm von da her erwachsen.

Zu dieser Auffassung des 21. Verses stimmt auch der Inhalt des Satzes, den der Apostel als etwas, das in Abraham's Geschichte klar vor Augen liege, mit βλέπεις ὅτι einführt. Man hat dieses βλέπεις als Frage gefaßt[1]). Aber dieß wäre dann eine Frage desselben Unwillens, der sich in dem θέλεις δὲ γνῶναι aussprach, und würde daher nicht „siehst du?" lauten, sondern „siehst du denn nicht?" Es wird also, ganz abgesehen davon, wie weit der von ὅτι abhängige Satz reicht, die Einführung desselben durch βλέπεις ὅτι vielmehr so gemeint sein, daß sein Inhalt als etwas dem selbst, dessen Unverstand diese Zurechtweisung vernothwendigt, unverkennbar vor Augen Liegendes vorgeführt wird. Der Zweck, zu welchem der Apostel auf Abraham's Geschichte verwiesen hat, bringt mit sich, daß dieß etwas ist, woraus die Bedeutung nicht des Glaubens, sondern der Werke erhellt. Welche Stelle sie in Abraham's Geschichte gehabt haben, wird gesagt sein[2]), wie denn auch die Wortstellung der Art ist, daß der Ton gleichermaßen auf τοῖς ἔργοις αὐτοῦ und auf ἐκ τῶν ἔργων liegt. Dem wäre nicht so, wenn man ἡ πίστις συνήργει τοῖς ἔργοις αὐτοῦ so fassen dürfte, als hieße es εἰς τὰ ἔργα αὐτοῦ[3]), indem dann betont wäre, was ihm zu seinem Thun verhalf. Aber συνεργεῖν τινι heißt nie etwas Anderes, als Einem behülflich sein[4]), und nicht mit Einem zusammenwirken. Nun könnte freilich der Satz, auch wenn es heißt, der Glaube war seinem Thun behülflich, so gemeint sein, daß vom Glauben gesagt wäre, welchen Dienst er ihm that[5]). Es fragt sich eben, wozu er seinen Werken behülflich war. Man sagt, dazu, daß sie den von Gott geforderten Gehorsam leisten

---

[1]) so z. B. Bachmann, Tregelles. [2]) vgl. Huther. [3]) so Kern, Schneckenburger, de Wette. [4]) wie Röm. 8, 28. [5]) so z. B. Bengel, Wiesinger.

konnten und leisteten¹), zu ihrer dem Willen Gottes entsprechenden Ausführung²). Aber seine Werke sind doch solche, wie sie der Apostel meint, wenn er einen Glauben fordert, welcher Werke hat, und solche, wie er sie im Sinne hatte, wenn er sonderlich Abraham's Opferung seines Sohnes als das Thun benannte, von welchem der Satz ἐξ ἔργων ἐδικαιώθη gelte. Man kann nicht zwischen seinen Werken und ihrer Beschaffenheit unterscheiden und den Apostel sagen lassen, der Glaube habe den ersteren zu letzterer verholfen³). Aus ἐξ ἔργων ἐδικαιώθη ist zu entnehmen, wozu der Glaube seinem Thun behülflich war, dazu nämlich, daß er gerecht wurde. Und wie nun vorher betont war, daß es Werke gewesen sind, die ihm dazu gediehen, ein Gerechter zu sein, so liegt auch jetzt der Ton darauf, daß seine Werke es waren, denen der Glaube dazu half, daß er es wurde. Wenn sie nicht im Glauben gethan gewesen wären, so wären sie keine Werke gewesen, welche machten, daß er als Rechtbeschaffener zu stehen kam. Jakobus sagt also nicht, Abraham's Glaube sei die schwächere, minder wirkungskräftige Gehülfin seiner Werke gewesen⁴), sondern nur, daß er ein Rechtbeschaffener auf Grund eines Glaubens war, welcher Werke hatte. Dieß ist aber dasselbe, was der Herr selbst gesagt hat⁵), daß nicht alle zu ihm sich Bekennenden in das Himmelreich einkommen werden, sondern nur diejenigen, die den Willen seines Vaters thun. Denn was dort das Bekenntniß zum Herrn ist, das ist hier der Glaube. Nicht als Gottes Werk im Menschen kommt er in Betracht, sondern als Sache des menschlichen Verhaltens zu Gott, was er aber da nicht, sondern eine Zuständlichkeit ist, wo er sich von dem der bösen Geister nicht unterscheidet.

Hieraus erklärt sich auch das Andere, daß die Werke es gewesen sind, welche in ihrem Gefolge hatten und machten, daß der Glaube vollkommen ward. Der Apostel gebraucht hier und in den folgenden Sätzen den Aoristus, der sich von dem vorhergehenden Imperfectum nicht so unterscheidet, daß er ein mit der That Abraham's, auf die sich συνήργει bezieht, gewonnenes fertiges Ergebniß⁶), sondern so, daß er Geschehenes lediglich als geschehen und nicht wie das

---

¹) so Frank a. a. O. S. 367. ²) so Huther. ³) dieß auch gegen m. W. b. Schriftbeweis I. S. 643. ⁴) gegen Weiffenbach S. 36. ⁵) Matth. 7, 21. ⁶) so Wiesinger.

Imperfectum in seiner zeitlichen Zugehörigkeit zu einem Andern bezeichnet. Nun besteht aber zwischen dem, was er mit dem Imperfectum, und dem, was er mit dem Aoristus aussagt, kein solcher sachlicher Unterschied, daß sich der Wechsel des Tempus hieraus erklärt. Er wird deshalb seinen Grund darin haben, daß die Rede aus der Abhängigkeit von βλέπεις ὅτι, welche für den hiemit eingeführten Satz das bezügliche Tempus mit sich brachte, heraustritt und sich, wenn sie gleich auch fernerhin dem Angeredeten gilt, doch nur als einfache Vorführung von Geschehenem fortsetzt. Dann wird sie aber auch nicht hinter ἐτελειώθη innehalten, sondern auf derselben Linie bleiben, bis die durch καί unter sich verbundenen Sätze erschöpft sind. Ob dann nicht das mit Betonung voranstehende ἐκ τῶν ἔργων zu allen diesen Sätzen gehöre, ist eine naheliegende Frage.

Für das Verständniß des ersten derselben ist entscheidend, daß man τελειοῦσθαι nichts Anderes bedeuten lasse, als was es bedeuten kann. Es heißt „vollkommen werden", also daß Etwas das ganz und voll wird, was es ist, und nicht blos jede Erklärung, welche den Begriff der Bewährung einträgt[1]), ist von Uebel, sondern auch den der Entwickelung zum Ziele hin muß man fernhalten[2]). Τελειοῦσθαι ist der Eintritt in die Reife, nicht ein Entgegenreifen. Man darf also den Satz auch nicht dahin deuten, daß der Glaube, indem er die Werke hervorbringt, das immer völliger werde, was er sein soll[3]). Wir lesen lediglich, daß es bei Abraham die Werke gewesen sind, welche machten[4]), freilich aber nicht blos veranlaßten[5]), daß der Glaube das, was er war, vollkommen wurde. Und zwar ist dieß nicht so gemeint, als sei sein anfänglich unvollkommener Glaube erst hinterher durch nachmaligen Hinzutritt der Werke vollkommen geworden, sondern die Werke, die sein Glaube hatte, haben ihn zu dem vollkommenen gemacht, der er war.

Die Sätze ἡ πίστις ἐτελειώθη und ἐπληρώθη ἡ γραφή sind sich so ähnlich, daß man, meine ich, von vorn herein erwarten sollte, ἐκ τῶν ἔργων gehöre zu beiden. Und der Inhalt der angezogenen Schriftstelle bestätigt diese Erwartung. Gleichwie Paulus Röm. 4,3,

---

[1]) wie z. B. Bengel, de Wette, Wiesinger. [2]) gegen Frank a. a. O.
[3]) gegen Huther. [4]) vgl. Kühner Gramm. II. S. 399. [5]) gegen Weiffenbach S. 40.

führt auch Jakobus sie so an, wie sie in der alexandrinischen Ueber=
setzung lautet, und gleich ihm mit der einzigen Abweichung, daß er
ihren Anschluß an das ihr Vorausgehende mit δὲ wiedergiebt, statt
mit καί: eine Uebereinstimmung, die man um so verwunderlicher ge=
funden hat, als Jakobus zu dieser Aenderung den Grund nicht ge=
habt habe, den Paulus hatte, welcher ἐπίστευσεν mit nachdrücklicher
Betonung voranstellen wollte[1]). In Wahrheit aber hatte ihn Ja=
kobus auch: handelt es sich ja doch für ihn ebenso, wie für Paulus,
um den Gegensatz von Glauben und Werken. Beiden besagt die
Stelle dasselbe, daß Gott den Abraham nicht auf Grund irgend einer
Leistung, sondern auf den Glauben hin, mit dem er die göttliche
Verheißung aufnahm, für gerecht geachtet hat[2]). Aber Jakobus sagt
von einer Erfüllung dieses Schriftworts. Ein Schriftwort findet
seine Erfüllung, wenn das geschieht, ohne was es ein bloßes Wort
bliebe. Ist es ein Gebot, so kommt es zur Erfüllung, wenn das
Gebotene, ist es eine Vorhersagung, wenn das Vorhergesagte geschieht.
Hier aber ist eine geschichtliche Thatsache erzählt. Von ihr freilich
ist nicht gesagt, daß sie sich erfüllt habe, sondern von dem sie aus=
sagenden Schriftworte. Man kann die Erfüllung nicht darein setzen,
daß das frühere Factum in dem späteren eintraf, die Wahrheit des
ersten durch die Realität des zweiten sich bestätigte[3]), geschweige da=
rein, daß das erste etwas noch nicht ganz Reales gewesen, und erst
durch Isaak's Opferung die volle Realität hinzugetreten sei[4]). Noch
weniger kann man das Gewicht darauf legen, daß der angeführte
Ausspruch der erst später folgenden Opferung Isaak's vorangehe, was
dann Jakobus dahin gedeutet haben soll, daß er erst da seine wahre
Bedeutung habe, wo das Werk den Glauben bewährte, nachdem er
zuvor gleichsam nur anticipirt war[5]): eine Auffassung, welche unklar
läßt, ob die Erfüllung des früheren Schriftworts in der später fol=
genden Erzählung der Opferung Isaak's oder in dieser Thatsache
selbst bestehe. Ist das Letztere gemeint, dann liegt Nichts daran, ob
sich jenes Schriftwort vor oder nach der Erzählung dieser Thatsache
findet, und man kann nicht sagen, es sei bis dahin, wo diese That=

---

[1]) so Kautzsch de V. T. locis a Paulo ap. alleg. S. 25. [2]) vgl. dage=
gen 1 Makk. 2, 52. [3]) so Frank a. a. O., Brückner. [4]) so de Wette. [5]) so
Kern.

ſache eintritt, nur anticipirt. Allerdings aber iſt es das Schriftwort und nicht das darin Berichtete, noch weniger freilich der darin liegende Gedanke¹), wovon es heißt, daß es zur Erfüllung gelangt ſei. Die göttliche Bezeugung, daß dem Abraham ſein Glaube für Gerechtigkeit geachtet worden ſei, ſie hat ſich erfüllt, und nicht die göttliche Zurechnung deſſelben. Hätte Abraham nicht gethan, was der Apoſtel ſeine Werke nennt, inſonderheit alſo die ſchwerſte Probe ſeines Gehorſams nicht beſtanden, ſo wäre dieſe Ausſage ein ebenſo leer gebliebenes Wort, wie eine Vorherſagung, die ſich nicht verwirklicht: ſie hätte ſich nicht mit der That bewahrheitet, weil nichts vorläge, wodurch ſie gerechtfertigt wäre. Nun aber iſt durch Abraham's Werke thatſächlich beſtätigt, daß von ſeinem Glauben mit Recht geſagt iſt, er ſei ihm für Gerechtigkeit geachtet worden: ſie haben ſeinen Glauben als einen erwieſen, der ihm dafür geachtet werden konnte, ſo daß ihm alſo, unſerer Auffaſſung des $\dot{\varepsilon}\tau\varepsilon\lambda\varepsilon\iota\omega\vartheta\eta$ entſprechend, die Vollkommenheit ſeines Glaubens nicht erſt hinterher erwachſen iſt, ſondern ſich in ſeinem Thun erwieſen hat. Iſt dieß die Meinung, dann wird ſich empfehlen, $\dot{\varepsilon}\kappa\ \tau\tilde{\omega}\nu\ \ddot{\varepsilon}\rho\gamma\omega\nu$ auch zu $\dot{\varepsilon}\pi\lambda\eta\rho\dot{\omega}\vartheta\eta\ \dot{\eta}\ \gamma\rho\alpha\varphi\dot{\eta}$ gehörig zu achten, da es ja eben die Werke ſind, von welchen her dem Schriftworte ſeine Erfüllung geworden iſt.

Und zu $\varphi\dot{\iota}\lambda o\varsigma\ \vartheta\varepsilon o\tilde{\upsilon}\ \dot{\varepsilon}\kappa\lambda\dot{\eta}\vartheta\eta$ gehört es dann nicht nur ebenſo gut, ſondern iſt hier ſo nöthig, daß ſeine Verbindung mit $\dot{\varepsilon}\pi\lambda\eta\rho\dot{\omega}\vartheta\eta\ \dot{\eta}\ \gamma\rho\alpha\varphi\dot{\eta}$, wenn ſie ſich nicht ſchon von ſelbſt empfähle, von hier aus vernothwendigt würde. Wenn es ſchon ein Uebelſtand iſt, daß man ſonſt erſt fragen muß, worin Jakobus die Erfüllung des angezogenen Schriftworts ſehe, und wohl gar die Antwort, und zwar eine irrige, aus dem weit entlegenen $\dot{\varepsilon}\xi\ \ddot{\varepsilon}\rho\gamma\omega\nu\ \dot{\varepsilon}\delta\iota\kappa\alpha\iota\dot{\omega}\vartheta\eta$ erholt²); ſo ſtände nun vollends die bloße Ausſage $\kappa\alpha\dot{\iota}\ \varphi\dot{\iota}\lambda o\varsigma\ \vartheta\varepsilon o\tilde{\upsilon}\ \dot{\varepsilon}\kappa\lambda\dot{\eta}\vartheta\eta$ ſo kahl und zwecklos, daß man faſt verſucht wäre, dieſe Worte lieber noch unter $\dot{\eta}\ \lambda\dot{\varepsilon}\gamma o\upsilon\sigma\alpha$ mitzubefaſſen³). In der That wird man, obgleich Letzteres unberechtigt iſt, bei $\dot{\varepsilon}\kappa\lambda\dot{\eta}\vartheta\eta$ nicht an die Nachkommen Abraham's zu denken haben, daß ſie ihn ſo nannten⁴), ſondern an die Schriftſtellen Jeſ. 41, 8 und 2 Chron. 20, 7, wo er ſo genannt iſt. Denn an

---

¹) gegen Weiffenbach S. 43. ²) ſo Huther. ³) wie z. B. Kern. ⁴) ſo Bengel.

beiden Stellen ist אֹהֲבִי und אֲהֵבְךָ Apposition zu אַבְרָהָם, nicht, wie es in der alexandrinischen Uebersetzung, und zwar nicht blos an der letztern, sondern auch an der erstern Stelle, mißverstanden ist, u זֶרַע אַבְרָהָם, welche irrige Verbindung zur Folge hatte, daß es mit ὃν ἠγάπησα und τῷ ἠγαπημένῳ σου wiedergegeben wurde, während Exod. 20, 6 לְאֹהֲבַי neben וּלְשֹׁמְרֵי מִצְוֹתָי richtig τοῖς ἀγαπῶσί με übersetzt ist. Hat der Apostel den Grundtext, namentlich der erstern Stelle, vor Augen, so ist doch wahrscheinlicher, daß er φίλος θεοῦ von der Gottesfreundschaft dessen versteht, der Gott lieb hat[1]), als daß er es so meint, wie Philo[2]), welcher bei Anführung von Gen. 18, 17 hinter אַבְרָהָם, statt des in der alexandrinischen Uebersetzung hinzugefügten τοῦ παιδός μου, τοῦ φίλου μου in dem Sinne beifügt, daß er φίλος θεῷ μᾶλλον ἢ δοῦλος. Und der Satz paßt auch nur, wenn er so verstanden sein will. Denn andernfalls wäre nur, daß Gott sich zu ihm wie zu einem Freunde stellte, von Belang, nicht aber, daß er hienach benannt wurde. Man sagt zwar, Gottes Freund, den Gott lieb hatte, sei er von dem Augenblicke an gewesen, als ihm Gott seinen Glauben zur Gerechtigkeit rechnete, wie man denn gar φίλος θεοῦ und δικαιωθείς für gleichbedeutend erklärt hat[3]), aber so genannt sei er erst von da an worden, als ihn Gott um seiner Werke willen für gerecht erklärte[4]). Aber wo steht dieß alles geschrieben, und auf welchen Grund hin macht man solchen zeitlichen Unterschied? Philo wenigstens nennt ihn so bei Gelegenheit eines Vorgangs, welcher einer beträchtlich frühern Zeit angehört, als jene vermeintlich auf Grund der Opferung Isaak's geschehene Gerechterklärung. Ist dagegen φίλος θεοῦ so gemeint, daß er Gott lieb hatte, und gehört ἐκ τῶν ἔργων auch zu diesem Satze, so ist betont, daß die Werke es waren, auf welche hin ihm, vor allem in der Schrift, der Ehrenname Gottes Freund, der Gott lieb hatte, zu Theil geworden ist; denn in seinen Werken hat er seine Liebe gegen Gott bewiesen. Dieß ist der in den drei mit ἐκ τῶν ἔργων anhebenden, auf φίλος θεοῦ ἐκλήθη hinauskommenden Sätzen enthaltene Ertrag, den er davon gehabt hat, daß sein Glaube Werke hatte. Der andere

---

[1]) wie z. B. Joh. 19, 12. [2]) de sobr. § 11. [3]) so Schneckenburger. [4]) so Huther.

in dem von βλέπεις ὅτι unmittelbar abhängigen Satze benannte war der, daß er, wozu der Glaube seinen Werken behülflich war, in den Stand der Rechtbeschaffenheit gelangte. Diesen Stand und jenen Namen hätte er nicht erlangt, wenn sein Glaube ein Glaube ohne Werke gewesen wäre. Er wäre dann, wie es V. 20 hieß, dessen ἀργή sich nun sammt unserer Auffassung desselben als richtig erweist, für den, der ihn hatte, ertraglos gewesen.

Der Apostel hat dem, welcher sagt, er habe Glauben, ohne daß er Werke hat, das bewiesen, was er ihm beweisen wollte. Er verläßt ihn nun, wie er sich ja auch erst im Verlaufe seiner Auseinandersetzung an ihn gerichtet hat, und wendet sich wieder an seine Leser überhaupt, für die er sie V. 14 angehoben hat. Denn sie sollen wissen, was es um solchen Glauben ist, damit sie den Wahn, als sei mit ihm Etwas gethan, nicht gewähren oder Raum gewinnen lassen. Ihr seht, sagt er, daß Thun es ist, was einem Menschen dazu gedeiht, daß er gerecht wird, und nicht Glaube allein. Daß hier δικαιοῦται von der Gerechtsprechung im Endgerichte gemeint sei, welche von der diesseit desselben dem Gläubigen auf seinen Glauben hin zu Theil werdenden unterschieden sein wolle[1]), ist schon deshalb unmöglich, weil die Richtigkeit des Satzes aus dem erkannt werden soll, was von Abraham gesagt ist, wo man ja eine Gerechtsprechung auf Grund der Werke zu finden meinte, welche ihm innerhalb seines irdischen Lebens zu Theil geworden. Eben so unthunlich ist es aber, wenn man dieß anerkennt, daraufhin anzunehmen, daß es auch im Leben der Christen Rechtfertigungsakte geben werde, welche den schon auf Grund seines Glaubens Gerechten auf Grund seiner Werke als den Gerechten, der er schon ist, bestätigen[2]). Es giebt sie eben so wenig, als das nach der Opferung Isaak's an Abraham ergangene Gotteswort ein solcher Rechtfertigungsakt gewesen ist. Und der Fassung des Satzes entspricht keine von beiden Ausbeutungen. Nach der erstern müßte es heißen „ihr seht, daß von Glaubens wegen ein Mensch nur vorerst, schlüßlich aber von der Werke wegen gerechtgesprochen wird." Und nach der andern müßte es heißen „ihr seht,

---

[1]) so Huther. [2]) so Frank Zeitschr. f. Prot. u. Kirche 1862 April S. 220.

daß nur die Gerechtsprechung des Sünders auf Grund von Glauben, die Bestätigung aber seiner Gerechtigkeit auf Grund von Werken geschieht." Das Eine wäre freilich eben so wenig, als das Andere aus dem Voraufgegangenen zu ersehen, wo nur von Einem δικαιοῦσθαι die Rede ist, wie jetzt auch. Der Apostel sagt nicht, es sei an dem δικαιοῦσθαι ἐκ πίστεως nicht genug, wenn nicht auch ein δικαιοῦσθαι ἐξ ἔργων folge, sondern er sagt, zum δικαιοῦσθαι bedürfe es der Werke, der Glaube allein genüge dazu nicht. Wäre hier mit δικαιοῦται eine göttliche Gerechtsprechung gemeint, so wäre dieselbe in Uebereinstimmung mit V. 21 zunächst und eigentlich von den Werken abhängig gemacht, und des Glaubens würde nur nebenher gedacht, als von welchem sich ohnehin verstehe, daß er nicht fehlen dürfe: was mit Röm. 3, 28, obgleich dem Glauben dort gesetzliches, neben ihm hergehendes Thun gegenübersteht, hier dagegen ein Thun, welches der Glaube hat, doch in so fern in unausgleichbarem Widerspruche stände, als der Glaube dort die alleinige Bedingung des δικαιοῦσθαι ist, hier dagegen ein Thun die vorwiegend betonte. Haben wir dagegen V. 21 δικαιοῦται richtig vom Gelangen in den Stand der Rechtbeschaffenheit verstanden, so begreift sich, daß denen gegenüber, welche sich mit einem Glauben, wie sie ihn zu besitzen erklärten, mit einem Glauben ohne Werke in diesem Stande zu befinden und hiedurch vor dem Gerichte geborgen zu sein wähnten, das Erforderniß eines Thuns zunächst allein betont und dann erst hinzugefügt wird, daß Glaube allein, der dann eben ein Glaube ohne Werke ist, nicht genügt. Denn daß ein Thun gemeint ist, welches den Glauben zur Voraussetzung hat, ein Thun dessen, dem sein Glaube für Gerechtigkeit gerechnet worden ist, verstand sich nach allem Vorhergehenden von selbst. Man hat gesagt, auch bei dieser Auffassung erscheine doch die Seligkeit, nämlich das σωζεσθαι, von der Gerechtigkeit des Verhaltens und nicht wie bei Paulus vom Glauben allein, abhängig[1], hat aber dann übersehen, daß der Glaube, welchen Paulus meint, ein solcher ist, von dem Jakobus sagen würde, daß er Werke habe[2]. Dieser Glaube ist der Anfang eines Thuns, welches mit ihm zu-

---

[1] so Frank Zeitschr. f. Prot. u. Kirche 1861 Dez. S. 360. [2] vgl Gal. 5, 6.

sammen den Menschen zu einem in derjenigen richtigen Verfassung Befindlichen macht, ohne welche auch der zu Christo sich Bekennende vor seinem Richterstuhle nicht bestehen würde[1]).

Daß wir des Jakobus Meinung recht verstanden haben, wird sich nun vollends bestätigen, wenn wir ihn davon sagen hören, wie es bei Rahab zu dem gekommen ist, was er δικαιοῦσθαι nennt. Die Bemerkung, er füge noch ein zweites Beispiel zu dem des Abraham hinzu[2]), bringe noch einen zweiten Beleg aus der alttestamentlichen Geschichte für seine Behauptung[3]), genügt nicht, um begreiflich zu machen, warum er dieß nicht vor dem abschließenden Satze des 24. Verses gethan hat, und wie er dazu kommt, es jetzt noch zu thun. Man läßt dann ὁμοίως δὲ καὶ über V. 24 hinweg auf das aus Abraham's Geschichte Beigebrachte zurückweisen, als welches an dem, was sich mit Rahab zugetragen, seines Gleichen habe. Dieß ist aber, nachdem V. 24 dazwischengetreten, nur so möglich, daß dieser Satz den Anschluß vermittelt. Was derselbe auf Grund des Beispiels Abraham's von dem Menschen überhaupt gesagt hat, das wird nun auch in der Geschichte Rahab's nachgewiesen. Der Apostel nennt sie Ῥαὰβ ἡ πόρνη, und man erklärt sich diesen Beisatz zu ihrem Namen daraus, daß er dem Beispiele Abraham's gegenüber die durch δέ angedeutete Verschiedenheit zwischen den beiden Fällen benennen solle[4]). Aber das δέ in ὁμοίως δὲ καὶ bezeichnet nur den Uebergang von dem einen Subjekte zu einem andern[5]). Die Subjekte sind nun freilich sehr verschieden. Aber der Beisatz ἡ πόρνη, gegenüber von ὁ πατὴρ ἡμῶν, wird die Verschiedenheit nicht in der Richtung ausdrücken, daß man umschreiben dürfte, obgleich sie so schändliches Gewerbe trieb, sei sie dennoch um ihrer Werke willen für gerecht erklärt worden[6]). Der Ton liegt ja darauf, daß ihr das, was man ihre Gerechterklärung nennt, auf Grund eines Thuns und nicht auf Grund eines werkelosen Glaubens zu Theil geworden ist, und für diesen Gegensatz ist die vorherige sittliche Beschaffenheit ihres Lebens gleichgültig. Oder sollte es um derentwillen bei ihr verwunderlicher sein, daß ein Glaube, der keine Werke hatte, nicht genügte, als bei

---

[1]) 2 Kor. 5, 10. [2]) so Huther. [3]) so Wiesinger. [4]) so z. B. Huther.
[5]) vgl. 1 Kor. 3, 7 f.; Matth. 27, 41; Luc. 5, 10; 10, 32. [6]) so Huther.

Abraham? Wir werden richtiger gehen, wenn wir uns erinnern, was bei der Nennung Abraham's der Beisatz ὁ πατὴρ ἡμῶν gesollt hat. Wie er hiemit nach der Stelle bezeichnet war, die er in der heiligen Geschichte einnimmt, so heißt Rahab ἡ πόρνη, weil sie in dieser Eigenschaft ihr angehört[1]. Denn weil sie dieß war, eignete sich ihr Haus dazu, den israelitischen Kundschaftern zur Herberge zu dienen. Durch das verächtliche Gewerbe, welches sie unter ihrem Volke trieb, ist sie zu der Ehre gekommen, eine ruhmvolle Stelle in der Geschichte des Volkes Gottes, dem sie doch fremd war, einzunehmen. So steht die auf solche Weise in die Gemeinde Gottes Eingekommene dem Ahnherrn derselben gegenüber. Auch sie, die so von außen in sie Eingekommene, ist nicht auf einen bloßen, nämlich werkelosen, Glauben hin zu dem gelangt, was mit ἐδικαιώθη von ihr gesagt ist, sondern durch ein Thun.

Denn so lesen wir, und nicht, es sei zu ihrem δικαιοῦσθαι ἐκ πίστεως auch ein δικαιοῦσθαι ἐξ ἔργων hinzugekommen. Wie sich oben ἀνενέγκας Ἰσαὰκ τὸν υἱὸν αὐτοῦ ἐπὶ τὸ θυσιαστήριον zu ἐξ ἔργων verhielt, so jetzt ὑποδεξαμένη τοὺς ἀγγέλους καὶ ἑτέρᾳ ὁδῷ ἐκβαλοῦσα, wo ὑποδέχεσθαι ohne den Nebenbegriff des Heimlichen[2] nur die gastliche oder schützende Aufnahme unter das eigene Dach, sowie ἐκβάλλειν ohne den Nebenbegriff der Gewaltsamkeit[3] nur das eilige Drängen bedeutet, und ἑτέρᾳ ὁδῷ darauf geht, daß sie die Kundschafter nicht durch das Thor des Hauses entließ, durch das sie gekommen waren. Wie also dem Abraham seine Opferung des Sohnes zu dem gedieh, was sein δικαιοῦσθαι hieß, so gedieh ihr zu Gleichem, was sie an den Kundschaftern des Volks Jehova's that. Im erstern Falle meinte man in der Schrift aufzeigen zu können, daß Gott den Abraham auf seine That hin für gerecht erklärt habe. Bei Rahab aber kann man dieß nicht einmal meinen, sondern begnügt sich mit der Versicherung, Jakobus habe, daß Gott sie gerechtgesprochen habe, aus ihrer Verschonung bei der Einnahme Jericho's entnommen[4]. Daß aber eine Verschonung durch Menschen kein gerechtsprechendes Urtheil Gottes ist, sollte doch einleuchten, und am

---

[1] vgl. z. Hebr. 11, 31. [2] gegen Theile. [3] vgl. z. B. 1 Makk. 12, 27.
[4] so z. B. Kern, Wiesinger, Huther.

allerwenigsten ist sie ein solches, welches sich zu dem um ihres Glaubens willen ergangenen so verhält, wie die Freisprechung im Endgerichte zu der Rechtfertigung des Gläubigen bei Leibesleben. Man hat deswegen von ihrer Verschonung abgesehen und schlechtweg eine zwiefache göttliche Gerechterklärung angenommen, eine frühere auf Grund ihres Glaubens, zu dem sie schon gelangt war, ehe die Kundschafter kamen, und eine spätere auf Grund ihres Thuns, als sie dieselben aufnahm und ihnen zur Flucht half[1]). Aber die Schrift sagt weder von der einen, noch von der andern, und Jakobus nur von einer. Wird es nun hier zur handgreiflichen Unmöglichkeit, δικαιοῦσθαι von göttlicher Gerechtsprechung zu verstehen, so werden wir von hier aus die für Abraham geeignet gefundene Deutung des Ausdrucks um so mehr bestätigt finden, als bei ihr die beiden Fälle vollkommen gleich sind. Was Rahab gethan hat, ist ihr dazu gediehen, daß sie als eine Gerechte zu stehen kam, in welcher Eigenschaft sie nun ihre Stelle in der heiligen Schrift hat, während ihr eine bloße Erkenntniß und Ueberzeugung, daß der Gott Israel's der allein wahre Gott sei, ohne daß sie dieselbe mit der That bezeugte, nicht hiezu gedient hätte. Sie hätte dann einen Glauben gehabt, aber einen, der eben nur Ueberzeugung war und Nichts weiter, und ein solcher ist kein Verhalten, durch welches der Mensch als ein Gerechter dasteht, der sich in der richtigen Verfassung befindet. So gleich ist dieser Fall dem vorigen. Verschieden aber von ihm ist er dadurch, daß hier eine der Gemeinde Gottes von Haus aus Fremde gethan hat, was ihr eine rühmliche Stelle in der Geschichte derselben eintrug. Hievon sollen die Leser die Anwendung auf diejenigen machen, welche aus der heidnischen Welt in das neutestamentliche Volk Gottes eintreten, und sollen ihnen, daß sie dieß thun und zu Jesu sich bekennen, nicht so anrechnen, als ob es schon deshalb mit ihnen richtig stehe, ungeachtet ihr Glaube kein solcher ist, der Werke hat. Und eben weil das Beispiel der Rahab nur aus diesem besondern Grunde und zu diesem besondern Zwecke in Betracht genommen ist, während die Frage selbst, was dazu nöthig sei, damit ein

---

[1]) so Frank a. a. O. 1861 Dez. S. 365.

Mensch als ein Gerechter zu stehen komme, schon erledigt ist, sehen wir es erst nach Erledigung derselben nachträglich hinzugefügt.

Dann aber wird die ganze Erörterung mit einem Satze abgeschlossen, welcher nicht blos dem von Rahab Gesagten, sondern dem in' V. 24 aus dem Beispiele Abraham's gezogenen Ergebnisse, in welches Ersteres nun mitaufgenommen ist, zur bestätigenden Erklärung dient. Nennt man ihn eine abschließende Sentenz[1], so bleibt sein mit γάρ ausgedrücktes Verhältniß zum Vorhergehenden unbegriffen; sagt man, er sei eine Bestätigung des Nächstvorhergegangenen, zugleich aber die Conclusion aus allem Bisherigen[2], so ist unbegreiflich, wie γάρ dieß beides zugleich ausdrücken soll; und läßt man ihn das unmittelbar Vorhergehende, damit aber zugleich den allgemeinen Gedanken des 24. Verses begründen[3], so ist nicht zu verstehen, wie er dieß kann, wenn V. 25 nur ein zweites Beispiel zu dem des Abraham hinzugefügt hat, auf welches allein dann γάρ sich beziehen muß. Nur wenn V. 25 zu V. 24 in dem Verhältnisse steht, daß er den in letzterm ausgesprochenen Satze nachträglich seine Gültigkeit auch für Fälle sichert, welche dem der Rahab gleichen, kann γάρ eine jenem Satze geltende Begründung oder, richtiger gesagt, eine ihn bestätigende Erklärung bringen. Daß es sich mit dem Gerechtwerden so verhält, wie jener Satz auf Grund des Beispiels Abraham's gesagt und das Beispiel Rahab's auch für solche Fälle gelehrt hat, wird aus der Natur eines Glaubens ohne Werke erklärt. Sie wird in den Satz gefaßt, daß ein solcher Glaube ganz gleicherweise todt sei, wie ein Leib ohne Geist. Als ein todtes Ding ist er wirkungsunfähig, kann also dem, der ihn hat, nicht dienen, irgend Etwas mit ihm zu erzielen. Daß der Apostel durch seine Gleichsetzung des einen Todtseins und des andern die Werke als das πνεῦμα des Glaubens bezeichne[4], ist zu viel gesagt, wie denn auch nicht verständlich wäre, daß die Werke, wie man sich dann ausdrückt, der innerste Lebenstrieb des Glaubens sein sollten und nicht umgekehrt. Der Apostel sagt nicht, wie sich die beiden zu einander verhalten, nämlich wie Leib und Geist, sondern was es um den Glauben

---

[1] so Wiesinger. [2] so Kern. [3] so Huther. [4] so z. B. Frank a. a. O. S. 369.

ist, wenn er keine Werke hat, nämlich daß er ebenso wie der Leib ohne Geist todt ist¹). Er ist dieß nicht etwa so lange, bis die Werke hinzukommen und ihn lebendigmachen, sondern er würde, wenn er lebendig wäre, Werke haben, welche dem, der ihn besitzt, dazu gedeihen, daß er ein Gerechter ist. Wenn er sie nicht hat, hieß es V. 17, ist er todt. Aber man kann nicht wohl sagen, der dort ausgesprochene Gedanke sei nun hier in ganzer Schärfe bestätigt²). Die Erörterung schließt nicht mit einem Ergebnisse, in welchem nun das als bewiesen erscheint, was der Apostel V. 17 gesagt hat, sondern was er von δικαιοῦσθαι erwiesen hat, daß es ein δικαιοῦσθαι ἐξ ἔργων sei, das erklärt er jetzt aus der V. 17 ausgesagten, hier wiederholten Beschaffenheit eines Glaubens, der nicht Werke hat. Jenes ist das Erwiesene. Wenn es sich aber aus letzterer erklärt, so ist allerdings auch das Urtheil, welches er V. 17 über solchen Glauben gefällt hat, gerechtfertigt.

Der Gang der Erörterung ist also folgender. Der Apostel vergleicht den, der sich mit einem Glauben ohne Werke begnügt, als sei er damit vor dem Gerichte Gottes geborgen, mit einem Menschen, der freundliche Worte spricht, wo seine thätige Hülfe erfordert wäre. Mit beidem ist gleich wenig gethan; ein solcher Glaube ist ebenso todt, wie jenes leere Worte sind. Er läßt sodann dem, welcher sagt, er habe Glauben, ohne daß er Werke hat, einen Andern gegenübertreten, welcher solchem Glauben seine Werke entgegenhält, als welche doch von einem Glauben zeugen, während dort nur eine Versicherung vorliegt „ich habe Glauben", und ohne daß man weiß, ob dieß ein Glaube anderer Art ist, als den auch Teufel haben. Und er beweist endlich aus der heiligen Geschichte, daß ein Thun, in welchem sich der Glaube erzeigt, erforderlich sei, um als ein Gerechter dazustehen, der vor dem Gerichte Gottes geborgen ist: eine thatsächliche Wahrheit, die sich eben daraus erklärt, daß Glaube ohne Werke ein todtes Ding ist.

Der Apostel hat hier von etwas gehandelt, was solche Bekenner Jesu angeht, für welche seine 2, 12 vorhergegangene Ermahnung in so fern umsonst gegeben wäre, als sie sich mit einem Glauben

Fünfte Ermahnung, nicht Lehrmeister sein zu wollen, sondern zu bedenken, wie

---

¹) vgl. Kern, Wiesinger, Huther. ²) gegen Huther.

schwer vermeidlich Zungensünden sind. 3, 1—11.

begnügen, der kein Thun hat. Er hatte aber ermahnt „so handelt und so redet, als einem Gerichte entgegengehend, dessen Maßstab ein Gesetz der Freiheit sein wird." Dem schloß sich zunächst die Zurechtweisung derer an, die sich eines Thuns, wie es des Glaubens Bethätigung sein sollte, überhoben achteten. Sie meinten damit Thäter des Worts zu sein, daß sie seinen Inhalt für wahr anerkannten, und es schließt sich also der wider sie gerichtete Abschnitt ähnlich an die zweite Hälfte des ersten Kapitels an, wie der vorhergehende an die erste. Und dieß gilt nun auch für den folgenden Abschnitt. Es mochte nämlich auch solche geben, die ihres Glaubens Bethätigung am liebsten darein setzten, daß sie ihre Wahrheitserkenntniß für die Belehrung der Anderen verwertheten, jener Regel zuwider, daß man schnell zu hören, langsam zu reden sein solle. Jenen war zu sagen, daß ihr thatloser Glaube sie nicht vor Gottes Gericht sichere, diesen, daß sie mit ihrer Art von Glaubensbethätigung Gefahr laufen, unter Gottes Gericht zu fallen. Den Letzteren gilt nun, was folgt.

Ohne Vermittelung des Uebergangs wendet sich der Apostel gegen sie, und zwar so, daß er zunächst die Leser überhaupt davor warnt, sich als Lehrer aufzuspielen. Werdet, sagt er, werdet nicht euerer viele, in der Vielzahl[1]) Lehrer. Denn πολλοί gehört weder zu γλώσσης, daß es mit dem Verbum zusammen Einen Begriff, den der Vervielfältigung ausmacht[2]), in welchem Falle den Lehrern zugerufen wäre, sie sollten sich nicht so stark vermehren, noch gehört es zu διδάσκαλοι[3]), in welchem Falle die Leser verwarnt würden, nicht eine Menge von Lehrern zu werden — das Eine so unangemessen, wie das Andere —, sondern es steht in der Art anstatt eines adverbialen Ausdrucks, daß es eine Näherbestimmung des Subjekts in Rücksicht auf das Prädikat beifügt[4]). Was Paulus Röm. 2, 19 f. von einem Juden sagt, daß er sich deshalb, weil er das geoffenbarte Gesetz hat und kennt, dazu befähigt und berufen achtet, der Unverständigen Lehrer zu sein, vergleicht sich in so fern nicht hieher, als dort ein Lehrer derer gemeint ist, die kein Gesetz Gottes haben und kennen,

---

[1]) vgl. Hebr. 7, 23. [2]) so Schneckenburger. [3]) so Huther. [4]) vgl. Kühner Gramm. II. S. 235.

hier dagegen, wie das Folgende zeigt, ein Lehren innerhalb der Gemeinde[1]), wie es da Platz greifen konnte, wo in den Gemeindeversammlungen Jedweder zu Wort kommen mochte[2]). Vor Zudrang zu solchem Lehren warnt der Apostel, nicht vor wechselseitiger Rechthaberei in Lehrstreitigkeiten, welche nicht blos nicht Jedem, sondern Niemandem anstände[3]). Und zwar sollen sie sich deshalb nicht dazu drängen, Lehrer zu sein, weil sie wissen, daß diejenigen, welche es sind, schwereres Urtheil betreffen wird[4]), als wenn sie mit Lehren Nichts zu schaffen hätten. Εἰδότες in das Gebot selbst mit einzuschließen, geht nicht an[5]). Es hat damit die gleiche Bewandniß, wie 1, 3 mit γινώσκοντες: hier wie dort werden die Ermahnten an etwas erinnert, was sie selbst wissen und was sie deshalb, weil sie es wissen, zu dem bestimmen soll, wozu sie ermahnt werden. Daher heißt es auch ληψόμεθα, nicht λήψεσθε. Nicht was ihrer warten würde, sagt der Apostel, damit sie es sich gesagt sein lassen, sondern was seiner selbst und der anderen Lehrer der Gemeinde warte, deren Verantwortlichkeit ihnen nicht fremd ist. Es handelt sich hier nur darum, daß keine Sünde ungerichtet bleiben und also das Urtheil des Richters dem Maße der Verschuldung entsprechen wird[6]). Daß es auch eine Vergebung der Sünden für diejenigen giebt, zu denen sich der Herr Jesus vor Gott seinem Vater bekennt, bleibt außer Betracht.

Es ist dasselbe Subjekt, von welchem der Satz πολλὰ πταίομεν ἅπαντες, wie das, von welchem der Satz μεῖζον κρῖμα ληψόμεθα gilt, und in diesem Sinne dient der erstere dem letztern zur Begründung[7]). Wie der Apostel von den Lehrern überhaupt, sich selbst miteinschließend, das Eine sagt, so erstreckt er auch das Andere ausdrücklich über sie alle ohne Ausnahme. Sieht man in ἅπαντες eine Erweiterung des Subjekts, vermöge deren der Satz auch von denen gelte, die nicht Lehrer sind, so soll er dem κρῖμα ληψόμεθα und erst der folgende dem μεῖζον zur Begründung dienen[8]). Aber dann müßten die beiden Sätze des 2. Verses, da der erste dem zweiten nur als Unterlage diente, durch μέν und δέ einander entgegengesetzt sein, wogegen die Bemerkung, der zweite sei dem ersten asyndetisch angeschlossen, doch

---
[1]) gegen Huther. [2]) vgl. 1 Kor. 14, 26. [3]) gegen Kern. [4]) vgl. Matc. 12, 40; Luc. 20, 47; Röm. 13, 2. [5]) gegen Huther. [6]) vgl. Luc. 12, 47 f. [7]) vgl. de Wette. [8]) so z. B. Huther.

sicherlich nicht ausreicht. Was man gegen die andere Auffassung geltendmacht, daß der fragliche Satz nur, wenn er ohne Einschränkung gemeint sei, dem μεῖζον zur Begründung diene, und daß Jakobus die Angeredeten nicht als Lehrer betrachte, sondern als solche, die es werden wollen[1]), ist gründlich verkehrt. Der Satz rechtfertigt jenen Comparativus gerade dann nicht, wenn er von allen Christen oder von allen Menschen gilt, und nicht πταίετε schreibt der Apostel, sondern πταίομεν. Daß aber das Folgende von dem allgemeinen Mißbrauche oder vielmehr von dem Gebrauche der Zunge überhaupt handelt, thut Nichts zur Sache: es dient ja nur, den Lesern zu bedenken zu geben, was es für ein gefährliches Ding sei, sich einer Thätigkeit anzunehmen, die in Reden besteht.

Der Apostel beginnt diese Darlegung mit einem Satze, welcher zu dem, daß alle Lehrer viel und oft sich verfehlen, in einem ähnlichen Verhältnisse steht, wie 1, 18 zu dem, was dort voraufgeht. Was Wunder, sagt er, daß alle Lehrer ohne Ausnahme sich viel und oft verfehlen? Besteht doch ihre Thätigkeit darin, das Wort zu handhaben, und wer dieß kann, ohne sich zu verfehlen, der ist ein vollkommener Mann, einer, der auch seinen ganzen Leib im Zaume zu halten und zu zügeln vermag. Der Apostel bezeichnet die Selbstbeherrschung als Regierung des Leibes, weil er von der Rede als dem Gebrauche der Zunge handeln will, und er kann dieß, weil die Sünde immer als im Leibe wirksame und ihn in ihren Dienst nehmende zur Erscheinung kommt[2]). Die Zunge im Zaume halten heißt also der Sünde im Sprechen, und den ganzen Leib im Zaume halten heißt ihr im Thun nicht Raum geben. Wer jenes kann, sagt der Apostel, kann auch dieses, und jene Gewalt über sich ist Macht der Selbstbeherrschung überhaupt. Es ist damit, fährt er fort, wie mit der Zügelung der Pferde, dieser starken Thiere. Aber nicht mit δέ kann er so fortfahren. Man sagt zwar, der Fall sei der gleiche, wie 2, 15[3]). Allein dort sahen wir einer unbeantwortet gelassenen, wenn auch verneinend gemeinten Frage eine andere gegenübergestellt, nach welcher, weil sie sich selbst beantwortete, jene erstere beantwortet werden

---

[1]) so Wiesinger. [2]) vgl. Röm. 6, 13; 8, 13; 12, 1; Kol. 3, 3; 2, 11.
[3]) so z. B. Wiesinger, Huther.

sollte. Hier dagegen würde einer ausgesagten Thatsache, welche durch eine ihr vergleichbare veranschaulicht werden soll, diese als eine von ihr verschiedene, statt als eine ihr gleichartige, gegenübergestellt. Hiezu kommt, daß in den Bedingungsvordersatz, wenn er anders an καὶ ὅλον τὸ σῶμα αὐτῶν μετάγομεν seinen Nachsatz haben soll — und jede andere Annahme[1]) ist so unnatürlich, daß es sich nicht der Mühe lohnt, sie zu widerlegen —, die Worte εἰς τὸ πείθεσθαι ἡμῖν αὐτούς nicht passen, weil sie eben das, nur in anderer Form, schon sagen, was dann im Nachsatze folgt. Es wird also εἰ δέ ungeachtet seiner starken Beglaubigung, wie umgekehrt Röm. 2, 17 ἴδε statt εἰ δέ Verbreitung gefunden hat, für einen Verhörfehler zu halten sein, der sich um so leichter fortpflanzte, als ἴδε zwar sonst in den neutestamentlichen Schriften häufig und auch in Anrede an eine Mehrheit[2]), bei Jakobus aber nur, und zwar oft und schon gleich hernach, ἰδού begegnet. Dann hat es mit εἰς oder πρὸς τὸ πείθεσθαι ἡμῖν αὐτούς seine Richtigkeit, indem zuerst gesagt ist, was wir thun, damit die Rosse uns gehorchen — ins Maul legen wir ihnen den Zaum —, und darnach, daß der Zweck hiemit erreicht wird, indem wir dann ihren ganzen Körper in der beabsichtigten Richtung bewegen.

In anderm Sinne wird auf eine zweite Thatsache mit ἰδού vergleichend hingewiesen. Sind die Pferde mächtige Körper, wie groß und schwer vollends die Schiffe! Wenn nun, um jene zu beherrschen, der ins Maul gelegte Zaum genügt, so ist auch hier ein Steuer, ein ganz kleines, hinreichend, um sie, auch wenn sie von steifen Winden getrieben werden — denn so wird καὶ ὑπὸ ἀνέμων σκληρῶν ἐλαυνόμενα gemeint sein, da nicht immer solche Winde wehen —, in der Richtung zu bewegen, wohin immer der wuchtige Druck dessen, der es richtet, sie bewegen will. Da εὐθύνειν ebenso wohl vom Lenken des Steuerruders, als von dem des Schiffes gebraucht wird, so ist, wie es hier gemeint sei, von der Fassung des Ausdrucks ὁρμή abhängig. Er kann ein Begehren bezeichnen, welches auf Etwas hindrängt, aber nicht den überlegten Willen, welchem es sogar entgegengesetzt wird. Den letztern müßte es aber hier bezeichnen sollen,

---

[1]) wie bei de Wette. [2]) z. B. Matth. 26, 65; Marc. 16, 6; Joh. 1, 29; 11, 36; 19, 5; Gal. 5, 2.

wenn es innerlich gemeint wäre[1]). Sonach wird vielmehr der Andruck des Steuernden gemeint sein, mit dem er in das Steuer greift[2]), eine Bedeutung, die man dem Worte ohne Grund abspricht, und also Objekt von τοῦ εὐθύνοντος nicht das Schiff sein, sondern das Steuer. Hier ist nun der Vergleichungspunkt, daß so Großes mittelst eines so Kleinen regiert werden kann, und so schließt sich denn auch die Anwendung auf die Zunge daran, daß auch sie ein kleines Glied ist und sich großer Dinge vermißt. Die hinsichtlich der äußern Beglaubigung mindestens gleichberechtigte Lesart μεγάλα αὐχεῖ ist vorzuziehen, weil der bloße Begriff des Großthuns, bei welchem keineswegs die Voraussetzung ist, daß man große Dinge wirklich ausgerichtet hat[3]), keinen passenden Gegensatz zur Kleinheit bildet, wohl aber, da αὐχεῖν von der kecken Meinung oder Versicherung gebraucht wird, Etwas zu vermögen, das dichterisch anstatt eines Ausdrucks, der solches Vermögen selbst bezeichnet, gebrauchte μεγάλα αὐχεῖ.

Und es folgt ja nun auch, was die Zunge vermag und ausrichtet, aber gleich nach der schlimmen Seite. Ein Feuer nennt sie der Apostel, nachdem er vorausgeschickt hat, wie kleines[4]) Feuer genüge, einen wie großen Wald in Brand zu stecken. Denn ἡλίκος beide Male in gleichem Sinne zu nehmen, wäre widersinnig[5]), und daß es in entgegengesetztem Sinne sich gegenüberstehen könne, ist nicht zu läugnen[6]), da es an sich weder groß noch klein, sondern nur überhaupt die hinsichtlich des Körpermaßes oder Altersmaßes statthabende Beschaffenheit bedeutet[7]). Hinter dem Satze ἰδοὺ ἡλίκον πῦρ ἡλίκην ὕλην ἀνάπτει erwartet man eine ähnliche Anwendung der vergleichungsweise angezogenen Thatsache, wie eine solche hinter V. 4 gefolgt ist. Mit den Worten καὶ ἡ γλῶσσα πῦρ ist sie gegeben. Denn diese Worte bilden einen Satz für sich, der hiefür genügt. Nur muß man nicht übersetzen „auch die Zunge ist ein Feuer", sondern „und die Zunge ist Feuer", so daß also von ihr Gleiches gilt, wie vom Feuer gesagt ist. In wie fern, sagt der folgende Satz, aus welchem

---

[1]) gegen Huther. [2]) vgl. z. B. Theile. [3]) gegen Wiesinger, Huther. [4]) vgl. Lucian. Hermot. c. 5. [5]) gegen de Wette. [6]) gegen Brückner. [7]) vgl. Kühner Gramm. II. S. 906.

man die Worte ὁ κόσμος τῆς ἀδικίας nicht zum vorhergehenden ziehen kann¹), ohne die Vergleichung zu verwirren. Ὁ κόσμος τῆς ἀδικίας muß als eine neue Bezeichnung des Wesens der Zunge an betonter Stelle einen neuen Satz beginnen. Es ist damit gesagt, als was die Zunge zu stehen kommt unter den Gliedern, nämlich als die Welt der Ungerechtigkeit²): eine Satzbildung³), von der nicht abzusehen ist, weshalb sie mehr an Schwerfälligkeit leiden sollte⁴), als die sonst sich ergebende „die Zunge kommt unter den Gliedern als die den ganzen Leib besudelnde zu stehen". Da es nicht τὸ σπιλοῦν heißt, sondern ἡ σπιλοῦσα, so sieht ἡ σπιλοῦσα ὅλον τὸ σῶμα mehr darnach aus, appositionale Kennzeichnung des Subjekts zu sein. Es gilt nur, den Ausdruck ὁ κόσμος τῆς ἀδικίας richtig zu verstehen. Daß er κόσμος im Sinne von Welt, nicht im Sinne von Schmuck meint, braucht man heutzutage nicht mehr zu beweisen. Fraglich kann nur sein, ob τῆς ἀδικίας Genitivus der Eigenschaft⁵) oder des Subjekts ist. Von einer Härte der Genitivverbindung⁶) kann im erstern Falle keine Rede sein⁷), aber der Artikel bleibt unerklärt. Im andern Falle vergleicht sich der Gebrauch von κόσμος, wie es sich Prov. 17, 6 in einem dem Grundtexte fremden Spruche findet, wo οὐδὲ ὀβολός den Gegensatz bildet zu ὅλος ὁ κόσμος τῶν χρημάτων. Wie ὁ κόσμος für sich allein das All der Dinge ist, so mit einem Genitivus das All, die einheitliche Gesammtheit von Etwas, hier also des ungerechten Wesens. Die Glieder haben alle, ein jedes in seiner Art, an dem sündhaften Wesen Theil, welches in ihnen wirksam ist und sie in seinen Dienst nimmt, die Zunge aber stellt sich unter ihnen dar, kommt unter ihnen zu stehen als der Inbegriff desselben, nicht als eine, sondern als die Welt der Ungerechtigkeit, so daß der Artikel richtig an seinem Orte ist⁸). Denn — so verstehen wir —, wenn die Sünde die anderen Glieder nur immer in einer Richtung mißbraucht, den Magen zur Völlerei, die Geschlechtsglieder zur Hurerei, die Hand zur Gewaltthat, im Reden äußert sie sich allseitig. Und so heißt es denn auch von der Zunge, sie besudele den ganzen

---

¹) so auch Tregelles. ²) so Neander, Lange. ³) vgl. 4, 4. ⁴) gegen Huther. ⁵) so Theile. ⁶) vgl. z. B. Luc. 16, 8; 18, 6. ⁷) gegen Wiesinger. ⁸) gegen Reiche comm. crit. in N. T. III. S. 199.

Leib, nämlich mit dem Geifer ihrer Rede, in welcher sie alle die Sünden zumal begeht, denen die anderen Glieder je in ihrer Weise dienen, und also den ganzen Menschen unrein macht. Denn das Reden ist eben die ganze eine Seite der Selbstäußerung, in welcher die Sündigkeit, die sich sonst in die Mannigfaltigkeit des Handelns vertheilt, in ihrem ganzen Umfange zu Tage tritt.

Wenn nun hinter ἡ σπιλοῦσα ὅλον τὸ σῶμα, dessen ἡ durch καὶ zu ersetzen der sinaitische Codex allein doch gewiß nicht bestimmen kann[1]), καὶ φλογίζουσα τὸν τροχὸν τῆς γενέσεως καὶ φλογιζομένη ὑπὸ τῆς γεέννης folgt, so erhellt aus dem Gegensatze des Attivums φλογίζουσα und des Passivums φλογιζομένη, daß durch καὶ — καὶ diese beiden participialen Sätze als durch ein „sowohl — als auch" unter sich verbunden und nicht dem Artikel vor σπιλοῦσα unterstellt sein wollen[2]). Hieburch ist die andernfalls statthabende Verbindung so verschiedenartiger Bilder wie des Besudelns und Inbrandsetzens ausgeschlossen, die man dann aber nicht dadurch doch wieder aufdrängen darf, daß man die unter sich verbundenen Participialsätze der vorhergehenden Apposition zu ἡ γλῶσσα unterordnet, also das Besudeln durch das Inbrandsetzen und Inbrandgesetztwerden geschehen läßt[3]). Ἡ σπιλοῦσα ὅλον τὸ σῶμα war nachträgliche Apposition zu ἡ γλῶσσα, welche von der Zunge solches aussagte, was verstehen ließ, daß ihr die vorher ausgesagte Stellung unter den Gliedern zugeschrieben worden war. Jene Participialsätze dagegen sagen aus, worauf es beruhe, daß sie unter den Gliedern das ist, was sie genannt worden ist, die Welt der Ungerechtigkeit: sie setzt das Leben in einen Brand, in den sie selbst von der Hölle gesetzt wird. Was den Ausdruck ὁ τροχὸς τῆς γενέσεως anlangt, so ist richtig, daß ἡ γένεσις nach 1, 23 verstanden sein will. Hiemit ist aber für uns gegeben, daß es nicht die Geburt bedeutet: „das von Geburt her laufende Rad"[4]) ist eine ebenso unmögliche Deutung des Genitivverhältnisses, wie dort „das von Geburt her eignende Antlitz". Ἡ γένεσις ist das Sein, hier aber, und in so fern anders als dort, weil hier nicht von solchem die Rede ist, was ein Mensch hat, sondern was mit ihm vorgeht,

---

[1]) gegen Tischendorf. [2]) vgl. Wiesinger. [3]) gegen Wiesinger. [4]) so z. B. Gebser, Huther.

das Sein als Dasein, das er lebt. Weil dasselbe in stetiger Fortbewegung ist, so gebraucht der Apostel das Bild eines rollenden Rads, das mit dem Menschen dahineilt. Ihm theilt sich wie von seiner Achse aus das Feuer mit, von dem die Zunge, die von der Hölle und ihrem Feuer entzündete, brennt, so daß es als ein Feuerrad dahinrollt, mit jedem Umlaufe heftiger entflammt. Das Feuer, welches von dort kommt, wohin das Gericht den Teufel und die Seinen bannen wird, ist jetzt das Feuer des gottlosen Hasses, bis es sich in das Feuer des göttlichen Zorngerichts umsetzt. Von ihm in Brand gesetzt ist das Leben ein von der Leidenschaft des Hasses beherrschtes, der Haß aber ist der Grundtrieb alles ungerechten Wesens. Denn um das Verhalten des Menschen gegen seine Mitmenschen handelt es sich hier, wo die Zunge ὁ κόσμος τῆς ἀδικίας heißt. Wenn nun von der Zunge gesagt ist, sie setze das Leben eines Menschen in solchen Brand und komme dadurch als die Welt des ungerechten Wesens unter den Gliedern zu stehen; so ist die Meinung nicht die, daß alle Sünde in einer Zungensünde ihren Grund habe, was der Fall sein müßte, wenn jener irrigen Verbindung der Sätze zufolge die Besudelung des ganzen Leibes durch die Zunge damit gegeben wäre, daß sie das Rad des Lebens in Brand setzt, aber auch nicht blos die, daß die Zunge das nächste und unmittelbarste Organ des Hasses sei[1]), wofür der Ausdruck zu stark wäre, sondern daß alles das, was der Mensch seinen Mitmenschen Uebles anthut, in dem Worte des Hasses, das er spricht, schon enthalten ist und von da seinen Ausgang nimmt, von da aus zur That wird. In diesem Sinne ist die Zunge ein Feuer, von welchem der Brand ausgeht, der den ganzen Menschen ergreift, und also der ganze Inbegriff des ungerechten Wesens den anderen Gliedern gegenüber.

Von der Schilderung des den ganzen Menschen ergreifenden Verderbens, welches von der Zunge ausgeht, so daß der ganze Mensch der Richtung folgt, welche die Zunge angibt, geht der Apostel mit γάρ auf ihre Unbezähmbarkeit über oder, genauer gesagt, auf des Menschen Unvermögen, sie zu bezähmen. Dieses γάρ kann sich unmöglich auf μεγάλα αὐχεῖ beziehen[2]), auf den letztvorhergegangenen

---

[1]) so Huther. [2]) gegen Wiesinger.

Satz aber nur so, daß es erklärt, wie es kommt, daß die Zunge dem Menschen so verderblich wird¹). Es bringt die Antwort auf die Frage, ob sie denn solches Verderben anrichtet, ohne daß man ihr wehren kann. Alle Gattung — denn dieß ist φύσις nach bekanntem Sprachgebrauche und nicht Natur²) — alle Gattung der Thierwelt, die dann wie Gen. 9, 2 aufgezählt wird, was den Erdboden beschreitet und was in der Luft fliegt, was am Erdboden kriecht und was im Wasser schwimmt, wird von der menschlichen Gattung je und je bewältigt und ist, wie δεδάμασμαι gebraucht wird, nach Ordnung der Dinge ein für allemal unter ihrer Gewalt; die Zunge aber kann keiner der Menschen so bändigen, daß er über sie Herr ist. Wer über sie Herr wäre, der würde kein Wort reden, welches nicht ein Beweis seiner Herrschaft über sich wäre, somit aber, wie es V. 2 hieß, ein so vollkommener Mann sein, daß er sich gänzlich in der Gewalt hätte. So aber überkommt Jeden die Leidenschaft, die ihren Sitz in seiner Zunge nimmt, daß er unversehens redet, was aus der Sünde des Hasses geboren ist und in die Thatsünde des Hasses übergeht. Ἀκατάσχετον κακόν, μεστὴ ἰοῦ θανατηφόρου, ruft der Apostel aus, durch Verschweigung des Subjekts die ohne Satzbildung herausgestoßenen Prädikate um so stärker betonend. Gewöhnlich liest man ἀκατάστατον, das ja auch ansehnlich, obwohl keineswegs überwiegend, bezeugt ist. Wenn man dann aber die Zunge ein unruhiges Uebel in dem Sinne genannt sein läßt, daß die Unruhe der Leidenschaft³) gemeint sein soll, oder daß sie ein Uebel sei, das sich nach allen Seiten verbreitet⁴), so ist dieß eine Bedeutung, die das Wort nicht hat⁵); und übersetzt man es „unbeständig"⁶), so ist die Bedeutung zwar richtig, aber der Sinn desto unangemessener, indem ein unbeständiges Uebel dasjenige ist, das nicht regelmäßig eintrifft, wie πυρετοὶ ἀκατάστατοι unregelmäßig wiederkehrende Fieber sind. Man müßte erklären „das keine Ruhe giebt, keinen Frieden hält", im Gegensatze zu εἰρηνευον⁷), was aber schwerlich ein passendes Prädikat zu κακόν ist. Zum Vorhergehenden paßt ἀκατάσχετον jedenfalls besser,

---

¹) vgl. Theile. ²) gegen Huther. ³) so Huther. ⁴) so Theile. ⁵) vgl. Reiche a. a. O. S. 207. ⁶) so de Wette, Wiesinger. ⁷) wie Herm. Past. mand. II.

und in so fern auch zu μεστή ἰοῦ θανατηφόρου, als ein Wesen, das ein Uebel ist¹), durch seine Unbändigkeit — denn „unbändig" heißt ἀκατάσχετος²), nicht „unaufhaltsam" — um so gefährlicher wird, wenn es giftgeschwollen ist. Todbringend aber heißt das Gift, deß die Zunge voll ist, weil es das Gift des Hasses ist. Denn wer seinen Bruder haßt, ist ein Todtschläger³).

Diejenigen, welche die Lesart ἀκατάστατον vorziehen, sehen zum Theil darin, daß es nun von der Zunge heißt, mit ihr preisen wir Gott und verfluchen wir die Menschen, die vermeintlich mit jenem Prädikate ausgesagte Unbeständigkeit dieses Uebels geschildert⁴). Aber es ist ja nicht gesagt, daß wir bald das Eine, bald das Andere thun, in welchem Falle beide Verba ein und dasselbe Objekt haben müß= ten, sondern daß wir beides gleicherweise thun, daß beides, dessen Gegensätzlichkeit εὐλογεῖν und καταρᾶσθαι, בָּרֵךְ und אָרַר besser aus= drückt, als es die Uebersetzung vermag, aus einem und demselben Munde kommt. Wir preisen den, der Herr und Vater ist, beweisen, daß er uns dieß beides ist⁵), damit, daß wir ihm das Gute zuer= kennen, das ihm eignet, und wir verfluchen die Menschen, das Böse über sie heraufbeschwörend, während sie doch in einem Dasein stehen, welches sie als ein dem Sein Gottes gleichendes⁶) empfangen haben. Denn was nach des Schöpfers Willen der Mensch als solcher den ihn umgebenden Geschöpfen gegenüber sein sollte, das ist jeder ein= zelne, der aus der Selbstfortpflanzung des Geschlechts hervorgeht⁷). Wenn wir nun Gott preisen ehrfürchtig als den Herrn und dankbar als den Vater, welch ein Widerspruch damit, daß wir denen das volle Gegentheil thun, in welchen wir ihn ehren sollten, weil sie ihm gleichen! Aber nur so viel sagt der Apostel und nicht, daß wir Gott selbst in seinem Ebenbilde verfluchen⁸). So könnte man ihn nur dann verstehen, wenn die Meinung wäre, daß Einer den An= dern um dessentwillen verfluche, was er in seiner Eigenschaft als Mensch ist, während es vielmehr so gemeint ist, daß Einer den An=

---

¹) vgl. Hom. Odyss. 12, 118. ²) vgl. z. B. LXX Hiob 31, 11. ³) 1 Joh. 3, 15. ⁴) so be Wette, Wiesinger. ⁵) vgl. 1, 27. ⁶) vgl. LXX Gen. 1, 26 Pf. 57, 5; Hebr. 7, 14. ⁷) vgl. m. W. b. Schriftbeweis I. S. 288. ⁸) gegen Wiesinger.

bern um beffentwillen verfluche, was er als diefer Menfch ift, ohne fich hievon dadurch abhalten zu laffen, daß er Menfch ift.

Wir thun fo, fagt der Apoftel, nämlich wir Menfchen. Nur in diefem Sinne kann er ja fich miteinfchließen. Und fo war ja auch die ganze Schilderung, was es um die Zunge fei, gemeint. Um berer willen, die geneigt waren, fich als Lehrer der Anderen aufzufpielen, hat er die Gefahr, fich zu verfündigen, in die man fich hiemit begiebt, in der Art zu bedenken gegeben, daß er, was es um das Sprechen fei, in eine Schilderung der Stelle faßte, welche die Zunge unter den Gliedern einnimmt. Die Selbftbeherrfchung, fagt er, ift fo fehr vor allem Herrfchaft über das Wort, das man fpricht, daß, wer fie befitzt, fich vollkommen in der Gewalt hat. Aber ebenfo befteht dann die Herrfchaft der Sünde über den Menfchen fo fehr vor allem in Mißbrauch der Rede, daß er mit ihr nicht nur alles das zumal begeht, was er mit Thathandlungen verfchiedentlich fündigt, fondern auch die feindfelige Leidenfchaftlichkeit, mit der er fich an feinen Mitmenfchen verfündigt, vor allem des Wortes fich bemächtigt, das er fpricht, und von ihm aus fein gefammtes Leben ergreift. Daß er im Stande ift, Gott zu preifen und daneben das gottesebenbildliche Gefchöpf zu verfluchen, ift der grellfte Beweis, bis zu welchem Widerfpruche mit fich felbft die fich im Sprechen feiner bemächtigende Leidenfchaft ihn fortzureißen vermag. In folche Gefahr begiebt fich, wer da redet, wo er fchweigen könnte, alfo infonderheit auch, wer fich des Lehrens annimmt, das er laffen könnte; weshalb der Apoftel fchon 1, 19 ermahnt hatte, man folle fchnell fein zu hören, aber langfam zu reden und, was fich hieran unmittelbar anfchloß, langfam zum Zorn. Aber wenn es Menfchenart ift, unter die Sünde, welche die Zunge beherrfcht, fo geknechtet zu fein, daß wir mit ihr Gott preifen und den Menfchen fluchen, Chriftenart follte es nicht fein. Es ziemt fich nicht, daß aus des Chriften Munde beides neben einander komme, $εὐλογία$ und $κατάρα$, in welchem allgemeiner gehaltenen Gegenfatze nun $εὐλογία$ auch die über Mitmenfchen ausgefprochene Segnung mitbegreifen kann. $Οὐ\ χρή$, fagt der Apoftel, $ταῦτα\ οὕτως\ γίνεσθαι$, mit $ταῦτα$ auf das, was gefchieht, wenn man fegnet und flucht, mit $οὕτως$ auf das Widerfprechende folchen Thuns zurückweifend, und giebt zu bedenken, ob denn je die Quelle aus der einen und selben Oeffnung, durch welche sie sich ergießt, das süße, also trinkbare und gesunde, und das bittere, also nicht trinkbare, auch ungesunde¹) Wasser hervorströme, wo βρύω in der Bedeutung gebraucht ist, die es sonst in den Zusammensetz= ungen ἀναβρύω und ἐξαραβρύω hat. Das Unnatürliche so wider= sprechenden Thuns giebt er hiemit zu bedenken.

Aber nicht auch mit dem, was V. 12 folgt²). Dort war nur auf etwas hingewiesen, das so und nicht anders ist; jetzt wird auf etwas hingewiesen, das nicht sein kann³). Und diese Unmöglichkeit soll nicht wieder gegen dasselbe zeugen, wogegen auf die Quelle ver= wiesen wurde, die nicht zweierlei Wasser gebe, soll nicht die sittliche Unmöglichkeit, daß Segnen und Fluchen aus Einem Munde komme, veranschaulichen⁴). Denn jetzt wird nicht etwa erinnert, daß ein Gewächs nicht zweierlei so grundverschiedene, sondern, daß es nur seiner eigenen Natur gemäße Frucht bringen kann. Man hat dieß dahin gedeutet, daß ein Mensch, je nachdem er beschaffen sei, nur segnen oder fluchen und also das Segnen dessen, welcher verfluche, nur ein erheucheltes sein könne⁵). Aber segnen ist gut, verfluchen ist sündlich; Oliven aber sind nicht minder gut und nützlich in ihrer Art, als die Feigen, und Feigen nicht minder gut und eßbar, als die Weintrauben. Man hat daher angemerkt, statt des Weinstocks wäre eine Distel passender, ja hat unversehens den Feigenbaum in einen Dornstrauch umgesetzt⁶). Nur wenn es wirklich so hieße, wäre Matth. 7, 16 vergleichbar, wo der Herr veranschaulicht, daß man sich keines Guten von dem zu versehen habe, der nicht taugt. Die Vergleichung besagt also vielmehr, daß Jeder nur dasjenige Gute zu leisten vermöge, für das er geeigenschaftet ist. Und gleiche Bewandt= niß hat es mit dem folgenden Satze. Daß hier nicht οὕτως οὐδὲ μία — denn so müßte man schreiben — πηγὴ ἁλυκὸν καὶ γλυκύ, sondern οὔτε ἁλυκὸν γλυκὺ ποιῆσαι ὕδωρ zu lesen sei, und zwar ohne οὕτως, welches sich nur mit dem οὐδέ des sinaitischen Codex verträgt, wird gegenwärtig nicht bezweifelt, wenn man nicht den Satz für

Sechste Ermahnung an die zum Lehren Befähigten, der Leiben= schaftlichkeit und Eigen= sucht ledig zu gehen. 3, 12—18.

---

¹) vgl. z. B. LXX Exod. 15, 23; Apokal. 8, 11. ²) gegen Wiesinger u. A. ³) vgl. Huther. ⁴) gegen Kern u. A. ⁵) so Huther. ⁶) so de Wette.

heillos verderbt[1]) oder eingeschoben[2]) hält. Wenn man aber οὔτε daraus erklärt, daß die vorhergangene Frage einen verneinenden Satz vorstelle, dem nun ein wirklich verneinender folge, so ist schon dieser Uebergang von der Frage zur Aussage innerhalb eines und desselben Satzes — denn δύναται gehört ja zu beiden — eine sprachliche Unmöglichkeit und vollends ein solcher Gebrauch von οὔτε. Dazu kommt, daß sich nicht einmal ein richtiger Gedanke ergiebt, wenn man nicht ἁλυκόν eine Salzquelle oder gar das Meer bedeuten läßt[3]). Es ist doch nicht glaublich, daß Jakobus geschrieben haben sollte, salziges Wasser könne kein süßes hervorbringen. Unter diesen Umständen wird der Vorschlag erlaubt sein, οὔ τε ἁλυκόν, γλυκὺ ποιῆσαι ὕδωρ zu lesen, so daß sich die verneinende Frage, wie sonst wohl ein verneinender Aussagesatz[4]), mit τέ fortsetzt, aus οὔ aber als ursprünglichem Genitivus der Begriff des Orts zu entnehmen ist, um Subjekt zu δύναται zu sein. „Und kann, heißt es dann, ein Ort, wo salziges Wasser ist, süßes hervorbringen?" Salzwasser ist nun aber etwas wesentlich Anderes, als bitteres, das man ohne Weiteres damit zu vereinerleien pflegt[5]): es ist in seiner Weise ebenso gut und nützlich, wie süßes, und bietet nur eben der Ort des einen nicht zugleich auch das andere, wie der Feigenbaum keine Oliven, der Weinstock keine Feigen hervorbringt.

So verschieden ist V. 12 von V. 11. Dort war von etwas die Rede, das nicht sein darf; hier muß auf etwas gezielt sein, das nicht geschehen kann. Dort handelte es sich um zweierlei Thun des Einen und selben, das unter sich in Widerspruch steht; hier muß es sich um die Unmöglichkeit handeln, daß Einer Anderes leiste, als wofür er, und zwar nicht in sittlicher Hinsicht, sondern von wegen seiner Begabung, geartet ist. So ähnlich also auch die Redeform der beiden Sätze ist, so muß doch mit der neuen Anrede ἀδελφοί μου zu einem andersartigen Gedanken fortgeschritten sein, wie ja auch, was weiter folgt, eine wesentlich andere Richtung einschlägt, als welche das Vorhergegangene von 3, 1 her eingehalten hat. Bisher war

---

[1]) wie Buttmann Gramm. des neutest. Sprachgebr. S. 315 nach Lachmann. [2]) wie Reiche comm. crit. in N. T. III. S. 213. [3]) wie z. B. Theile, Schneckenburger. [4]) vgl. Kühner Gramm. II. S. 831. [5]) so auch Huther.

die Gefahr geschildert, in die sich begiebt, wer den Lehrer Anderer machen will. Jetzt dagegen giebt der Apostel zu bedenken, daß nicht Jegliches eines Jeden Sache sei, sondern Jeder das thun solle, worauf er angelegt ist. Es mag also — dieß ist das Andere zu dem, was vorhergeht — ein Jeder zusehen, ob er darauf angelegt ist, ein Lehrer Anderer zu sein.

Und wer es ist, der beweise es mit seinem Verhalten! Denn so fährt der Apostel fort, den Bedingungsvordersatz seiner Ermahnung in die Form des Fragesatzes τίς σοφὸς καὶ ἐπιστήμων ἐν ὑμῖν fassend[1]), wo sich σοφός und ἐπιστήμων wie חָכָם und נָבוֹן zu einander verhalten, jenes den Weisen bezeichnend, der sich auf Etwas versteht, dieses den Wissenden, der die Kenntniß davon hat. Wer dieß in der Gemeinde ist, der hat den Verstand, den Dingen der christlichen Wahrheit auf den Grund zu sehen, und besitzt die Kenntniß derselben, die ihn befähigt, richtig zu urtheilen. Einen solchen heißt nun der Apostel seine Weisheit und Wissenschaft in seinem Verhalten zu sehen geben. Darauf soll er vor allem bedacht sein, und nicht nur darauf denken, den Lehrer zu machen. Die Ausdrucksform des Satzes δειξάτω ἐκ τῆς καλῆς ἀναστροφῆς τὰ ἔργα αὐτοῦ ist dieselbe, wie 2, 18, und τὰ ἔργα muß hier gleicherweise einen Gegensatz bilden zu ἡ καλὴ ἀναστροφή, wie dort zu ἡ πίστις, nicht können sich die beiden Begriffe zu einander verhalten, wie das Allgemeine und das Besondere[2]). Oder wie wäre das anzustellen, daß Einer seine einzelnen guten Werke seinem löblichen Wandel absehen ließe? Daher das Geständniß, man sollte erwarten, daß es heiße, durch seinen guten Wandel oder durch seine Werke solle er seine Weisheit zu ersehen geben[3]). Man hat damit zu helfen gesucht, daß man ὡς σοφοῦ hinter τὰ ἔργα αὐτοῦ hinzudachte[4]), so daß es hieße, seinem guten Wandel solle er absehen lassen, daß sein Thun das eines Weisen sei. Aber so würde gerade die Hauptsache unausgedrückt sein, und nicht, was er als Weiser thut, kann man seinem Verhalten absehen, sondern nur seinem Thun oder Verhalten die ihm innerlich beiwohnende und sich darin offenbarende Weisheit. Oder

---

[1]) wie Pf. 34, 13 LXX. [2]) gegen Huther. [3]) so de Wette. [4]) so Kern, Schneckenburger, Theile, Wiesinger.

man hat mittelſt Beiziehung des ἐν πραΰτητι σοφίας erklärt, er ſolle in ſeinem Wandel ſolche Werke zu ſehen geben, die von ſanftmüthiger Weisheit zeugen[1]): was aber dem Ausdrucke δεικνύναι τι ἔκ τινος nicht entſpricht und ſich mit der Beſtimmtheit von ἔργα durch Artikel und Pronomen nicht verträgt. Hat man unter τὰ ἔργα αὑτοῦ ſolches zu verſtehen, was nicht anders, als entweder im Wandel oder im Worte — denn im Gegenſatze zum Worte iſt der Wandel betont — wahrnehmbar wird; ſo kann nur dasjenige Thun gemeint ſein, das den Weiſen und Wiſſenden innerlich hiezu gemacht hat, ſeine erfolgreiche Bemühung um Weisheit und Wiſſenſchaft[2]) in den Dingen der chriſtlichen Wahrheit. Für ſie will, wer ſich als Lehrer aufſpielt, Anerkennung finden. Aber um dieſe ſoll es ihm eben nicht zu thun ſein, und wenn es ihm nicht um ſie zu thun iſt, ſo wird er es halten, wie der Apoſtel fordert. Er wird ſich in ſeinem Wandel ſo halten, daß man an ihm inne wird, er habe ſich um Weisheit und Verſtändniß bemüht, wird es alſo ſeinem Wandel abſehen laſſen, und zwar in der Anſpruchloſigkeit und Lindigkeit, die mit der Weisheit verbunden und ihr eigen iſt, wie ἐν πραΰτητι σοφίας beſagt.

So ſoll thun, wer ein Weiſer und Kundiger iſt. Habt ihr dagegen, heißt es weiter, giftige[3]) Leidenſchaftlichkeit in eurem Herzen und Eigenſucht, der es nur um das ſchlechte Ich zu thun iſt[4]), ſo berühmt euch nicht wider und lügt nicht wider die Wahrheit. Die Leſer überhaupt redet er hiemit an. Aber daraus folgt nicht, daß dieß bei den Leſern allgemein der Fall war[5]). Es iſt ja bedingungsweiſe geredet, ebenſo wie τίς σοφὸς καὶ ἐπιστήμων ἐν ὑμῖν bedingungsweiſe gemeint war, und gilt nur ſolchen, die ſich für Weiſe und Kundige halten. Und überdieß ſehen wir, daß der Apoſtel, was Einzelnen gilt, den Leſern, alſo der Chriſtenheit überhaupt ſagt, damit es ſich diejenigen, die es trifft, geſagt ſein laſſen. Es trifft aber ſolche, welche ſich gegen die Regel, daß man langſam zu reden, langſam zum Zorn ſein ſoll, ſo ſchwer verfehlen, daß ſie die chriſtliche Wahrheit dazu mißbrauchen, ihrer eigenſüchtigen Leidenſchaftlichkeit ein Genüge zu thun. Haben wir recht geſehen, daß mit τὰ ἔργα

---

[1]) ſo Grotius. [2]) vgl. Plato Euthyphr. 14 B. [3]) vgl. z. V. 11. [4]) vgl. z. Gal. 5, 20; Röm. 2, 8. [5]) gegen Huther.

αὐτοῦ ein innerliches Thun gemeint war, so steht nun dem als etwas ebenfalls Innerliches das gegenüber, was der Leidenschaftliche und Eigensüchtige in seinem Herzen hat, und nicht steht dieses mit ἐν τῇ καρδίᾳ als innerlich Bezeichnete dem Worte gegenüber, mit welchem sich Einer seiner Weisheit berühmt¹). Auch ist mit κατακαυχᾶσθαι καὶ ψεύδεσθαι κατὰ τῆς ἀληθείας, wo κατακαυχᾶσθαι nicht wie 2, 13 mit dem Genitivus, sondern wie das ihm zur Seite tretende, nicht ihm untergeordnete²) ψεύδεσθαι mit κατά τινος verbunden ist, etwas Anderes gemeint als auf Weisheit Anspruch machen³). Was zunächst den Ausdruck ψεύδεσθαι κατά τινος anlangt, so kann man nur in dem Sinne übersetzen „wider Etwas lügen", als dieß gleichbedeutend ist mit lügnerischer Aussage über Etwas⁴). Denn irrig, in aller Weise irrig hat man διαψεύδεσθαι τῆς ἀληθείας⁵) verglichen⁶), wo διαψεύδεσθαι Passivum ist und nicht Lüge, die man sich zu Schulden kommen läßt, sondern Betrug um das Richtige, der Einem widerfährt, bedeutet. Sonach heißt ψεύδεσθαι κατὰ τῆς ἀληθείας von der Wahrheit so reden, daß das unwahr ist, was man von ihr aussagt. Da kann also ἡ ἀλήθεια nicht die Wahrheit im Allgemeinen als Widerspiel der Unwahrheit, sondern muß diejenige Wahrheit sein, die es dem Christen als solchem ist⁷), die christliche Wahrheit⁸). Der Apostel wehrt also denen, die giftige Leidenschaftlichkeit und gemeine Eigensucht im Herzen haben, von der christlichen Wahrheit unwahr zu reden, weil sie eben nur unwahr von ihr reden, sofern nämlich, was immer sie lehren mögen, durch die Sinnesart, mit der sie es thun, der Wahrheit, als deren Ausdruck sie es geben, entfremdet wird. Und hiemit stimmt nun auch das Andere, μὴ κατακαυχᾶσθε κατὰ τῆς ἀληθείας. Denn κατακαυχᾶσθαί τινος⁹) oder κατά τινος ist das Gebahren dessen, der sich einem Andern gegenüber im Rechte weiß oder wähnt, entweder so, daß ihm der Andere Nichts anhaben könne, oder so, daß ihn der Andere gelten lassen müsse. Hier im letztern Sinne. Da nun ἡ ἀλήθεια die christliche Wahrheit ist, so heißt κατακαυχᾶσθαι κατὰ τῆς ἀληθείας ihr mit dem Anspruche gegenübertreten, daß sie das gelten lassen müsse, was man vorbringt. Wer

---

¹) gegen Huther. ²) gegen Kern, de Wette. ³) so auch Wiesinger. ⁴) vgl. z. B. Plato Euthyd. 284 A. ⁵) Isokr. de pace § 29. ⁶) so Schneckenburger, Huther. ⁷) vgl. 5, 19. ⁸) vgl. Wiesinger. ⁹) vgl. 2, 13.

dieß thut, spielt sich als einen Lehrer auf, welcher der christlichen Wahrheit gegenüber in seinem Rechte ist, statt daß er sie zu ihrem Rechte kommen lassen müßte: er begiebt sich nicht in ihren Dienst, sondern übertrutzt sie. Mit dem Einen, wie mit dem Andern, mit dem κατακαυχᾶσθαι und dem καταψεύδεσθαι, thun solche Lehrmeister der Wahrheit zu nahe, mit jenem, daß sie lehren, mit diesem, wie sie lehren. Man kann nur noch fragen, warum der Apostel nicht καταψεύδεσθε geschrieben hat[1]). Aber wir haben hier wohl einen der Fälle, wo die Präposition, mit welcher das vorangehende Verbum zusammengesetzt ist, auch zum folgenden gehört[2]).

Von solcher Weisheit, bei der man grimme Leidenschaftlichkeit und gemeine Eigensucht im Herzen hat, sagt der Apostel, sie sei keine von droben herniederkommende[3]), sondern irdisch, seelisch, teuflisch. Irdisch ist sie im Gegensatze zu dem, was von droben kommt, hat also hienieden Ursprung und Heimath, wo keine andere Weisheit erwachsen kann, als die außergöttliche Ziele mit außergöttlichen Mitteln verfolgt. Sie ist seelisch[4]) von Art im Gegensatze zu der von droben kommenden, welche Gottes Geist im Menschen wirkt, hat also ihren Ursprung nur innerhalb des sich in sich selbst bewegenden menschlichen Einzellebens, so daß sie auch nur dem menschlichen Einzelwillen zu seiner Befriedigung dient. Und teuflisch ist sie, wie das in der Schriftsprache erst spät vorkommende δαιμονιώδης besagt, im Gegensatze zu dem, was aus Gott ist, so daß ihr Ursprung, wie der alles Ungöttlichen im Menschen, auf das widergöttliche Geisterthum zurückgeht, dessen widergöttliches Wesen theilt und seinen widergöttlichen Zwecken dienstbar ist. Nur das letzte dieser Prädikate, nicht das ganze vorhergegangene Urtheil[5]), kann begründet sein wollen, wenn der Apostel hinzufügt ὅπου γὰρ ζῆλος καὶ ἐριθεία, ἐκεῖ ἀκαταστασία καὶ πᾶν φαῦλον πρᾶγμα. Nicht das blos irdische, schlecht seelische Wesen solcher Weisheit, wohl aber das teuflische beweist sich in dieser Wirkung der mit ihr verbundenen Leidenschaftlichkeit und Eigensucht. Aufruhr[6]) ist mit ἀκαταστασία hier so wenig gemeint, als 1 Kor. 14, 33, wo εἰρήνη den Gegensatz dazu bildet, wie hier auch. Es ist

---

[1]) vgl. Plato Euthyd. 283 E. mit 284 A. [2]) vgl. Kühner Gramm. II. S. 1073. [3]) vgl. 1, 17. [4]) vgl. z. 1 Kor. 2, 14; Judä 19. [5]) so gewöhnlich. [6]) so Huther.

ein Zustand der Dinge, wo Alles aus Rand und Band ist und des Halts einer gesicherten Ordnung ermangelt. Ein solcher Zustand waltet da, wo die Leidenschaftlichkeit nur ihren Willen durchzusetzen trachtet und der Einzelne nur seinen schnöden Vortheil sucht und sein schlechtes Ich zur Geltung bringen will, indem hiemit die im Wesen einer Gemeinschaft, wie hier der christlichen, begründete Ordnung unverträglich ist. Daß neben einem Begriffe wie ἀκαταστασία, wenn wir ihn richtig gefaßt haben, πᾶν φαῦλον πρᾶγμα nicht jede böse That sein kann¹), leuchtet ein. Πρᾶγμα muß hier in dem weiteren Sinne gemeint sein, in welchem man es mit „Ding" übersetzen kann. Von allem, was unter solchen Umständen geschieht und vorgeht²), heißt es, daß es von Uebel sei. Aber auch nicht „jedes schlimme Ding" wird zu übersetzen sein, sondern „eitel böses Ding"³), wie 1, 17 πᾶσα δόσις ἀγαθή eitel gute Gabe war. Nicht was alles da geschehe, war zu sagen, sondern dem Begriffe ἀκαταστασία entsprechend, daß alles, was dann geschieht, schlimm ist. So rechtfertigt sich das Prädikat δαιμονιώδης. Denn das ist des argen Geisterthums Art und Trachten, alle gute Ordnung aufzulösen und zu machen, daß Nichts so geschieht, wie es sein sollte.

Der irdischen und teuflischen Weisheit gegenüber beschreibt der Apostel, wie die von droben stammende geartet ist. Vor allem — denn dieß besagt das von einem einzigen ἔπειτα gefolgte πρῶτον μέν — ist sie ἀγνή, rein und lauter, im Gegensatze zu derjenigen, die durch das Gift der Leidenschaft getrübt, durch gemeine Eigensucht beschmutzt ist. Ihre weiteren Eigenschaften sind dann, daß sie εἰρηνική, also darnach geartet ist, Frieden zu wirken und zu erhalten, wo sie waltet, ferner daß sie ἐπιεικής ist, also auch da ein billiges Einsehen hat, wo sie der Ungelehrigkeit oder dem Mißverstande begegnet, sodann daß sie εὐπειθής ist, also willig nachgiebt, wo ihr berechtigter Widerspruch oder bessere Einsicht entgegentritt: alles im Gegensatze gegen eine mit Leidenschaftlichkeit gepaarte Weisheit, die den Frieden stört, mit unnachsichtlicher Härte dreinfährt und sich nicht bedeuten läßt. Im Gegensatze gegen eine mit gemeiner Eigensucht gepaarte wird sie dann geschildert als μεστὴ ἐλέους καὶ καρπῶν ἀγαθῶν, ἀδιάκριτος,

---

¹) gegen Huther. ²) vgl. z. B. Luc. 1, 1. ³) vgl. Kern.

ἀνυπόκριτος. Wenn jene nur auf eigenen Vortheil, eigene Geltung aus ist, so ist sie ganz Güte gegen die, welche ihrer Güte bedürfen, und reich an Erweisungen derselben. Wenn jene in ewigem Streite lebt, weil sie keinen Andern aufkommen lassen will, und, um für sich zu gewinnen, sich so anstellt, wie es hiefür dienlich ist, so ist sie frei von Streit und frei von Heuchelei. Daß ἀδιάκριτος hier keine von διακρίνειν abzuleitende Bedeutung hat, in welchem Falle es nur „ununterschieden" heißen könnte und nicht „unparteiisch"[1]) oder des etwas, ergiebt sich aus seiner Zusammenstellung mit ἀνυπόκριτος. Wie sich dieses zu ὑποκρίνεσθαι verhält, so jenes zu διακρίνεσθαι. Wäre aber hiebei διακρίνεσθαι in der Bedeutung „zweifeln" gemeint[2]), so wäre die mit ἀδιάκριτος benannte Eigenschaft, man mag sie wenden, wie man will, der mit ἀνυπόκριτος benannten ebenso ungleichartig, als die Bildung der beiden Adjectiva absichtlich gleichartig ist. Die Einrede, „zweifeln" sei nun einmal in den neutestamentlichen Schriften die Bedeutung von διακρίνεσθαι, ist Angesichts von Judä 9 hinfällig, und daß es Jakobus 1, 6 in diesem Sinne gebraucht hat, hindert ihn doch nicht, es auch in dem andern, den es haben kann, zu gebrauchen. Wie er aber dazu kommt, frei von Streit und frei von Heuchelei zusammenzustellen, wird sich oben gezeigt haben; und wenn man einwendet, ersteres sei schon mit εἰρηνική gesagt[3]), bedenkt man nicht, wie viel mehr mit letzterm Worte gesagt ist. Die verneinenden Prädikate sind absichtlich an das Ende gestellt, weil sie als verneinende das Wenigste sind, was sich von der rechten Weisheit sagen läßt. Alle aber gelten ihr selbst, und nicht ist die Meinung, daß sie diejenigen, die ihrer theilhaft sind, zu Leuten mache, von denen sie gelten[4]). Die vom Himmel stammende Weisheit ist ja selbst, ebenso wie die irdische, als die Eigenschaft gedacht, um derentwillen Einer σοφός heißt, und wie jene mit Leidenschaftlichkeit und Eigensucht gepaart ist, so erzeigt sie sich als die mit diesen Prädikaten gekennzeichnete.

Unrichtig ist es dagegen, wenn man den Inhalt des 18. Verses zu dem des 16. in dieß Verhältniß setzt, daß, wie dort die Frucht der falschen Weisheit, so hier die der wahren benannt werde[5]).

---

[1]) so z. B. Kern, Schneckenburger. [2]) so z. B. Theile, Wiesinger, Huther. [3]) so Kern. [4]) gegen Huther [5]) so Wiesinger, Huther.

Hiefür ist schon der Uebergang mit δέ nicht angethan, und der Ton liegt sichtlich so sehr auf dem Begriffe εἰρήνη¹), daß nicht kann gesagt sein wollen, was zu Wege komme, sondern wie das mit καρπὸς δικαιοσύνης Gemeinte zu Wege komme. Was aber unter καρπὸς δικαιοσύνης verstanden sein will, wird gründlich verkannt, wenn man erklärt, als habe der Ausdruck den Artikel. Man nimmt dann den Genitivus als Genitivus der Apposition und versteht unter δικαιοσύνη entweder die Gerechtigkeit im Verhältnisse zu Gott, den Stand des Gerechtfertigten²), oder die Gerechtigkeit als Verhalten, die Rechtbeschaffenheit³), oder beides zugleich⁴). Oder man nimmt ihn als Subjektsgenitiv und versteht dann unter δικαιοσύνη die Tugend der Gerechtigkeit und unter deren Frucht entweder das, was sie thut⁵), oder das, was sie wirkt, den Lohn, welcher dem Gerechten erwächst⁶). Aber das artikellose καρπὸς δικαιοσύνης, פְּרִי צֶדֶק⁷), ist richtige Frucht⁸), wie Hebr. 5, 13⁹) λόγος δικαιοσύνης richtige Rede. Auf Hebr. 12, 11 kann man sich hiegegen nicht berufen. Dort ist freilich δικαιοσύνης epexegetischer Genitivus zu καρπὸν εἰρηνικόν. Aber dort liegt der Ton auf der Beschaffenheit der Frucht, welche Gottes Zucht den durch sie Erzogenen bringt, und wird daher mit dem von καρπόν weit abgetrennten δικαιοσύνης nachträglich Rechtbeschaffenheit als die Frucht benannt, welche sie bringt. Hier dagegen liegt der Ton auf ἐν εἰρήνῃ und τοῖς ποιοῦσιν εἰρήνην, und ist also gesagt, wie es zu solchem komme, was καρπὸς δικαιοσύνης zu heißen verdient. Frucht erwächst aus einer Saat: daher heißt es, sie werde gesäet. Und was aus der Saat erwächst, kommt zu Nutze: daher heißt es, sie werde denen gesäet, deren Thun bezweckt und bewirkt, daß Friede walte¹⁰). Denn daß τοῖς ποιοῦσιν bei dem Passivum σπείρεται so viel sei als ὑπὸ τῶν ποιούντων¹¹), was natürlich ausschlösse, daß es zugleich dativus commodi wäre¹²), hat nicht nur die Ungewöhnlichkeit dieser Ausdrucksweise im neutestamentlichen Sprachgebrauche¹³) gegen sich, sondern auch die Müßigkeit des so gemeinten Dativus hinter ἐν εἰρήνῃ. In Frieden muß

---

¹) vgl. de Wette, Theile. ²) so z. B. Schneckenburger, Kern. ³) so z. B. Theile, Huther. ⁴) so Wiesinger. ⁵) so de Wette. ⁶) so z. B. Grotius, Bengel. ⁷) vgl. z. B. Pf. 51, 21. ⁸) vgl. LXX Amos 6, 12. ⁹) vgl. z. d. St. ¹⁰) vgl. z. B. 2 Makk. 1, 4; Matth. 5, 9. ¹¹) so z. B. Schneckenburger, Theile, de Wette, Wiesinger. ¹²) gegen Wiesinger. ¹³) vgl. Winer Gramm. S. 206.

gesäet werden, was zu einer richtigen Frucht erwachsen soll, und die Friedfertigen sind es, denen zu Gute kommt, daß es gesäet wird, und denen die Frucht bestimmt und zu Genieß ist, die daraus erwächst[1]). Daß diese Friedfertigen dieselben seien, die in Frieden gesäet haben, wornach also die Frucht der Lohn ihres Thuns wäre[2]), müßte ganz anders ausgedrückt sein: es müßte heißen, daß die so Säenden auch die Frucht ihrer Saat ernten. Und an eine erst jenseitige Erndte[3]) ist vollends nicht zu denken.

Siebente Ermahnung, der Weltliebe abzusagen, die alles Unfriedens Ursache ist. 4, 1—5.
Daß ein Säen, aus welchem rechtschaffene Frucht erwachsen soll, in Frieden geschehen müsse, ist Abschluß dessen, was von einer mit giftiger Leidenschaftlichkeit und gemeiner Eigensucht gepaarten Weisheit, also von solchen gesagt ist, die sich mit so beschaffener Weisheit als Lehrer aufspielen; und mit δέ ist hiezu übergegangen, weil von der Kennzeichnung der von Gott stammenden Weisheit zu dem andern Gedanken fortgeschritten ist, daß nur ein friedliches Thun, welches bei der irdischen ausgeschlossen ist, Gutes zu pflanzen vermag. Daß aber die Friedfertigen es sind, denen die dann erwachsende rechtschaffene Frucht zu Gute kommt, bildet den Uebergang zum Folgenden, wo nun nicht mehr von solchen die Rede sein wird, die sich als Lehrer aufspielen[4]), sondern von Zank und Streit, wie er das gemeindliche Leben überhaupt zu einem unfriedlichen macht. Aber nicht sowohl solchem Zanken und Streiten selbst wehrt der Apostel, sondern geht auf den innern Grund zurück, woher es kommt, wenn das gemeindliche Leben des Friedens entbehrt, ohne den nichts Gutes gedeiht noch gedeihlich wird. Woher kommen, fragt er, Kriege und woher Kämpfe unter euch? Hiemit sagt er aber wieder nicht, daß solcher Unfriede in der Christenheit, zu der er spricht, der herrschende Zustand, sondern will nur aufdecken, welches da, wo er sich findet, der Grund davon sei. Wenn Krieg ist, ein bleibend unfriedlicher Zustand, wenn Kampf ist, eine einzelne Störung des Friedens, so kommt dieß von ihren in ihren Gliedern zu Felde liegenden Lüsten. Inwendig in ihnen[5]) ist Krieg, drum ist er zwischen ihnen. Zu ergänzen ist zu dem absichtlich ohne Näherbestimmung gelassenen

---

[1]) vgl. Huther. [2]) so z. B. Kern. [3]) so z. B. Gebser, Lange. [4]) gegen Schneckenburger u. A. [5]) vgl. Röm. 7, 23.

στρατευομένων Nichts, und gemeint ist weder ein Kriegführen der Lüste unter sich¹), was ausgedrückt sein müßte, noch wider die entgegenstehenden Bestrebungen Anderer²), wodurch der Gegensatz von ἐν ὑμῖν und ἐν τοῖς μέλεσιν ὑμῶν verwischt wird, noch gegen das Nichthaben³), was eine unvollziehbare Vorstellung ist. Am ehesten ließe sich κατὰ τῆς ψυχῆς hinzudenken⁴). Aber es bedarf dessen nicht. Wenn die Lüste, welche hier ἡδοναί heißen⁵), weil nicht gemeint ist, daß der Mensch nach Etwas begehrt, sondern daß er an Etwas seine Lust hat, in den Gliedern, also in dem sinnlichen Wesen des Menschen zu Felde liegen, so sind sie darauf aus, dessen habhaft zu werden, woran sie ihre Lust haben: eine innerliche Kriegführung, bei der es nicht bleiben kann, weil das, dessen sie habhaft werden wollen, außerhalb ihres nächsten Bereichs liegt. Der Mensch, der sich ihnen ergiebt, muß ihnen den Weg nach außen freigeben und ihre ihm innerliche Kriegführung zu seinem eigenen Kriege um das machen, dessen sie habhaft werden wollen.

Und dieß beschreibt nun der Apostel mit den Sätzen ἐπιθυμεῖτε καὶ οὐκ ἔχετε, φονεύετε, καὶ ζηλοῦτε καὶ οὐ δύνασθε ἐπιτυχεῖν, μάχεσθε καὶ πολεμεῖτε. Insgemein theilt man so nicht ab, sondern verbindet φονεύετε καὶ ζηλοῦτε. Aber wie passen die Begriffe φονεύειν und ζηλοῦν in dieser Aufeinanderfolge zu einander? Von einem Hendiadyoin, daß das Neiden oder leidenschaftliche Trachten ein todfeindliches⁶), oder das Morden ein Morden durch leidenschaftliches Trachten⁷) genannt wäre, wird heutzutage Niemand etwas wissen wollen: müßte es doch wenigstens umgekehrt ζηλοῦτε καὶ φονεύετε heißen. Man erklärt daher φονεύειν von einem Morden in Gedanken⁸), nimmt es für einen starken Ausdruck statt hassen⁹), da der Haß, wofür man sich auf 1 Joh. 3, 15 beruft, innerer Todtschlag sei. Aber es ist etwas ganz Anderes, wenn der Hassende ein Mörder genannt wird¹⁰), weil er will, daß der nicht sei, den er haßt, als wenn Morden ein Ausdruck für Hassen sein soll, was nur so geschehen könnte, daß der Haß eben

---

¹) so z. B. Theile. ²) so Huther. ³) so Wiesinger. ⁴) vgl. de Wette.
⁵) vgl. Xenoph. mem. 1, 2, 23; 1, 5, 6. ⁶) so z. B. Theile, Gebser, Schneckenburger. ⁷) so Bengel. ⁸) so de Wette. ⁹) so Kern, Wiesinger, Huther. ¹⁰) vgl. z. 3, 8.

nicht als innerlicher, sondern als nach außen thätiger gemeint wäre: weshalb es denn auch ein vergebliches Bemühen ist, das Voranstehen des φονεύετε vor ζηλοῦτε daraus zu erklären, daß ζηλοῦν der schon in Wort und That hervorbrechende feindselige Eifer sei[1]). Hiezu kommt, daß ζηλοῦν ein dem ἐπιθυμεῖν nächstverwandter Begriff ist und ζηλοῦτε zu καὶ οὐ δύνασθε ἐπιτυχεῖν in gleichem Verhältnisse steht, wie ἐπιθυμεῖτε zu καὶ οὐκ ἔχετε. Gehen wir dem nach, so erhalten wir die sich genau entsprechenden Sätze: „ihr begehrt und habt nicht" und „ihr bemüht euch leidenschaftlich und könnt nicht erlangen". Und ebenso entsprechen sich dann die auf diese Vordersätze — denn dieß sind sie ohne vordersätzliche Form[2]) — folgenden Nachsätze φονεύετε und μάχεσθε καὶ πολεμεῖτε. Was den ersten Satz betrifft „ihr begehrt und habt nicht, so mordet ihr", ist die Meinung des καὶ οὐκ ἔχετε keineswegs die, daß sie begehren, aber das, was sie begehren, nicht bekommen, mag man ἔχειν ohne Weiteres „bekommen" heißen lassen[3]) oder bei seiner Bedeutung belassen[4]), sondern die Meinung ist, daß sie etwas gerne haben möchten und es nicht haben, weshalb es ihnen eben ein Gegenstand des Begehrens ist. Nur so bleibt diesem Satze seine eigenthümliche Bedeutung gegenüber dem andern, daß sie sich leidenschaftlich um Etwas bemühen und es nicht erlangen können, wo ζηλοῦν das Thun ist, in welches das Begehren übergeht, aber hier ein Thun, das nicht zum Besitze verhilft, wie begehren statt zu haben ein leidiges Ding ist. Was thun sie nun, wenn sie begehren und nicht haben? Sie morden den, welcher das hat, wornach sie begehren. Da ist denn freilich φονεύειν ein starker Ausdruck, aber der Ausdruck für ein Thun, welches sich aus dem Vordersatze begreift. Wir lesen Sir. 31, 21 f.: Ἄρτος ἐπιδεομένων ζωὴ πτωχῶν, ὁ ἀποστερῶν αὐτὴν ἄνθρωπος αἱμάτων· φονεύων τὸν πλησίον ὁ ἀφαιρούμενος ἐμβίωσιν καὶ ἐκχέων αἷμα ὁ ἀποστερῶν μισθὸν μισθίου. So meint auch Jakobus das φονεύειν. Wer begehrt und nicht hat, der bringt den Andern um das, was er zum Leben braucht, um das zu haben, wornach er begehrt. Hiemit verbindet καὶ den andern Satz, welcher besagt, wenn sie leidenschaftlich erstreben und das Erstrebte

---

[1]) gegen Huther. [2]) vgl. 5, 13 f. u. Kühner Gramm. II. S. 785. [3]) wie z. B. de Wette. [4]) wie Wiesinger, Huther.

nicht erlangen können, so kämpfen und kriegen sie, indem sie es auf diese Weise, Anderen es abstreitend, zu erlangen suchen. Daß dieß eine Schilderung des allgemeinen sittlichen Zustands der Christenheit sei, an die der Apostel schreibt, hätte man doch nicht für möglich halten und noch weniger sie dahin ausbeuten sollen, die Gemeinden seien mit ihrer niedrigen Stellung in der Welt unzufrieden und nach irdischer Herrlichkeit, auf die sie als Gemeinden Gottes Anspruch zu haben meinten, verlangend gewesen[1]). Er sagt, woher der Unfriede stammt, wenn Unfriede ist, und was er dann straft, gilt denen, die im Unfrieden leben.

Und so gilt benn auch nicht von den Christen insgemein, daß sie nicht haben, sondern von denen, die begehren und nicht haben und sich deshalb Mord zu Schulden kommen lassen. Wenn sie nicht haben, so hat dieß seinen Grund darin, daß sie nicht bitten[2]), und wenn sie um Etwas bitten[3]) und es nicht bekommen, so hat dieß seinen Grund darin, daß sie übel darum bitten, nämlich um das Erbetene in ihren Lüsten zu verbrauchen. Ihre Lüste also sind es, welche sie begehrlich machen, woraus dann der Unfriede entsteht, in dem sie mit Anderen leben; und ihre Lüste sind es, denen sie mit dem, wornach sie begehren, fröhnen wollen, weshalb sie es vergeblich von Gott erbitten. Wer aber den Lüsten fröhnt, die am Irdischen ihre Lust haben, der hat die Welt lieb. Daher nennt sie der Apostel μοιχαλίδες — denn μοιχοὶ καὶ ist sichtlich Einschub —, ein verächtlich gemeintes Femininum, wie Angeber ποταγωγίδες genannt wurden. Sie sind Ehebrecherinnen, als die das Verhältniß brechen, in welchem sie von Rechtswegen zu Gott stehen, und die Welt ist es, mit der sie Buhlschaft pflegen. Wenn dann der Apostel fragt, ob sie nicht wissen, daß ἡ φιλία τοῦ κόσμου ἔχθρα τοῦ θεοῦ ἐστίν, so kann ἡ φιλία τοῦ κόσμου nichts Anderes sein, als die der Welt, nämlich den irdischen Dingen in ihrer Ungöttlichkeit, zugewendete Freundschaft. Man hat gesagt, dazu passe der Begriff φιλία nicht, und hat deshalb ein gegenseitiges Freundschaftsverhältniß zwischen solchen Christen und den Weltkindern verstanden. Wenn man aber, weil der offenbare Zusammenhang dazu drängte, hinzufügte, doch sei das aktive Verhalten

---

[1]) gegen Huther. [2]) vgl. Joh. 16, 26. [3]) vgl. z. B. Matth. 7, 7 ff.

zur Welt vorwiegend¹), so ließ man ja φιλία doch das bedeuten, was es angeblich nicht soll bedeuten können. Es ist eben eine grundlose Behauptung, von der man hiebei ausgeht; der Sprachgebrauch widerlegt sie²). Und so ist denn auch ἔχθρα τοῦ θεοῦ kein gegenseitiges Verhältniß, sondern Feindschaft gegen Gott. Dasselbe gilt dann selbstverständlich für den Gegensatz φίλος τοῦ κόσμου und ἐχθρὸς τοῦ θεοῦ, ohne daß wir deshalb hieran irre werden, weil der Apostel schreibt ὃς ἂν βουληθῇ φίλος εἶναι τοῦ κόσμου. Man hat behauptet, nur dann begreife sich das βουληθῇ εἶναι, wenn man φίλος von einem gegenseitigen Verhältnisse und κόσμος von Personen verstehe: dann sei nämlich Einer gemeint, dessen Wunsch ist, von den Weltkindern geliebt zu werden³). Aber so setzte man sich dann wieder in Widerspruch mit sich selbst, da man ja doch eingeräumt hatte, daß in ἡ φιλία τοῦ κόσμου das aktive Verhalten zur Welt vorwiege. Allerdings geht es nicht an, in βουληθῇ den Begriff des Ueberlegten, Geflissentlichen einzutragen⁴), oder die bloße Geneigtheit zur Weltliebe im Gegensatze zur Entschiedenheit als das zu betonen, was schon hinreiche, zum Feinde Gottes zu machen⁵). So entgegengesetzt sich diese beiden Erklärungen sind, so unthunlich sind sie beide, die eine wegen unberechtigter Näherbestimmung des Verbalbegriffs βούλεσθαι, die andere wegen ebenso unberechtigter gegensätzlicher Einschränkung desselben. Aber βούλεσθαι kann auch ohne folgendes ἤ, wenn das Gewollte wie hier gegensätzlich gedacht ist, im Sinne von „lieber wollen" gebraucht werden. Hienach sagt der Apostel, wenn Einer die Liebe zur Welt der Liebe gegen Gott vorziehe, der komme als ein Gotte Feindlicher zu stehen⁶). Man kann die Liebe gegen Gott nicht zurückstellen hinter die Liebe zur Welt und doch noch dabei hegen, sondern das damit gegebene Verhalten gegen Gott gilt ihm dann als ein feindseliges. Und dieß erleidet seine Anwendung auf diejenigen, welche der Apostel darum straft, daß sie sich durch ihre Lüste regieren lassen und ihnen fröhnen. Sie wollten daneben doch für Christen gelten, die Gott lieb haben. Von einer Abschwächung

---

¹) so Huther. ²) vgl. z. B. LXX Prov. 27, 5; 4 Makk. 3; Thucyd. 1, 91, 1; Xenoph. anab. 5, 6, 11. ³) so Huther. ⁴) gegen Theile. ⁵) gegen Wiesinger. ⁶) vgl. 3, 6.

aber des Verbalbegriffs βούλεσθαι zu dem eines bloßen „mögen", wie man sie für thunlich achtete, um einen ähnlichen Gedanken zu gewinnen, kann keine Rede sein[1]).

Dem οὐκ οἴδατε, welches einen in der zweiten Hälfte des Verses sich fortsetzenden Gedanken einführte, tritt die andere Frage ἢ δοκεῖτε gegenüber. Die Angeredeten können sich dem Satze, daß sich die Welt lieb haben mit der Liebe zu Gott nicht verträgt, sondern Feindschaft gegen ihn ist, nur dann entziehen, wenn sie meinen, es sei ein leeres Wort, mit dem es Nichts auf sich habe, daß die Schrift sagt πρὸς φθόνον ἐπιποθεῖ τὸ πνεῦμα ὃ κατῴκισεν[2]) oder κατῴκησεν ἐν ἡμῖν. Daß der Apostel hiemit auf ein Wort der heiligen Schrift, die es seinen Lesern war, also der alttestamentlichen, verweist, ist für uns eine berechtigte Voraussetzung, nachdem uns in den bisher untersuchten neutestamentlichen Schriftstücken keine derartige Beziehung auf ein außerbiblisches[3]) oder neutestamentliches[4]) Schriftwerk begegnet ist. Aber ehe wir zusehen, wo es sich finde, müssen wir uns seines Sinnes versichern. Nicht ohne Belang hiefür ist die Frage, ob κατῴκησεν zu lesen sei oder κατῴκισεν. Bei dem Gleichlaute beider Verbalformen kann die Entscheidung nur davon abhängen, welche von ihnen am ehesten der Art ist, daß man sie zu hören meinen konnte. Dieß ist aber unzweifelhaft κατῴκησεν, welches an Stellen wie Röm. 8, 11; 1 Tim. 1, 14; 1 Kor. 3, 16; Röm. 8, 9 erinnerte. Das Subjekt von κατῴκισεν ist dann Gott, das Objekt der Geist. Daß dabei nicht an den Geist zu denken ist, der uns schöpfungsmäßig einwohnt, sondern der Geist gemeint ist, von dem es an jenen Stellen heißt, daß er in uns wohne, sollte sich in einem Zusammenhange, wo es sich darum handelt, ob ein Christ, der diesen Geist empfangen hat, Gott und die Welt zugleich lieben könne, billig ebenso sehr von selbst verstehen, wie daß ἐν ἡμῖν von den Christen gilt[5]). Steht dieß fest, so ist τὸ πνεῦμα nicht Objekt von ἐπιποθεῖ, sondern dessen unausgesprochenes Objekt aus ἐν ἡμῖν zu entnehmen. Der Geist, den Gott in uns hat wohnen machen, verlangt nach

---

[1]) gegen Schneckenburger. [2]) so Tischendorf und Tregelles. [3]) vgl. z. 1 Kor. 2, 9; Eph. 5, 14. [4]) vgl. z. 1 Tim. 5, 18. [5]) vgl. de Wette gegen Wiesinger, Huther, wie gegen Grotius, Kern u. A.

benen, in welchen er zu wohnen gekommen ist, in der mit dem adverbialen πρὸς φθόνον¹) ausgedrückten Weise, verlangt so nach ihnen, daß er Anderm nicht gönnt, neben ihm in ihnen zu wohnen. Dieß ist aber ein Gedanke, der sich, wenn wir ihn aus der neutestamentlichen Fassung, die ihm Jakobus gegeben hat, ins Alttestamentliche zurücküberseßen, in der alttestamentlichen Schrift oft genug ausgesprochen findet, vor allem Exod. 20, 5. Denn alttestamentlich wohnt Jehova inmitten seines Volks, ²)בְּתוֹךְ בְּנֵי יִשְׂרָאֵל, und will allein da wohnen mit Ausschluß anderer Götter, denn er ist אֵל קַנָּא, wie es dort, θεὸς ζηλωτής, wie es in der Uebersetzung heißt. Ζῆλος aber und φθόνος sind nächstverwandte Begriffe. Der Apostel hat nun, wie es auch sonst von dem Wohnen Gottes in den Christen heißt, daß sein Geist in ihnen wohne³), jenen alttestamentlichen Gedanken so ins Neutestamentliche übertragen, daß er von dem heiligen Geiste sagt, er, den Gott den einzelnen Christen innewohnen macht, wie Jehova inmitten seines Volks gewohnt hat, verlange sie gegen alles, was sonst in ihnen wohnen möchte, neidisch, also ausschließlich zu seiner Wohnung zu haben: ein Gedanke, welcher dem entspricht, daß der Christ, welcher der Liebe zur Welt bei sich Raum giebt, nicht daneben Gott lieben kann, sondern als Feind gegen Gott zu stehen kommt, weil er das, was Gott ausschließlich beansprucht, an Anderes hingiebt. Daß Jakobus des heiligen Geistes in seinem Briefe sonst nicht gedenkt, wird man gegen diese Erklärung doch hoffentlich nicht geltendmachen wollen. Denn was wäre das für ein Christ, der Nichts davon wüßte oder wissen wollte, daß Gott den Geist seines Sohnes in unsere Herzen entsendet hat?⁴)

Achte Ermahnung, von der hoffärtigen Sicherheit zu lassen, die der Gnade, welche Gott durch seinen Geist giebt, nicht zu bedürfen meint. 4, 6—10

Hinter der mit Eph. 5, 14 vergleichbaren Schriftanführung, welche den bisherigen Gedankenzusammenhang abschließt, geht der Apostel mit δέ zu dem Saße über μείζονα δίδωσιν χάριν, welcher daran erinnert, daß Exod. 20, 6 Jehova eben dort, wo er sich אֵל קַנָּא genannt hat, von sich sagt וְעֹשֶׂה חֶסֶד לַאֲלָפִים. Der Gegensatz von ἐπιποθεῖ und δίδωσιν bringt mit sich, daß das Subjekt des

¹) vgl. Kühner Gramm. II. S. 450. ²) Exod. 29, 45. ³) vgl. z. B. 1 Kor. 3, 16. ⁴) gegen Huther.

erstern und nicht das unausgesprochene Subjekt von κατῴκισεν Subjekt des letztern ist. Aber freilich ist das, was der von Gott uns zugetheilte Geist giebt, ebenso Gottes Gabe, wie dessen Verlangen, ausschließlich in uns zu wohnen, Verlangen Gottes ist, der ihn hat in uns wohnen machen. Der uns ausschließlich besitzen will, giebt dafür seinerseits, und was er giebt, ist Gabe freier Gunst, ist χάρις. Daß es aber μείζονα χάριν heißt, erklärt sich aus der Beziehung auf das, worauf verzichten muß, wer nur den Geist Gottes und nichts neben ihm in sich wohnen läßt¹). Wenn man statt dessen den Comparativus bedeuten ließ, die Gnade sei größer, als wenn jenes ἐπιποθεῖν πρὸς φθόνον nicht statt fände²), so ergab diese Außerachtlassung des Gegensatzes zwischen ἐπιποθεῖν und διδόναι den unmöglichen Gedanken, als ob wir, wenn der Geist uns nicht ausschließlich in Anspruch nähme, wohl auch Gnade erhielten, aber mindere. Was er an Gnade giebt, ist die Meinung, überwiegt dasjenige, was er mit seinem Verlangen, allein in uns zu wohnen, von uns ausschließt. Daß sich der Apostel hiemit von dem, was er von der Unfrieden wirkenden Weltliebe gesagt hat, einem andern Gedanken zuwendet, erhellt aus dem im Anschlusse an die Worte μείζονα δὲ δίδωσιν χάριν angeführten Schriftworte, welches wir 1 Petr. 5, 5 als einen in des Petrus eigene Rede verflochtenen Satz gelesen haben, indem ihm Jakobus die mit dem Vorangegangenen nicht mehr zusammenhängende Ermahnung entnimmt ὑποτάγητε οὖν τῷ θεῷ. Schon deshalb könnten wir, auch wenn wir die in V. 5 angezogene Schriftstelle nicht aufgefunden hätten, der verzweifelten Auskunft derer nicht zufallen, die, was dort hinter ἡ γραφὴ λέγει folgt, für eine Zwischenrede achten, nach welcher erst jetzt mit διὸ λέγει die dort in Absicht gewesene Schriftstelle folge³). Wie sollte der Satz, daß Gott Hoffärtigen entgegen ist, Demüthigen aber Gnade giebt, zu einem Beweise dafür dienen, daß man die Welt nicht lieben könne, ohne als Gotte feindlich zu stehen zu kommen? Die Demuth, die sich dessen bedürftig achtet, was Gott giebt, und es sich von ihm als Gabe seiner freien Gunst geben läßt, ist das Widerspiel einer Hoffart, die Gottes nicht zu

---

¹) vgl. z. B. Schneckenburger, Kern. ²) so de Wette, Wiesinger, Huther.
³) so Kern, Wiesinger, Huther.

bedürfen meint, weil sie schon selbst habe, worauf sie stolz sein kann. Was hat nun diese Hoffart gemein mit der Weltliebe, welche dadurch Ursache des Unfriedens wird, daß sie nicht hat, wornach sie gelüstet, und es deshalb Anderen abzustreiten und abzubringen sucht? Das gegen letztere geltendgemachte Schriftwort, welches das Einwohnen des heiligen Geistes als ein den Menschen ungetheilt in Anspruch nehmendes, also alle Lust an der Welt ausschließendes betont hat, führte den Apostel auf den andern Gedanken, wie sehr Gott den Menschen durch die Gnade schadlos hält, die er durch seinen Geist ihm giebt. Aber Gabe freier Gunst ist es, was er giebt, und geben muß man es sich lassen von ihm. Und so wendet sich nun die bisher gegen die begehrliche Weltlust gerichtete Rede wider die Hoffart, welche das, was Gott als Gnade giebt, schon selbst zu haben und also Gottes nicht zu bedürfen meint.. Das Begehren, um das es sich dort handelte, ging auf Weltliches, die Hoffart dagegen, welche der Apostel rügt, achtet sich geistlichen Besitzes reich genug, um keiner Gabe der Gnade Gottes zu bedürfen. Den Uebergang von jenem zu dieser hat sich der Apostel dadurch gebahnt, daß er das gegen ersteres geltendgemachte Schriftwort in die neutestamentliche Fassung gebracht hat, in der er es anführt, indem nun der heilige Geist es ist, von welchem beides gilt, daß er nichts Anderes im Menschen neben sich duldet, und daß er aber auch reiche Gnade giebt.

Wenn sich der Apostel mit dem Satze μείζονα δὲ δίδωσιν χάριν einer andern Ermahnung zugewendet hat, so redet er auch mit ὑποτάγητε οὖν τῷ θεῷ nicht mehr dieselben an, welchen die vorherige Anrede gegolten hat. Die nun folgende gilt den Lesern in so weit, als sie es an dem fehlen lassen, was die Bedingung ist, um geistliche Gabe aus Gottes Hand zu empfangen. Diese Bedingung ist, daß man sich Gotte untergebe, statt ihm selbstgenügsam gegenüberzustehen. Denn dieß ist der Gegensatz zu ὑποτάγητε τῷ θεῷ, und nicht der Mangel an Gehorsam[1]) oder die, wie man sagt, hoffärtige Weltliebe[2]), deren wesentliche Eigenschaft etwas ganz Anderes ist, als Hoffart. Wenn er dann fortfährt ἀντίστητε τῷ διαβόλῳ καὶ φεύξεται ἀφ' ὑμῶν, so will diese Ermahnung gleich mit der andern

---

[1]) gegen Schneckenburger. [2]) gegen de Wette, Wiesinger.

ἐγγίσατε τῷ θεῷ καὶ ἐγγιεῖ ὑμῖν zusammengefaßt sein. Daß der Teufel der Welt Fürst ist, kann man nur dann bemerken zu sollen vermeinen[1]), wenn man die Ermahnung noch immer gegen die Weltliebe gerichtet wähnt. Aber die Verheißung καὶ φεύξεται ἀφ' ὑμῶν giebt zu erkennen, daß der Satz denen gilt, die es auf Rechnung des Teufels schreiben, wenn es mit ihnen nicht so steht, wie es sollte. In Wahrheit lassen sie es daran fehlen, daß sie ihm nicht widerstehen. Oder sie schreiben es auf Rechnung Gottes, der sich von ihnen fern halte, während sie es daran fehlen lassen, ihm nahe zu treten, womit nicht Hinkehr zu Gott gemeint ist[2]), sondern, wie der Ausdruck lautet, ein Hinzunahen zu ihm, welches nicht anders geschehen kann, als im Gebete[3]). Wo der Teufel Widerstand findet, da weicht er zurück, weil seine Versuchung zur Sünde erfolglos ist, und wer betend Gott angeht, dem tritt er nahe mit seinem erbetenen Beistande. Aber die Hände, die man zum Gebete erhebt[4]), müssen frei sein von Schmutz der Sünde, und das Herz, mit dem man vor Gott tritt, darf nicht entweiht sein durch solches, das ihm fremd ist[5]). So ist die Ermahnung καθαρίσατε χεῖρας und ἁγνίσατε καρδίας hinter ἐγγίσατε τῷ θεῷ veranlaßt. Wenn sie ἁμαρτωλοί sind, deren Hände durch ihr Thun befleckt ist, und δίψυχοι, deren Herz nur getheilt Gotte gehört, dann sind sie ungeeignet, vor Gott zu treten. Aber sie fragen Nichts darnach, ob sie die Sünde ihrer Hände und die Entweihung ihres Herzens von Gott scheidet, sondern beruhigen sich dabei, daß der Teufel sie vergewaltige und Gott ihnen fern bleibe, statt darüber Leid zu tragen, daß es mit ihnen steht, wie es nicht sollte. Drum ruft ihnen der Apostel zu ταλαιπωρήσατε καὶ πενθήσατε καὶ κλαύσατε, nicht im Gegensatze gegen Lust und Freude des weltlichen Lebens[6]), sondern im Gegensatze gegen die Sicherheit und Selbstzufriedenheit, in welcher sie dahinleben: wobei ταλαιπωρεῖν das empfundene Elend, πενθεῖν dessen Aeußerung in Geberde und Wort, κλαίειν die Wirkung der Schmerzlichkeit desselben ist. Statt zu lachen, sollten sie trauern, statt fröhlich auszuschauen, gesenkten Blickes stehen. So steht es mit ihnen, weil sie ὑπερήφανοι

---

[1]) so z. B. Huther. [2]) gegen Wiesinger, Huther. [3]) vgl. z. Hebr. 7, 19.
[4]) vgl. Huther. [5]) vgl. 2 Kor. 11, 2 f. [6]) so z. B. de Wette, Huther.

sind, nicht ταπεινοί. Daher der Schlußzuruf ταπεινώθητε ἐνώπιον κυρίου καὶ ὑψώσει ὑμᾶς, nachdem es zu Anfang geheißen hatte ὑποτάγητε τῷ θεῷ. Die Selbstuntergebung unter Gott sollte ihnen dazu dienen, aus seiner Hand die Gnade zu empfangen, die er giebt. Aber der Selbstdemüthigung vor Gott bedürfen sie, weil sie in solcher Sicherheit dahinleben, als fehle ihnen Nichts. Die Verheißung ὑψώσει ὑμᾶς ist nach Maßgabe des ταπεινώθητε zu verstehen ohne Rücksicht auf die wesentlich anders geartete Stelle 1 Petr. 5, 6. Hier ist die Selbstdemüthigung vor, nicht unter Gott die aus dem Bewußtsein des Unwerths folgende Beugung des sonst in Sicherheit aufrecht Stehenden, und also die Erhöhung aus dieser Niedrigkeit nicht eine Begabung weder mit verborgener, noch mit zukünftiger Herrlichkeit[1]), sondern die Emporhebung in den Stand eines bei Gott in Gnaden Stehenden und deshalb seiner Gnadengaben Theilhaftigen.

Mit der Warnung, sich nicht zum Lehrer aufzuwerfen, weil Zungensünden zu vermeiden das Schwerste sei, hat der Apostel 3, 1 angehoben, ist 3, 12 dazu fortgeschritten, zu sagen, wer zum Lehrer tauge, was ihn auf eine Weisheit führte, die nur Unfrieden schafft, hat dann 4, 1 ff. alles Unfriedens Ursache in der Begehrlichkeit der Lust an dieser Welt aufgezeigt, und 4, 6 ff. ihr gegenüber die geistliche Selbstzufriedenheit gestraft. Der Satz, daß Gutes nur da geschaffen wird, wo Friede ist, hat ihn von der ungeistlichen Weisheit, die Unfrieden wirkt, übergeführt zur Rüge der gottfeindlichen Lust an der Welt, aus welcher der Unfriede kommt; und der Satz, daß da, wo man ausschließlich dem Geiste Gottes Raum giebt, seine Gnaden zu Theil werden, hat ihn übergeführt zur Rüge der selbstgenügsamen Sicherheit, die ihrer nicht zu bedürfen meint. Von einer teuflischen Weisheit hat er zu sagen gehabt, die von der Leidenschaft der Eigensucht getrieben wird, von einer begehrlichen Lust an der Welt, die mit Menschen und mit Gott in Feindschaft lebt, von einer Unbußfertigkeit, die sich so, wie sie ist, gut genug und der gnadespendenden Hand Gottes überhoben dünkt. Zur äußersten Schärfe ist seine Rüge wider dieß alles fortgeschritten.

---

[1]) gegen Wiesinger, Huther, Brückner u. A.

Daß er den Ton jetzt wieder milder stimmt, giebt schon die Anrede ἀδελφοί zu erkennen, die hier zum ersten Male seit 3, 12 wiederkehrt. Sie sollen nicht übel von einander reden, sollen einander nicht richten. Denn hiezu erweitert sich die Ermahnung, wenn er sagt, wer übel von einem Bruder rede oder den richte, der sein Bruder ist, der rede übel vom Gesetze und richte das Gesetz. Die beiden Begriffe καταλαλεῖν und κρίνειν verhalten sich nicht so zu einander, daß letzteres die Voraussetzung des erstern ist[1]), weil nicht ein innerliches, sondern ein lautes Urtheilen gemeint ist. Ihr Unterschied beschränkt sich darauf, daß das Eine zu Ungunsten des Bruders, das Andere mit Selbstüberhebung über ihn geschieht. Dem entspricht auch, daß es das eine Mal ἀδελφοῦ, das andere Mal τὸν ἀδελφὸν αὐτοῦ heißt. Von Einem, der ein Bruder ist, sollte man nicht zu seinen Ungunsten übel reden: es ist eine Verletzung des brüderlichen Verhältnisses überhaupt. Und richten sollte kein Christ den, der sein Bruder ist, weil derselbe als solcher ihm gleichsteht, was diese Selbstüberhebung über ihn ausschließt. Von dem Erstern sagt der Apostel, daß es ein καταλαλεῖν νόμου, von dem Andern, daß es ein κρίνειν νόμου sei, bleibt aber dann bei der letztern Bezeichnung stehen, weil dem Gesetze gegenüber καταλαλεῖν und κρίνειν eins und dasselbe ist. Dieses Schmähen und Richten des Gesetzes darf man nicht umdeuten in Uebertretung desselben, daß man etwa sagt, ein verbotener Angriff auf den Mitchristen sei ein Angriff auf das verbietende Gesetz[2]), welches man dann ohne andern Grund, als weil sonst von jedem Uebertreter des Gesetzes gälte, daß er ein Richter desselben sei, als das Gebot der Liebe näherbestimmt[3]). Wie könnte es von dem so Thuenden heißen, er sei, statt ein Thäter des Gesetzes, ein Richter? Daß ein Uebertreter des Gesetzes kein Thäter desselben sei, wäre doch eine wunderliche Belehrung, und daß Einer, der es übertritt, was dann die Meinung von εἰ νόμον κρίνεις sein müßte, hiemit ein Richter sei, wäre, mag man νόμον zu κριτής ergänzen oder nicht, schlechthin sinnlos. Dem letztern Uebelstande entgeht, wer unter dem Schmähen und Richten des Gesetzes versteht, daß es, nämlich das

---

[1]) so Huther. [2]) so z. B. Kern, Schneckenburger. [3]) so z. B. Wiesinger.

Gesetz der Liebe, als ein nicht zu Recht bestehendes zurückgewiesen, seine Tendenz, zu retten, statt zu verdammen, verurtheilt werde[1]). Aber wenn schon die Einschränkung des Gesetzes auf das Gebot der Liebe unberechtigt ist, so ist vollends nicht abzusehen, mit welchem Rechte Uebertretung desselben eine Verurtheilung desselben, eine Aberkennung seiner Berechtigung heißen könne. Wer sich ihrer schuldig macht, verneint ja nicht, daß es überhaupt zu Recht bestehe, sondern handelt nur, als wäre es nicht vorhanden. Und wie kann einem solchen gegenüber geltendgemacht werden, was in V. 12 folgt, daß Gott allein Gesetzgeber ist, da er doch kein Gesetz giebt, sondern nur das von Gott gegebene sich nicht gelten läßt? Annehmbarer ist doch wohl die Auffassung, ein seinen Mitchristen Schmähender oder Richtender thue so, als ob es das Gesetz an sich fehlen lasse, weshalb er ihm ins Amt eingreifen müsse[2]). Oder, wie vielleicht genauer zu sagen ist, anstatt nur das Gesetz zu Worte kommen zu lassen, welches ja freilich gegen Uebertreter gehandhabt sein will, wie es der Apostel selbst so eben gehandhabt hat, macht er seiner Ungunst gegen den Luft, mit dem er doch demselben Gesetze untersteht, indem er übel von ihm spricht, weil er eben übel auf ihn zu sprechen ist, und giebt er ein Urtheil über ihn ab, mit dem er ihn verurtheilt, ohne ein anderes Recht hiezu zu haben, als daß er sich selbst über ihn zu Gericht setzt und den Maßstab seines Urtheils aus sich selbst entnimmt. Damit spricht er aber übel vom Gesetze, indem es so zu stehen kommt, als ob dem, was Rechtens ist, sein Recht nicht geschähe, wenn er es bei der Handhabung des Gesetzes bewenden ließe und sich dessen, was er thut, entschlüge; und er richtet das Gesetz, indem es so zu stehen kommt, als ob dem, über welchen er sich zu Gericht setzt, sein Recht nicht geschähe, wenn er nicht mit seinem nach eigenem Maßstabe gesprochenen Urtheile in eine Lücke einträte, welche das Gesetz offen läßt. Von einem solchen gilt dann allerdings, daß er damit aus einem Thäter des Gesetzes ein Richter wird, nämlich nicht ein Richter des Gesetzes, welche Ergänzung von νόμον den Vordersatz und Nachsatz vereinerleit[3]), sondern ein Richter schlechthin. Aber nicht damit wird er es, daß er ein Gesetz giebt, wornach er

---

[1]) so Huther.   [2]) so Bengel.   [3]) gegen Wiesinger u. A.

richtet, was ja nicht Sache des Richters ist¹), sondern damit, daß er sich zum göttlichen Gesetze stellt, wie ein Richter zum bürgerlichen, dessen Unzulänglichkeit der richterlichen Ausdeutung bedarf, damit es seine Anwendung auf den einzelnen Fall finde. Einem solchen gilt dann auch das Wort, daß der, welcher erretten und verderben kann, also die Macht des Vollzugs besitzt, der alleinige Gesetzgeber und Richter ist. Denn er thut, als ob er das Gesetz seinem eigenen Ermessen unterziehen und nach seiner Deutung desselben über den, der doch sein Nächster ist und mit dem zusammen er also dem Gesetze untersteht, rechtskräftiges Urtheil sprechen könne.

Es ist eine Selbstüberhebung, und zwar nicht blos dem Nächsten, sondern auch dem einigen Gesetzgeber und Richter gegenüber, wenn ein Christ vom Mitchristen übel redet oder richterlich über ihn urtheilt. Wer so thut, läßt es also an der Selbstdemüthigung vor Gott fehlen, zu welcher der Apostel ermahnt hat, ehe er vor dieser Versündigung warnte. Und es ist wiederum eine Selbstüberhebung anderer Art, die er an denen rügt, denen er sich mit einem der biblischen Sprache sonst fremden, die Ermahnung bringlich machenden ἄγε νῦν nunmehr zuwendet. Er benennt sie gleich nach dem, womit sie sich versündigen und um was er sie straft. Es ist die leichtfertige Sprache, die sie führen, wenn sie von dem reden, was sie vorhaben, gleich als stände nur bei ihnen, es auch zu thun. Indem er sie aber so redend einführt, ergiebt sich von selbst, daß er solche Leichtfertigkeit nur beispielsweise mit einer derartigen Rede kennzeichnet, die nun aber auch besonders geeignet ist, sie zu kennzeichnen²). Ob σήμερον ἢ αὔριον oder σήμερον καὶ αὔριον zu lesen sei, wird sich nur darnach entscheiden lassen, welches von beidem am wahrscheinlichsten mit dem andern vertauscht worden ist. Hat man πορευσόμεθα vom Wandern zu verstehen, so paßt ἢ nicht, und hat man es von der Abreise zu verstehen, so paßt καί nicht. Im letztern Falle sprechen die zur Abreise Gerüsteten, im erstern die auf der Wanderung Befindlichen. In beiden Fällen stellen sie sich an, als ob ihnen das Morgen ebenso gewiß wäre, wie das Heute, mehr jedoch, wenn sie so sprechen, als stehe es bei ihnen, wann sie den Ort,

und zehnte Ermahnung, sich des nicht minder der Demuth widerstreitenden Gebahrens, als verfüge man frei über seinen Lebensweg, zu begeben. 4, 13—17.

---

¹) gegen Huther. ²) vgl. Kern.

wo sie sind, verlassen wollen. Da nun καὶ auch die Vermuthung gegen sich hat, aus Luc. 13, 33 entnommen zu sein, so dürfte ἤ den Vorzug verdienen[1]). Sie sagen εἰς τήνδε τὴν πόλιν, weil sie im Gespräche über ihr Vorhaben begriffen gedacht sind, und ἕνα bei ἐνιαυτόν dient, die dort zuzubringende[2]) Zeit so bestimmt zu begränzen, daß sie schon darauf denken, was sie thun werden, wenn dieses Jahr um ist. Sie wissen auch gewiß, nicht blos, was sie dort treiben, sondern auch daß sie ihren Handel mit Gewinn betreiben werden. Solche Gewißheit auszudrücken, sind Futura geeigneter, als Conjunctivi, und zwar gilt dieß nicht blos für ἐμπορευσόμεθα καὶ κερδήσομεν, sondern auch für πορευσόμεθα und ποιήσομεν[3]). Am wenigsten kann man zwischen den Futuris den einzigen Conjunctivus ποιήσωμεν lesen[4]). Der mit οἵτινες angeschlossene Satz giebt dann denen, die so sprechen, zu bedenken, wie thöricht solche Rede ist. Wissen sie doch nicht, was der nächste Tag bringt! Was hierauf folgt, ist nicht sowohl Frage, als Ausruf, und sein γάρ bezieht sich nicht sowohl darauf, daß sie, was der nächste Tag bringen werde, nicht wissen, als vielmehr auf das, was er bringen kann[5]). Diesem Satze ist dann der folgende mit γάρ angeschlossen, weil er die Vergänglichkeit des menschlichen Lebens, welche mit dem Ausrufe gemeint war, nun eigens aussagt. Daß ἀτμὶς γάρ ἐστε zu lesen ist, nicht ἐστιν, wie man leicht zu schreiben versucht war, weil es scheint, als müßten beide Sätze dasselbe Subjekt haben, wird auch durch die Lesart ἔσται bestätigt. Ein Dampf, sagt der Apostel, seid ihr. Denn „Rauch"; wenn man dieß Wort genau nimmt, kann die Bedeutung von ἀτμίς nicht sein[6]); sonst wäre die Verbindung ἀτμὶς καπνοῦ[7]) nicht möglich. Seine eigentliche Bedeutung erhellt, wenn Weish. Sal. 7, 25 ἀτμὶς τῆς δυνάμεως neben ἀπόρροια τῆς δόξης steht. Es ist Aushauch jeder Art, und bei dieser allgemeinern Bedeutung hat man es auch hier zu belassen. Mag man sich den Aushauch eines Feuers oder einer Feuchtigkeit oder eines Mundes denken, immer ist es ein augenblicklich sichtbarer, aber dann zerfließender und ins Unsichtbare verschwimmender Hauch, wie der nachträgliche Beisatz zu ἀτμίς besagt, welcher

---

[1]) so Tischendorf und Tregelles. [2]) vgl. z. B. Act. 20, 3. [3]) gegen Theile. [4]) wie Tregelles. [5]) vgl. Prov. 27, 1. [6]) gegen Huther. [7]) Act. 2, 19.

deshalb den Artikel hat, weil nicht, was für einen Hauch oder Dampf man sich zu denken habe, sondern das von jedem Hauch Geltende gesagt sein soll. Das καί aber hinter ἔπειτα, statt dessen weder das leichtere δέ, noch das aus beidem entstandene und ebenfalls leichtere δὲ καί zu lesen ist, will nicht so verstanden sein, daß der Dampf wie erscheine, so auch verschwinde[1]), da es nicht bloß heißt, er erscheine, sondern er werde für eine kleine Zeit sichtbar. Mit Bezug auf πρὸς ὀλίγον bedeutet es, er verschwinde darnach auch wirklich[2]), dem entsprechend, daß er nur für kurze Zeit sichtbar wird.

Der Apostel hat die mit dem Vocativus οἱ λέγοντες eingeführte Rede über den die Thorheit derselben zu Gemüthe führenden Sätzen, die er ihr angeschlossen hat, so wenig außer Acht gelassen, daß er ihr mit ἀντὶ τοῦ λέγειν ὑμᾶς entgegenstellt, wie sie sagen sollten. Für die Lesart ποιήσομεν spricht hier derselbe Grund, wie für die Futura des 13. Verses. Aber auch ζήσομεν wird zu lesen sein, und zwar ohne daß es deswegen dem Nachsatze angehört[3]), wo es mit ποιήσομεν τοῦτο ἢ ἐκεῖνο unpassender Weise durch καί - καί auf gleiche Linie gestellt wäre, unpassend namentlich dann, wenn wir vorher zwischen den beiden Sätzen, daß man heute nicht weiß, was morgen sein wird, und daß das menschliche Leben vergänglich ist, richtig unterschieden haben. Was man in Aussicht nimmt, ist nicht, daß man leben, sondern daß man dieß oder jenes thun werde. Der Einwand, es sei umgekehrt das Passendere, daß ἐὰν ὁ κύριος θελήσῃ die einzige Bedingung bleibe, erledigt sich durch richtige Auffassung des Unterschieds zwischen den beiden Modis θελήσῃ und ζήσομεν. Daß ἐάν, und zwar nicht ausschließlich in der spätern Sprache, mit dem Indicativus Futuri verbunden vorkommt, sollte man nicht läugnen[4]) und die neutestamentlichen Vorkommnisse solcher Art[5]), wo sie gut beglaubigt sind, gegen entgegenstehende Lesarten aufrechterhalten[6]). Im vorliegenden Falle ist dann freilich beiderlei Konstruktion verbunden, aber nicht ohne Grund. Die beiden Modi sind verschieden

---

[1]) gegen Wiesinger, Huther. [2]) vgl. Hartung Lehre v. d. Part. I. S. 132. [3]) gegen Wiesinger, Huther. [4]) vgl. Bremi z. Lys. acc. Alcib. 13 u. de affect. tyr. 4. [5]) z. B. Luc. 19, 40; Joh. 8, 36. [6]) vgl. Buttmann Gramm. des neutest. Sprachgebr. S. 191.

gedacht. Wie *εἰ* mit dem Futurum die Bedingung als etwas in der Zukunft wirklich eintretendes, dagegen *ἐάν* mit dem Conjunctivus als etwas, dessen Verwirklichung nur in Aussicht genommen ist, bezeichnet¹), so folgt hier hinter *ἐάν ὁ κύριος θελήσῃ*, welches die schlechthinige Abhängigkeit des beabsichtigten Thuns von dem unbekannten Willen Gottes ausdrückt, das Futurum *καὶ ζήσομεν*, weil dieß, daß wir leben werden, etwas alsdann wirklich statthabendes ist. Und so soll man in der That sprechen. Man soll das, was man thun werde, nicht anders vorhersagen, als mit dem ausgesprochenen Bewußtsein, daß es ganz und gar von Gottes Willen abhängt, welcher dann, wenn er es zuläßt, auch die andere Bedingung in sich schließt, daß wir zur Zeit, wo es zu geschehen hat, noch am Leben sind. Statt so zu sprechen, sagt der Apostel, mit *νῦν δέ* fortfahrend²), berühmt ihr euch mit euren Großthuereien. Ihre *ἀλαζονείαι* sind nichts Anderes, als solche Reden, solche *ἀλαζόνες λόγοι*, wie V. 13, und thut eine Berufung auf 1 Joh. 2, 16, wo *ἀλαζονεία τοῦ βίου* verbunden ist, Nichts zur Sache³). Und da solches *ἀλαζονεύεσθαι* selbst ein *καυχᾶσθαι* ist, so können sie nicht das sein, dessen sie sich berühmen⁴), sondern sind das, womit sie, indem sie solche Reden führen, stolz thun. Denn einer geflissentlichen Selbstüberhebung zeiht sie der Apostel nicht, geschweige daß er ein gottesvergessenes Treiben schildert, welches so schlimm ist, daß nur Nichtchristen die Schuldigen sein können⁵), sondern er rügt nur, daß sie reden, als wenn sie selbstherrlich über sich verfügten. Sonst würde er ganz anders zu ihnen sprechen, als daß er ihnen vorhält, alles derartige Sichselbstberühmen sei von Uebel, und hinzufügt, wenn Einer Gutes zu thun wisse und es nicht thue, sei es ihm Sünde: eine Erinnerung, die freilich keine Aufforderung zur Buße ist, aus deren Unterlassung man wohl gar auf die erschreckliche Gottlosigkeit des gerügten Treibens schloß⁶), wohl aber eine ernste Mahnung, sich vor so leichtfertiger Redeweise zu hüten. Das diese beiden Sätze verbindende *οὖν* kann nicht so gemeint sein, als solle der zweite Ergebniß aus dem ersten oder überhaupt aus dem Vorhergehenden sein. Er kann seinem Inhalte nach weder

---

¹) vgl. Kühner Gramm. II. S. 976. ²) vgl. z. B. Luc. 19, 42. ³) gegen Huther. ⁴) gegen Wiesinger. ⁵) gegen Huther. ⁶) so Huther.

hiefür[1]), noch für eine Nutzanwendung des ersten[2]) gelten wollen, sondern οὖν ist, wie so oft in den neutestamentlichen Schriften, nur Uebergangsformel von Einem zum hinzutretenden Andern[3]). Mit dem Satze, daß alles derartige Sichberühmen von Uebel ist, wird der andere verflochten, daß sich versündigt, wer Gutes zu thun weiß und es nicht thut, um die Entschuldigung solcher Redeweise abzuschneiden, daß sie ja nicht so gemeint sei, als ob man sich wirklich über Gott hinwegsetze. Der Apostel hat gesagt, wie man sprechen solle, und setzt voraus, daß die, deren Redeweise er rügt, wohl wissen, es wäre besser, so zu sprechen, wie er verlangt. Dann ist aber, daß sie das ἐὰν ὁ κύριος θελήσῃ ungesagt lassen, eine Versündigung, und, wenn es dieß ist, nicht leicht zu nehmen. Wenn auch nur Folge einer schlechten Gewöhnung, bleibt es immer eine Selbstüberhebung Gotte gegenüber, deren sich ein Christ auch in Worten nicht schuldig machen würde, wenn er der Pflicht, sich vor Gott zu demüthigen, in seinem Herzen allezeit eingedenk wäre. Als Verfehlung gegen diese Pflicht, als Selbstüberhebung Gotte gegenüber gleicht, was hier gerügt ist, dem, was der Apostel V. 11 f. gerügt hat, so daß sich beides seiner Ermahnung ταπεινώθητε ἐνώπιον κυρίου anschließt. Er hat dieß solchen zugerufen, die er als um die eigene Sünde und um das Bedürfniß der göttlichen Gnaden Unbekümmerte mit scharfen Worten strafte. Es gilt aber auch solchen, zu denen er als zu Brüdern sprechen konnte, die aber die schlimme Gewohnheit haben, von Mitchristen übel zu reden und sich über sie zu Gerichte zu setzen, oder im täglichen Leben eine Sprache zu führen, als ob sie ihres Thuns und Lassens selbsteigene Herren wären, jenes eine Selbstüberhebung, mit der man sich dessen anmaßt, was allein Gottes Sache ist, dieses eine Selbstüberhebung, mit der man sich anstellt, als habe man keinen Gott über sich, jenes ein Reden, bei dem man nicht bedenkt, dieses ein Reden, von dem man selbst weiß, daß es Selbstüberhebung ist.

Mit ἄγε νῦν hat der Apostel 4, 13 angehoben, mit eben solchem ἄγε νῦν hebt er 5, 1 wieder an. Dieser rein äußerliche Umstand

---

[1]) gegen Wiesinger, Huther. [2]) gegen Kern. [3]) vgl. Kühner Gramm. II. S. 712.

hat dazu verleitet, zu wähnen, er fange dort schon das an, was hier folgt, und habe schon dort den Imperativsatz κλαύσατε ὀλολύζοντες im Sinne, welchen er jetzt den Reichen zuruft; was dann zur Folge hatte, daß man die dort Angeredeten bereits für eben diese Reichen hielt, während doch nichts von ihnen ausgesagt wird, was nicht bei Jedwedem vorkommt, er sei reich oder arm[1]). Es wird keiner Widerlegung dieser seltsamen Mißdeutung bedürfen, wenn wir die vorige Rüge recht verstanden haben. Denn daß sich 4, 13 die Anrede ἀδελφοί nicht findet, kann hier, wo sie neben der die Versündigung namhaft machenden Anrede keine Stelle hatte, sicherlich nicht mehr befremden, als 5, 13 und 16. Und daß hinter ἄγε νῦν kein Imperativsatz folgt, erklärt sich aus dem Zwischentritte der an die gerügte Rede sich anschließenden Sätze. Es war aber auch wohl gar nicht auf einen Imperativsatz abgesehen, sondern ἄγε νῦν dient nur, wie ja ἄγε, φέρε auch einer ersten Person des Conjunctivus vorangehen kann[2]), die Aufmerksamkeit lebhaft auf das, was folgt, zu lenken[3]): es ist der Zuruf dessen, der jetzt von denen gehört sein will, an die er sich wendet und die er deshalb auch gleich mit Namen nennt. Und dieselbe Bewandniß hat es mit dem ἄγε νῦν 5, 1. An die Reichen wendet er sich jetzt. Daß sie außerhalb der Bekennerschaft Jesu, unter den Juden[4]) oder unter den Heiden[5]), zu suchen seien, ist durch Nichts angedeutet. Wir sind nicht berechtigt, die Anrede diesmal nur für rednerische Einkleidung eines Aufrufs über solche zu achten, die dem in der Ueberschrift des Briefs bezeichneten Leserkreise fremd waren. Und daß es unter den Bekennern Jesu Reiche gab, haben wir 1, 10 gesehen. Wenn nun der Apostel, die es sind, sonderlich anredet und so sehr anders zu ihnen spricht, als Paulus 1 Tim. 6, 17 die Reichen vermahnen heißt, so meint er diejenigen, deren sittlichen Stand er damit bezeichnet, daß er sie die Reichen nennt. Nicht daß sie sich durch großen Besitz von den Anderen unterscheiden, macht sie zum Gegenstande seines strafenden Weherufs, wie er denn auch nicht im Gegensatze gegen sie zu den Armen spricht, sondern daß ihre Lebensrichtung darin aufgeht, reich zu sein.

---

[1]) so namentlich Huther. [2]) vgl. Kühner Gramm. II.. S. 185. [3]) vgl. Theile. [4]) so zuletzt Huther und Beyschlag in d. theol. Stud. u. Krit. 1874 S. 130 f. [5]) so Hilgenfeld in der Zeitschr. f. wiss. Theol. 1873 S. 24.

Hat der Apostel im vorigen Abschnitte solche gestraft, die der Vergänglichkeit des irdischen Lebens vergessen, so wendet er sich jetzt gegen die, welche nur der Gegenwart dieser Welt leben und des Endes nicht gedenken. Sie heißt er mit lautem Aufschrei des Jammers weinen ob ihrem, wie es im Gegensatze zu ihrer fröhlichen Gegenwart heißt, zukünftigen mannigfaltigen Elende, das ihrer wartet, wenn diese Welt mit ihrer Lust vergeht, und nicht, wie man geschmacklos gemeint hat¹), wenn Jerusalem zerstört wird. In perfektischen Sätzen schildert der Apostel, wie es dann mit ihnen steht, nachdem das Ende der gegenwärtigen Weltzeit eingetreten ist, aber mit derjenigen Bildlichkeit, welche damit gegeben ist, daß er ihr dereinstiges Elend als das Elend solcher, die vordem reich gewesen sind, und demnach als einen Zustand schildert, wo das für sie verloren ist, was vordem ihre Glückseligkeit ausgemacht hatte. Ihr Reichthum, heißt es, ist verwest, ein Ausdruck, welcher deshalb gewählt ist, weil Fäulniß und Verwesung die traurigste Gestalt des Vergehens ist. Dann aber wird, was hiemit im Allgemeinen gesagt ist, in der Art ins Einzelne ausgeführt, daß dasjenige, womit sie Prunk getrieben haben, als entsprechendem Verderben, dem Verderben durch Motten und Rost²) anheimgefallen geschildert wird. Mottenfraß³) hat die Gewänder verzehrt, in denen sie geprangt haben; von Rost zerfressen und werthlos gemacht ist ihr Gold und Silber⁴). Ob Jakobus gewußt hat, daß diesen Metallen der Rost Nichts anhat, thut Nichts zur Sache; ihm bot sich dieses Bild um deswillen dar, weil Rost überhaupt das ist, was Metalle verderbt⁵), wie Mottenfraß das ist, was die Wolle zernichtet. Verzehrt ja doch Rost auch das Fleisch nicht⁶), und doch heißt es καὶ ὁ ἰὸς αὐτῶν εἰς μαρτύριον ὑμῖν ἔσται καὶ φάγεται τὰς σάρκας ὑμῶν, wo die Rede in das Futurum übergeht, weil benannt sein soll, was der Verderb des Reichthums für seine Besitzer selbst zur Folge hat. Der Ausdruck εἰς μαρτύριον ὑμῖν ἔσται⁷) kann nur bedeuten, daß ihnen der Verderb ihrer Schätze sagen wird, was hiemit für sie selbst eintritt: in diesem Sinne ist es

Eilftens einstiges Elend anklingendes Strafwort gegen die Reichen. 5, 1—6.

---

¹) so z. B. Grotius. ²) vgl. Matth. 6, 20. ³) vgl. LXX Hiob 13, 28. ⁴) ep. Jer. 11. ⁵) so Huther. ⁶) so Wiesinger. ⁷) vgl. z. B. Matth. 8, 4; 10, 18; 24, 14.

richtig, wenn man erklärt, sie schauen darin ihr eigenes Verderben¹). Daher heißt es dann weiter καὶ φάγεται τὰς σάρκας ὑμῶν. Was ihre Schätze zerstört hat, ergreift auch sie selbst und macht sie zu nichte: ein Verderben, welches so bezeichnet ist, daß der Rost ihnen das Fleisch von den Knochen²) wegfressen werde, weil die Bildlichkeit des Ausdrucks verlangt, daß es als ein Verderben geschildert werde, das sie inmitten ihres Besitzes und also auch bei lebendigem Leibe ergreift und leiblich zerstört. Das Fressen des Rosts mit dem Verzehren des Feuers zu vergleichen, wäre sehr überflüssig, und ἐθησαυρίσατε ἐν ἐσχάταις ἡμέραις für sich allein wäre zu inhaltarm³), da θησαυρίζειν nur durch sein Objekt etwas Schlimmes sein kann⁴). Sonach wird ὡς πῦρ hiezu gehören und nicht zum Vorhergehenden. Ihr Aufspeichern war wie ein Aufspeichern von Feuer, indem ihre Schätze bestimmt waren, sie zu verzehren; und in letzten Tagen, Angesichts des nahen Endes der Dinge haben sie so gethan, ohne zu bedenken, wie bald es mit ihrem Reichthume vorbei sein und wie bald er sich in ihr Verderben verkehren wird. Nur wenn man ὡς πῦρ so verbindet, bildet der Satz den Uebergang zum Folgenden, wo ἰδού auf das hinweist, was ihr Schätzesammeln zu einer Aufspeicherung von Feuer gemacht hat, welches sie jetzt verzehren wird, die Ungerechtigkeiten zu strafen, durch die sie auf Kosten ihrer Mitmenschen reich geworden sind. Als grellstes Beispiel dieser Ungerechtigkeiten benennt der Apostel, daß sie denen, die in ihrem Dienste die saure Arbeit thaten, den Ertrag ihrer Felder⁵) einzuholen, den Lohn vorenthalten und sie hartherzig zur Ueberanstrengung gezwungen haben. Denn so wird zwischen den beiden Sätzen zu unterscheiden sein, indem der zweite an Exod. 2, 23, wo es von den Israeliten heißt ἀνέβη ἡ βοὴ αὐτῶν πρὸς τὸν θεὸν ἀπὸ τῶν ἔργων, so wie andererseits an Jes. 5, 9 erinnert, wo es von verwandter Hartherzigkeit der Erwerbsucht heißt ἠκούσθη εἰς τὰ ὦτα κυρίου σαβαώθ: ein Gebrauch des Gottesnamens יְהוָה צְבָאוֹת, der die Allmacht des Rächers betont, zu welchem die Mißhandelten nicht umsonst gerufen haben. Im erstern Satze ist von dem vorenthaltenen Lohne gesagt,

---

¹) so Wiesinger. ²) vgl. LXX 2 Kön. 9, 36. ³) gegen Huther. ⁴) vgl. Matth. 6, 20 f. u. nicht minder Luc. 12, 21. ⁵) vgl. Luc. 12, 16; Joh. 4, 35.

er schreie, nämlich, wie aus dem andern Versgliede hinzuverstanden sein will, zu Gott¹). Aber nicht von den Reichen her, die ihn unausgezahlt gelassen und bei sich behalten haben, wie ἀφ' ὑμῶν mit κράζει verbunden sagen würde²). Nicht als unausgezahlt, sondern als vorenthalten gebliebener schreit er zu Gott. Ἀπό aber ist hier beim Passivum angemessener, als ὑπό, weil sie ihren Arbeitern den Lohn nicht weggenommen, sondern nur solche Anordnung getroffen haben, daß er ihnen nicht wurde. Ein Zweites, womit sie sich versündigt haben, benennt V. 5. Mit Wohlleben haben sie ihre Zeit auf Erden hingebracht, die eine ganz andere Bestimmung hätte haben sollen. So nämlich wird ἐπὶ τῆς γῆς gemeint sein, nicht im Gegensatze gegen das Gericht, wo es damit vorbei sein werde³), oder zum Himmel, wohin der Aufschrei der von ihnen Bedrückten hinaufkomme⁴). Sich es wohl sein lassen ist die allgemeinere Bedeutung von τρυφᾶν, und Ueppigkeit pflegen in Essen und Trinken und Kleidung die engere Bedeutung von σπαταλᾶν. Ihr habt, sagt der Apostel, eure Herzen gefüttert wie am Schlachttage. Denn ὡς beizubehalten, berechtigt seine Beglaubigung hinreichend⁵), wenn es sich sonst empfiehlt. Und es empfiehlt sich nicht nur, sondern der Gedanke fordert es. Ohne ὡς würde ihnen der Satz entweder zum Vorwurfe machen, daß sie an solchem Tage, wo das Verderben ihnen nahe war, so gethan haben⁶), in welchem Falle aber ἐθρέψατε τὰς καρδίας ὑμῶν keine geeignete Bezeichnung von Sträflichem wäre, da τρέφειν an sich nichts Schlimmes ist⁷) und von Gott gesagt werden kann ἐμπιπλῶν τροφῆς τὰς καρδίας ὑμῶν⁸), sofern eben leibliche Sättigung auch das Gemüth zufrieden stimmt. Oder es müßte betont sein, welches Ende ihrem Wohlleben bevorstand, daß sie sofort von da zur Schlachtbank geführt werden sollten⁹), in welchem Falle der Satz vom vorhergehenden wie vom nachfolgenden inhaltsverschieden wäre, indem er ihr Geschick und nicht ihre Versündigung beträfe. Wird dagegen ὡς beibehalten, so besagt ὡς ἐν ἡμέρᾳ σφαγῆς, wie sie das an sich nicht Unrechte gethan, ihr sinnliches Lebensbedürfniß befriedigt haben. Der Ausdruck

---

¹) vgl. Gen. 4, 10. ²) so Huther. ³) so Wiesinger. ⁴) so Huther.
⁵) vgl. Reiche comm. crit. in N. T. III. S. 236. ⁶) so Huther. ⁷) vgl. z. B. Matth. 25, 37. ⁸) Akt. 14, 17. ⁹) so z. B. Wiesinger.

ἡμέρα σφαγῆς, יוֹם הֲרֵגָה, ist allerdings von Schlachtung der Thiere hergenommen¹). Aber darum ist doch die Meinung nicht, daß sie gethan haben, wie Thiere, die noch am Tage, wo sie geschlachtet werden sollen, sorglos weiden, gierig fressen²). Denn es heißt nicht, daß sie gethan haben, wie Thiere an ihrem Schlachttage, und Thiere thun am Tage ihrer Schlachtung, die sie ja nicht vorherwissen, nicht anders als sonst. Menschen dagegen, welche die Art und Weise, wie sie ihr sinnliches Lebensbedürfniß befriedigen, dadurch bestimmt sein lassen, daß der Tag, wo sie es thun, ihr Schlachttag ist — denn ihr eigener, nicht der von Thieren, ist gemeint³) —, sehen ihre Schlachtung vorher, mit welcher ihr Leben ein Ende hat, und achten ihren Tod für nichts Anderes, als für ihres Lebens Ende, genießen es daher nur zu möglichster Befriedigung ihrer Sinne, ohne auf Anderes zu denken, als auf sinnlichen Genuß. Sie leben nach dem Spruche φάγωμεν καὶ πίωμεν, αὔριον γὰρ ἀποθνήσκομεν⁴). So, sagt der Apostel, habt ihr gelebt, und kommt dann auf ein Drittes, womit sie sich versündigt haben. Daß sie gleich jenen Gottlosen, die Weish. Sal. 2, 1 ff. redend eingeführt sind, den Gerechten um seiner ihnen verhaßten Rechtbeschaffenheit willen verfolgt haben⁵), besagen die Worte κατεδικάσατε, ἐφονεύσατε τὸν δίκαιον ebenso wenig, als τὸν δίκαιον von Jesu gemeint ist⁶). Es ist die von den Propheten⁷) so oft gestrafte richterliche Ungerechtigkeit zu verstehen, die gegen den erkennt, der im Rechte ist. Ihr habt, sagt der Apostel, die richterliche Gewalt, mit der ihr von wegen des Ansehens, welches euer Reichthum euch verlieh, bekleidet wurdet, so mißbraucht, daß ihr keines Unrechts Schuldige zu Strafe verurtheiltet. Denn als Richter sind sie vorgestellt, nicht als Ankläger, geschweige daß καταδικάζειν von einer bloßen Beeinflussung der Richter gesagt sein kann⁸). Dagegen braucht ἐφονεύσατε nicht gerade von Verurtheilung zum Tode gemeint zu sein. Jede Verurtheilung, die auf irgend eine Weise den Tod des Verurtheilten verschuldet, kann der Apostel, der φονεύειν in

---

¹) vgl. Jer. 12, 3. ²) so de Wette. ³) vgl. Schneckenburger. ⁴) 1 Kor. 15, 32; vgl. Weish. Sal. 2, 6 ff. ⁵) so z. B. Huther. ⁶) gegen Grotius u. A. ⁷) vgl. z. B. Amos 5, 12; Jes. 5, 23. ⁸) gegen de Wette, Wiesinger u. A.

so weitschichtigem Sinne gebraucht hat wie 4, 2, ein φονεύειν nennen, um den schweren Vorwurf der Verurtheilung des Gerechten bis dahin zu steigern, daß sie vor ihr nicht zurückschraken, und wenn sie ihn auch das Leben kostete. Daß er hinzufügt οὐκ ἀντιτάσσεται ὑμῖν, versteht man insgemein von der duldsamen Gelassenheit, mit welcher der Gerechte solches Unrecht, das sie ihm anthun, über sich ergehen läßt. Aber wie sich hiemit das Präsens ἀντιτάσσεται neben den Präteritis κατεδικάσατε, ἐφονεύσατε vertrage, ist durch die Bemerkung, der Satz wolle nicht eine Handlung, sondern das Verhalten des Gerechten schildern¹), oder es werde dem fortgesetzten, nicht blos einmaligen Verfahren der Reichen das sich gleich bleibende Verhalten der Gerechten gegenübergestellt²), in keiner Weise erklärt. Was man bei solcher Erklärung durch den Gebrauch des Präsens erzielt sein läßt, war mit einem auf alle einzelnen Fälle, die der Aoristus unter sich begreift, bezüglichen Imperfectum geleistet, wenn doch das Subjekt von ἀντιτάσσεται eins und dasselbe ist mit dem Objekte der Aoriste, und nicht etwa, abgesehen von dem, was vorhergeht, von den Gerechten ganz im Allgemeinen gesagt sein soll, daß sie sich den Reichen nicht widersetzen. Unter diesen Umständen wird die Vermuthung erlaubt sein, daß οὐκ ἀντιτάσσεται ὑμῖν nicht den Gerechten zum Subjekte habe, sondern Passivum eines objektlosen ἀντιτάσσειν sei, wie ja auch ἐπιτάσσειν objektlos gebraucht wird, daß also „es wird euch nicht entgegengestellt" so viel sei, als „es wird euch nicht gewehrt". Mit diesem Präsens kehrt dann der Apostel von der Vergangenheit des Thuns und Treibens der Reichen, wie er es von dem eingenommenen Standpunkte des für sie eingetretenen Endes aus geschildert hat, in die Gegenwart zurück, wo auch das Schlimmste, was sie thun, ihnen unverwehrt ist: eine Gegenwart, die ein Ende, wie das geschilderte, fordert, und in welcher eine Ermahnung, wie die nun folgende, Noth thut.

Denn von denen, welche, während sie sich zu Jesu bekennen, damit gekennzeichnet sind, daß sie der Apostel als die Reichen anredet, und die so weit davon entfernt sind, auf eine Ermahnung wie ταπεινώθητε ἐνώπιον κυρίου zu hören, daß er sie nicht einmal zu

Zwölftens, Ermahnung, in geduldigem Warten auf die Zukunft des Herrn die Gegenwart zu ertragen. 3, 7—12.

---

¹) so Wiesinger. ²) so Huther.

Hofmann's heilige Schrift neuen Testaments VII, 3. 9

Buße ruft, sondern es nur darauf ankommen läßt, ob sein gerichtandrohendes Strafwort eine Wirkung auf sie übt, wendet er sich nun zu denen, die er als Brüder anreden kann, und die unter einer Gegenwart, wo jene alle Unbill thun, ohne daß ihnen gewehrt wird, sei es von ihnen oder wie sonst, zu leiden haben und sie mit Schmerz ertragen. An sie richtet er die Ermahnung μακροθυμήσατε und schließt sie mit οὖν an, weil eine solche Gegenwart ihrer bedürftig macht. Daß hier μακροθυμεῖν in die Bedeutung von ὑπομένειν übergehe, kann man nicht sagen[1]). Ὑπομένειν ist die Geduld des Standhaltens unter erschwerenden Umständen, zu welcher 1, 4 ermahnt worden, μακροθυμεῖν dagegen die Geduld des gelassenen Zuwartens beim feindlichen Treiben der Bösen oder beim Ausbleiben des gehofften Guten, wozu hier ermahnt sein wollte[2]). Es soll ihnen nicht zu lange werden über dem Warten auf die Erscheinung des Herrn, die solcher Gegenwart ein Ende macht. Daher auch der Hinweis auf den Ackersmann, welcher der köstlichen Frucht entgegensieht, die ihm die Erde bringen soll, gleichwie sie dem köstlichen Gute entgegensehen, welches ihnen der Herr vom Himmel bringen wird[3]). Ἐκδέχεσθαι heißt nur in Erwartung dessen stehen, von dem man wünscht, daß es komme, oder hofft, daß es kommen werde[4]). Die Gemüthsverfassung, in welcher der Ackersmann der Frucht entgegenwartet, benennt erst der Participialsatz μακροθυμῶν ἐπ᾽ αὐτῷ[5]), wo ἐπί wie bei den Verbis des Affekts gebraucht ist. Er wird nicht ungeduldig über sie, sie braucht ihm nicht zu lange, sondern gelassen sieht er ihrem langsamen Wachsthume zu, bis er sie, frühreifende und spätreifende[6]), entgegennimmt. Insgemein hält man ὁ καρπός für das Subjekt von λάβῃ und ergänzt ὑετόν zu πρώιμον καὶ ὄψιμον. Dieselbe Verschiedenheit der Auffassung findet sich in den Handschriften. Die alexandrinische hat ὑετόν vor den fraglichen Worten, die sinaitische καρπόν, die vatikanische keines von beidem, was denn auch unzweifelhaft das Ursprüngliche ist. Daß πρώιμος καὶ ὄψιμος jemals ohne ὑετός den Frühregen und Spatregen bedeute, ist unerweislich,

---

[1]) gegen Huther. [2]) vgl. z. Kol. 1, 11. [3]) vgl. Wiesinger. [4]) vgl. z. B. Hebr. 11, 10; Akt. 17, 16. [5]) vgl. Luc. 18, 7; Sir. 18, 11; 29, 8; 35 (32), 18. [6]) vgl. LXX Jer. 24, 2.

und daß der Ackersmann den Frühregen und Spatregen in Geduld abwarte, wäre ein unpassender Vergleich mit der Geduld des auf die Erscheinung des Herrn wartenden Christen. Der Christ und der Ackersmann, beide warten der Frucht ihrer Arbeit entgegen: der letztere hat sie, wenn sie reif ist, der erstere, wenn der Herr sie ihm bringt; der Regen verglicht sich nur der Förderung ihres Wachsthums und ihres Reifens. Und hinter μακροθυμῶν ἐπ' αὐτῷ, welches besagt, daß der Ackersmann über der Frucht die Geduld nicht verliert, kann ἕως, welches hier, wie so oft in den neutestamentlichen Schriften, ohne ἄν den Conjunctivus nach sich hat, nur einen Satz bringen, welcher von der Frucht sagt, daß sie seinem Warten ein Ende macht, und nicht einen Satz, welcher von ihr sagt, daß ihr Etwas zu Theil werde. Dasjenige, ob dem der darauf Wartende Geduld hat, muß auch das sein, was er bekommt, indem nur hiemit sein Warten in Geduld ein Ende hat. Das Subjekt von λάβῃ ist also nothwendig der Ackersmann und das Objekt die Frucht. Nicht auf einmal bekommt er sie, sondern zuerst solche, die früh reift[1]); dann muß er wieder warten auf die, welche spät reift[2]): eine Unterscheidung, die vielleicht auch ihre Anwendung auf das Kommen des Herrn erleidet, wenn wir annehmen dürfen, daß Jakobus wie Paulus[3]) zwischen dem, was mit der Wiederoffenbarung Christi eintritt, und zwischen dem, was das schlüßliche Ergebniß seines königlichen Herrschens sein wird, oder, wie in den johanneischen Gesichten[4]), zwischen der Verklärung der Gemeinde zur Theilnahme an seiner Herrschaft und zwischen der Herstellung einer neuen Welt unterscheidet.

Μακροθυμήσατε καὶ ὑμεῖς ruft der Apostel seinen Mitbrüdern zu: sie sollen nicht ungeduldiger sein, als der Ackersmann. Was dahinter folgt, wird davon abzutrennen sein. Denn die Ermahnung μακροθυμήσατε hat ihren Grund darin, daß die Gegenwart eine Wartezeit ist; wogegen die Ermahnung, die Herzen zu festigen, daß sie nicht ins Wanken gerathen, damit begründet wird, daß das Ende dieser Wartezeit nahegekommen ist[5]). Nicht als wenn der Gedanke, daß es nahegekommen, ihnen dazu behülflich sein sollte, ihre Herzen

---

[1]) vgl. LXX Jer. 24, 2. [2]) vgl. LXX Exod. 9, 32. [3]) 1 Kor. 15, 23 ff. [4]) Apokal. 20, 4; 21, 1. [5]) vgl. z. 1 Petr. 4, 7.

zu festigen¹), sondern die Thatsache, daß es nahe ist, berechtigt zu der Ermahnung, es zu thun. Die Erscheinung des Herrn ist nicht zu fern, als daß sie ihre Herzen nicht festigen könnten, ohne Verzagen und ohne Unmuth unter allem, was sie betrifft, Stand zu halten. Die Ermahnung hiezu steht der zur ὑπομονή näher, als der zur μακροθυμία. Und dasselbe gilt von der folgenden, daß sie nicht wider einander seufzen sollen. Das Seufzen unter dem, was man erleidet, ist das unwillkürliche Ausathmen der gepreßten Brust. Aber wer wider den seufzet, unter dem er zu leiden hat, in dessen Seufzen mischt sich die Anklage des Unmuths wider ihn, die nothwendig, wenn man es sich auch nicht gesteht, den Wunsch in sich schließt, daß es ihm nicht ungestraft hingehe²). So soll ein Christ nicht gegen den Mitchristen thun, was immer er von ihm zu leiden habe. Denn damit thut er, was gegen die brüderliche Liebe ist, und wird so selbst ein Gegenstand des Gerichts. Er soll bedenken, wie das ἰδού auffordert, daß der, welcher das Gericht halten wird, vor der Thüre steht, also jeden Augenblick eintreten kann, sobald er es an der Zeit findet: eine Erinnerung, die man nicht um des ἵνα μή κριθῆτε willen dahin verstehen darf, daß man sich vor seinem Gerichte fürchten soll³), wozu es des πρὸ τῶν θυρῶν ἕστηκεν nicht bedürfte, sondern welche davon abhalten soll, wider den Mitchristen zu seufzen, indem er, welcher zwischen dem, der da leidet, und zwischen dem, unter dem er leidet, richten wird, nahe genug ist, daß man sein schlüßliches Gericht wohl abwarten kann, ohne vor der Zeit Klage zu erheben. Weil die Erscheinung des Herrn nahegekommen ist, sollen sie ihre Herzen festigen, und weil der Richter vor der Thüre steht, nicht wider einander seufzen. Aber so, wie Inneres zum Aeußern, verhält sich jenes nicht zu diesem⁴). Unfestigkeit des Herzens ließe verzagen unter dem und unmuthig werden über das, was man leidet: so hielte man nicht Stand, bis der Herr kommt. Wer dagegen wider den Andern seufzt, der wartet nicht ab, bis der Richter eintritt, weil er der Liebe ermangelt, die dem Nächsten nur Gutes wünscht und ihm vergiebt, was er Uebles thut. Die beiden Ermah-

---

¹) so Wiesinger. ²) gegen Huther. ³) so Huther. ⁴) gegen Wiesinger.

nungen sind denn auch dadurch von einander geschieden, daß die zweite nicht ohne ein neues ἀδελφοί eintritt.

Alles aber fällt unter den Begriff der μακροθυμία und der ὑπομονή. Auf Beispiele solchen Verhaltens weist daher der Apostel zum Schlusse hin. Zunächst auf die Propheten, die Namens[1]) Jehova's geredet haben, was doch noch so viel mehr ist, als sich nur bekennen zu Jesu, und darüber Schlimmes erlitten, aber es mit der Geduld des Wartens auf den Herrn ertragen haben. Ἰδοὺ μακαρίζομεν τοὺς ὑπομείναντας fügt Jakobus hinzu. Denn ὑπομείναντας[2]) hat wenigstens seiner gewichtigern Beglaubigung wegen den Vorzug vor ὑπομένοντας. Lesen wir aber so, bann wird schwerlich anzunehmen sein, daß der Apostel ganz allgemein diejenigen meint, die irgendwann ausgehalten haben, nachdem er doch in den Hinweis auf bestimmte Beispiele eingetreten ist[3]). Der Satz ist auch zu kurz, um nicht für einen Anhang zum vorhergehenden gelten zu wollen. Die Propheten also, verstehen wir, die ausgehalten haben, preisen wir glücklich. An Hiob aber erinnert der Apostel nicht blos um deswillen, weil er ein sonderliches Bild der ausharrenden Standhaftigkeit ist, die sich an Gott nicht irre machen läßt, sondern weil seine Geschichte auch ein Ende nimmt, welches von Gottes Erbarmung zeugt. Denn daß τὸ τέλος κυρίου nichts Anderes ist, als das Ende, welches Jehova gemacht, nämlich in Betreff Hiob's gemacht hat, darf wohl ohne Widerlegung derer, die das artikellose κυρίου von dem Herrn Jesus verstehen, womit sich das Folgende nicht verträgt, unbedenklich angenommen werden. Um so weniger ist dann aber die Lesart εἴδετε annehmbar, die wohl nur jenem Mißverstande ihren Ursprung verdankt[4]). Denn daß es heißen sollte „Hiob's Geduld habt ihr gehört und des Herrn Ende gesehen", ist doch ganz undenkbar. Die äußeren Zeugnisse entscheiden nicht zwischen εἴδετε und ἴδετε. Aber die Wahrscheinlichkeit, daß man εἴδετε hinter ἠκούσατε zu hören oder lesen zu sollen meinte, ist jedenfalls größer, als die vermeintliche, daß man mit einer Ermahnung abschließen wollte[5]).

---

[1]) vgl. Matth. 7, 22; LXX Jer. 44 (51), 6. [2]) so Tischendorf und Tregelles. [3]) vgl. Theile. [4]) vgl. Reiche comm. crit. in N. T. III. S. 240. [5]) so Reiche.

Lesen wir deshalb ἴδετε, so bildet τὴν ὑπομονὴν Ἰὼβ ἠκούσατε καὶ τὸ τέλος κυρίου den einen Satz und ἴδετε ὅτι πολύσπλαγχνός ἐστιν ὁ κύριος καὶ οἰκτίρμων den andern[1]). Jener erinnert an die Geschichte Hiob's, dieser weist auf das hin, was aus ihr zu lernen ist, wobei das vielleicht von Jakobus selbst dem πολυέλεος der Septuaginta nachgebildete πολύσπλαγχνος die tiefe Mitempfindung des Herrn mit unserm Elende ausdrückt, οἰκτίρμων dagegen seine herzliche Geneigtheit, ihm abzuhelfen. Daß hier das sicherlich ächte, bei der Lesart ἴδετε unentbehrliche ὁ κύριος den meint, welcher in Hiob's Geschichte Jehova ist, hindert nicht, die παρουσία τοῦ κυρίου von der Wiederoffenbarung Christi zu verstehen, bestärkt aber in der ohnehin naheliegenden Auffassung, daß sie so gedacht ist, wie im zweiten petrinischen Briefe, wo sie als der ein Ende machende Tag Gottes in Aussicht genommen war, der aber die Wiederoffenbarung des Herrn Jesus nicht ausschloß, sondern einschloß.

Unter das Warten auf diesen Abschluß der gegenwärtigen Weltzeit, welcher für die Reichen der Tag ihres Verderbens ist, begriff sich alles, was wir in V. 7—11 gelesen haben. Wenn der Apostel darnach fortfährt πρὸ πάντων δὲ μὴ ὀμνύετε, so muß ihm diese Ermahnung mit der vorhergegangenen in einem engern Zusammenhange stehen, als daß er nur eben wieder einem der mannigfachen Mißstände in der Christenheit, an die er schreibt, entgegentreten will. Es wäre unverständlich, daß er mit πρὸ πάντων δὲ hiezu übergeht[2]). Denn wie kann man doch glauben, daß er hiemit die Ermahnung, nicht zu schwören, als eine schlechthin vor jeder andern zu beherzigende einführt?[3]) Μὴ στενάζετε κατ' ἀλλήλων hat er zuletzt ermahnt, ehe er das abschloß, was mit dem Warten auf die Zukunft des Herrn zusammenhing. Wichtiger noch ist ihm, daß sie nicht schwören sollen, ja das Wichtigste, was er den Brüdern für solche Lagen einzuschärfen hat, wie er sie dort im Auge hatte. Gegen die brüderliche Liebe versündigte sich, wer wider den seufzte, von dem ihm Unbill widerfuhr; die Ehrfurcht vor Gott aber setzte aus den Augen, wer sich des Schwurs bediente, um seinem Worte Nachdruck zu geben, wenn er sein angefochtenes Recht behauptete. Ist dieß der

---

[1]) so Huther. [2]) vgl. Wiesinger. [3]) gegen Huther.

Zusammenhang, in welchem der Apostel vor dem Schwören warnt, so wehrt er nicht einer Leichtfertigkeit, sondern mahnt von solchem ab, wozu sich ein Christ, wenn er sich bedrängt sah, hinreißen lassen konnte. Wenn er über Unrecht nicht nur seufzte, unter dem er litt, sondern wider den seufzte, von dem es ihm geschah, so gab er einem sündlichen Unmuthe Raum und machte ihm Luft. Und wenn er zum Schwure griff, um dem Worte, mit dem er sein Recht vertrat, mehr Wirkung zu sichern, so gab er der Leidenschaft Raum, Recht zu behalten, und machte ihr das dienstbar, bei dem er schwur. Denn es ist dann gleichviel, wobei er schwört, wie der Apostel mit zweierlei Konstruktion des μὴ ὀμνύετε sagt, wenn er schreibt μήτε τὸν οὐρανόν μήτε τὴν γῆν μήτε ἄλλον τινὰ ὅρκον, den Schwur bei Gott absichtlich nicht nennend, weil man sich andern leichter erlaubte. Was der Schwörende damit will, ist immer dasselbe. Es genügt ihm nicht, einfach mit Ja und Nein zu sagen, was ist und was nicht ist, und es darauf ankommen zu lassen, ob man ihm glaubt und sein Wort gelten läßt, weil es ihm an der christlichen Gelassenheit fehlt, die nicht den Menschen abzwingt oder aufzwingt, was Gotte anheimzustellen ist. Gegen diese Sinnesart und gegen das Schwören, welches deren Aeußerung ist, richtet sich des Apostels Warnung, die also selbstverständlich mit einem Schwören Nichts zu thun hat, welches nicht Sache des Eigenwillens, sondern Erfüllung einer Pflicht ist, die man dem Nächsten oder der sittlichen Ordnung der Dinge schuldet[1]). Daß er etwas jenem στενάζειν κατ' ἀλλήλων Verwandtes meint, giebt er auch dadurch zu erkennen, daß er hinzufügt ἵνα μὴ ὑπὸ κρίσιν πέσητε, wie dort ἵνα μὴ κριθῆτε. Ein Mißverstand ist es, wenn man die Worte ἤτω[2]) δὲ ὑμῶν τὸ ναὶ ναὶ καὶ τὸ οὒ οὔ so deutet, als heiße es, sie sollen nur solches bejahen, was ist, und nur solches verneinen, was nicht ist, also immer Wahrheit reden[3]). Schon der Wortlaut ist damit unverträglich, und wie wäre dieß ein Gegensatz gegen das Schwören? Euer Ja, sagt der Apostel, sei Ja, nichts weiter, euer Nein Nein, nichts weiter: eine leichtere Fassung desselben Worts, welches wir Matth. 5, 37 lesen.

---

[1]) vgl. Hebr. 6, 12. [2]) vgl. 1 Kor. 16, 22. [3]) so z. B. Kern, Schneckenburger.

Dreizehntens. Ermahnung zu beten in Leid und Freude, in Krankheitsnoth und Gewissensnoth. Fürbitte zu begehren und dem sie Begehrenden zu gewähren.
5, 13—18.

Die christliche Gelassenheit hat der Apostel gefordert, wenn er ermahnte μακροθυμήσατε, und wenn er abmahnte μὴ στενάζετε κατ' ἀλλήλων und μὴ ὀμνύετε. Immer handelte es sich um das Verhalten unter solchem, was man zu erleiden, insonderheit aber von Menschen zu erleiden hat, sei es indem sie uns Unrecht anthun, oder indem sie nicht anerkennen wollen, daß wir im Rechte sind. Auf das Verhalten des Christen, wenn er leidet, bezieht sich auch das Folgende, aber nun ist es Leiden, wie es Gott verhängt. Zunächst zwar hat die Ermahnung κακοπαθεῖ τις ἐν ὑμῖν, προςευχέσθω auch den Gegensatz bei sich εὐθυμεῖ τις, ψαλλέτω, so zwar, daß das eine Mal die Lage benannt ist, die ins Gebet treiben und nicht blos wehklagen machen soll, das andere Mal dagegen die Stimmung, die sich im Loblied, statt in bloßem Freudenjubel, äußern soll. Aber das Zweite ist nur des Gegensatzes wegen beigefügt. Daß es vornämlich um das Erstere zu thun ist, erhellt aus der sich anschließenden Ermahnung, im Krankheitsfalle die gemeindliche Fürbitte zu begehren. Die Einschränkung dieser Ermahnung auf solche Krankheitsfälle, in denen der Kranke auch geistig leidet, indem ihm seine Erkrankung zur Glaubensanfechtung wird, ist durch Nichts berechtigt[1]). Vielmehr wird die Ermahnung, nach der gemeindlichen Fürbitte zu begehren, in einem ähnlichen Gegensatze gemeint sein, wie die Ermahnung, im Unglücke zu beten, in Fröhlichkeit zu lobsingen. Welcher andere Gegensatz könnte dieß aber dann sein, als daß man seine Hülfe nicht vom Arzte erwarten soll? Es ist eine unzulässige Eintragung und Umdeutung, wenn man den Apostel sagen läßt, der Kranke solle die natürlichen Heilmittel gebrauchen, aber nicht ohne sein Vertrauen, daß sie ihm helfen werden, auf Gott zu setzen[2]). Was ein kranker Mensch von selber thut, daß er ärztliche Hilfe sucht, brauchte er dem Christen nicht anzubefehlen, sondern nur das, was ihm als Christen geziemt. Wie er selbst betet, daß Gott ihn genesen lasse, so soll er auch die gemeindliche Fürbitte suchen. Denn dieß thut er, wenn er die Gemeindevorsteher als solche zu sich bittet, daß sie über ihn beten, ein ihm geltendes Gebet sprechen, wie προςεύχεσθαι ἐπί τινα, mit κλαίειν ἐπί τινα[3]) vergleichbar, besagt. Ob sie sich alle oder nur zum

---

[1]) gegen Huther. [2]) so z. B. Theile. [3]) Luc. 23, 28; vgl. LXX Sach. 12, 10; 1 Makk. 2, 39.

Theil bei ihm einfinden, ist gleichgültig¹). Die, welche kommen, erscheinen, wie seine Bitte gemeint war, in Vertretung der von ihnen verwalteten Gemeinde und thun, was sie thun, Namens derselben. Sie sollen aber nicht blos über ihn beten, sondern ihr Gebet damit begleiten, daß sie ihn im Namen des Herrn mit Oel salben. So lesen wir Marc. 6, 13 von den Zwölfen, als sie der Herr das erste Mal zu selbstständiger Thätigkeit aussandte, daß sie viele Kranke mit Oel salbten und sie heilten, ohne daß doch der Erfolg ihres Thuns auf etwas Anderes zurückgeführt sein will, als auf die Macht des Namens Jesu oder, was dasselbe ist, auf die Macht des sich zu Jesu und zu dem, was in seinem Namen geschah, bekennenden Gottes. Daß die Salbung mit Oel nicht als ein Erforderniß gemeint ist, dessen die Apostel zu bedürfen glaubten, um die Heilung zu erzielen, ist um so gewisser, als es ebendort heißt, sie trieben Dämonen aus, ohne daß eines Mittels gedacht ist, dessen sie sich hiezu bedienten. Es wird also damit keine andere Bewandniß haben, als wenn von dem Herrn selbst erzählt wird, daß er die Kranken anrührte. Ihnen sollte das Oel, welches an sich nur ein Mittel der Erfrischung oder Linderung ist, eine dem Krankheitsgefühle entgegengesetzte körperliche Empfindung der ihnen zugedachten und nun durch dasselbe sich vermittelnden Heilwirkung geben, von der sie aber wohl wußten, daß sie nicht auf die Kraft des Oels, sondern auf die Kraft des Namens Jesu zurückzuführen sei. Ebenso wird Jakobus das Gebet der Aeltesten unter Salbung mit Oel gethan wissen wollen, nicht als ob dessen Wirksamkeit hievon abhängig sei, sondern dem Kranken zu Gute, dessen Glauben die körperliche Empfindung dessen, was an ihm geschah, zu Hülfe kam, wie ja auch die Aeltesten nicht blos für ihn beten, sondern zu ihm kommen und in persönlicher Gegenwart, vor seinen Ohren, ihr Gebet um seine Genesung zu Gott senden sollten. Daß Oel anderweitig zur Heilung des Leibes verwendet wurde, bleibt hiebei schon deshalb außer Betracht, weil es ja doch kein Heilmittel für alle und jede Krankheit war²). Da es sich nun nicht, wie sonst, wenn ein Petrus oder Paulus sein Zeugniß von Jesu durch wunderbare Heilungen bestätigte, um einzelne Fälle des Augenblicks, sondern

---

¹) gegen Wiesinger, wie gegen Theile. ²) gegen Huther.

um eine regelmäßige Ordnung handelte, so wollte Jakobus diese geordnete Hülfleistung nicht ohne eine dem Kranken sie sinnlich wahrnehmbar machende Handlung, wozu die Salbung mit wohlthuendem Oele am geeignetsten war, geübt wissen. Eine Vorschrift für alle Zeiten ist dieß ebenso wenig, als die ganze Anordnung, von welcher sie ein Bestandtheil ist. Für diejenige Christenheit aber, an die er schrieb, meinte er seine Weisung als eine gemeingültige. Und für sie war auch die Verheißung, die er ihr anschließt, ohne Einschränkung gemeint. Er setzt voraus, daß der Kranke im Glauben an den Herrn das gemeindliche Gebet um seine Genesung begehre. Unter dieser selbstverständlichen Voraussetzung und unter der ebenso selbstverständlichen, daß die Aeltesten das, was sie thun, wirklich im Namen des Herrn thun, wie er denn ihr Gebet ein Gebet des Glaubens nennt — denn ihr Gebet ist ἡ εὐχὴ τῆς πίστεως, nicht auch das des Kranken, dessen Glaube sich ja darin bewiesen hat, daß er es begehrte[1]) —, verheißt er ihrem Gebete die Wirkung, daß es den Kranken gesund machen werde. Der Herr, sagt er, wird ihn, den krank Darniederliegenden, von seinem Lager erstehen machen, und wenn er in dem Falle ist, Sünden gethan zu haben, wird ihm vergeben werden. Da nämlich κἂν ἁμαρτίας ᾖ πεποιηκώς mit dem vorhergehenden Satze zu verbinden um deswillen nicht angeht, weil dann ἀφεθήσεται αὐτῷ nicht nur zu abgerissen, sondern auch sinnwidriger Weise dem ἐγερεῖ αὐτὸν ὁ κύριος nebengeordnet steht, während es doch nur für den gesetzten Fall gilt; so kann uns der gewöhnliche Gebrauch des κἂν nicht bestimmen, es anders zu nehmen, als Luc. 13, 9, wie ja auch Matth. 21, 21 das καί des κἂν nicht zu ἐάν, sondern vermöge des Gegensatzes gegen οὐ μόνον zu ἀλλά gehört. An der vorliegenden Stelle kann nicht „selbst wenn", sondern nur „und wenn", übersetzt werden[2]), weil es keinen andern Fall giebt, für welchen Sündenvergebung zugesichert sein will, als wenn Einer in der Lage ist, Sünden gethan zu haben.

Daß der Apostel Sünden meine, welche Krankheiten zur natürlichen Folge haben[3]), oder von denen sich der Kranke wenigstens

---

[1]) gegen Kern, Schneckenburger, Theile u. A. [2]) gegen Huther. [3]) so z. B. Kern.

bewußt ist, daß sie mit seiner Erkrankung in einem Zusammenhange stehen[1]), deutet er nicht an und braucht man nicht anzunehmen. Es ist genug, wenn sich der Kranke durch Sünden, die er auf dem Gewissen hat, ob sie auch mit seiner Erkrankung in gar keinem weder natürlichen noch von ihm angenommenen Zusammenhange stehen, der Erhörung des für ihn gethanen Gebets unwerth achtet. Er soll dessen versichert sein, daß Gott den Glauben, der ihn die gemeindliche Fürbitte begehren ließ, mit Vergebung der Sünden, die ihn drücken, und also auch ungeachtet derselben mit Aushülfe aus seiner Krankheit erwiedern wird. Um so deutlicher sieht man, daß der Apostel schwere, mit dem Tode bedrohende Erkrankung für ein Leid achtet, dessen Wendung sich der Christ unter allen Umständen erbitten soll, und daß er die gemeindliche Fürbitte, wo sie begehrt wird, für kräftig achtet, es unter allen Umständen zu wenden. Dieß erinnert daran, daß Paulus 1 Kor. 11, 30 die Leichtfertigkeit, mit welcher die korinthische Gemeinde das Liebesmahl und in Folge dessen auch das Mahl des Herrn beging, mit den vielen Erkrankungen und nicht wenigen Todesfällen in ihrer Mitte gestraft achtet. Je näher die Christenheit ihrem Ursprunge war, von woher sie sich im Besitze der Geistesmacht wußte, unter deren Aeußerungen auch die Gabe wunderbarer Heilkraft zählte, und je näher sie des Herrn Wiederoffenbarung erwartete, welche zu erleben ihr sehnliches Verlangen war, desto schwerer fiel es ihr, wie man aus 1 Thess. 4, 13 sieht, wenn der Tod ihre Reihen lichtete, und desto mehr mußte sie hoffen, daß ihr die Möglichkeit gegeben sei, von Gott verhängte Krankheit durch Gebet zu dem, der sie verhängt hatte, zu wenden. Aus dieser Anschauung erklärt sich des Apostels Weisung und Zusage, und es gehört zu den Anzeichen, in wie früher Zeit der Kirche er diese Schrift verfaßt hat, wenn wir ihn, was der Christ im Falle einer Erkrankung zu thun habe, damit sie nicht zum Tode führe, in eine mit so uneingeschränkter Verheißung des Erfolgs ausgestattete gemeingültige Ordnung fassen sehen[2]). Wen der Menschen Feindschaft gegen den Herrn in den Tod riß, der starb als ein seliger Zeuge der Wahrheit. Aber daß Gott einen Bekenner Jesu durch einen Tod, den er verhängte, vor

---

[1]) so Wiesinger. [2]) gegen Wiesinger.

der Wiederkunft des Herrn hinwegnehme, erschien als ein Leid, gegen welches er der Gemeinde die Gabe wunderbarer Heilung nicht umsonst gegeben haben werde. Drum war es auch einem Paulus, welcher den Zeugentod nicht fürchtete, eine so schwere Anfechtung, als er in eine Lebensgefahr anderer Art gerieth und mit einem Tode bedroht war, vor dem er fernerhin durch die Fürbitte der Gläubigen bewahrt zu bleiben hoffte[1]). Ist des Jakobus Weisung und Zusage hienach zu verstehen, so brauchen wir ihr nicht damit zu Hülfe zu kommen, daß wir einflicken, das Gebet des Glaubens habe den Fall, wenn es Gott anders beschlossen habe, offen gelassen, oder daß wir die Ausdrücke, deren er sich bedient, eine Erhörung der Fürbitte in höherm Sinne, als dem der leiblichen Genesung andeuten lassen[2]). Er spricht nur von leiblicher Genesung und verheißt sie schlechthin, wie er sie auch nicht blos in gewissen Fällen, sondern schlechthin auf diesem Wege suchen heißt[3]). Wenn sich die Christenheit nachmals hat darein finden müssen, daß ein Geschlecht das andere ablöste, ohne des Herrn Wiederkunft zu erleben, so ändert dieß Nichts an der Berechtigung des Glaubens, aus welchem des Jakobus Weisung stammt und dessen er sich von den Christen seiner Tage versieht[4]).

Mit einem vollgültig bezeugten[5]) οὖν fährt er fort ἐξομολογεῖσθε οὖν ἀλλήλοις τὰ παραπτώματα καὶ εὔχεσθε ὑπὲρ ἀλλήλων ὅπως ἰαθῆτε. Er hat von leiblicher Heilung gesagt, die erbetet werden soll, und von Sündenvergebung, welche in sie eingeschlossen sein kann. Wenn nun Sündenvergebung in diesem Falle erbetet werden kann, wo ein Kranker die gemeindliche Fürbitte um seine leibliche Genesung begehrt, so folgt hieraus, daß überhaupt ein Christ für den andern Heilung von den Wunden seines Gewissens erbitten soll. Denn von solcher Heilung, nicht von leiblicher[6]), ist ὅπως ἰαθῆτε zu verstehen, dessen ὅπως nicht im Sinne von „damit"[7]), sondern wie hinter δεῖσθαι, ἐρωτᾶν, αἰτεῖσθαι gemeint ist. Da die Heilung das auf Grund des Sündenbekenntnisses Erbetene ist, so ist Heilung von der im Sündenbekenntnisse zu Tage gegebenen Krankheit eines wunden Gewissens zu ver-

---

[1]) vgl. z. 2 Kor. 1, 8 ff. [2]) gegen Huther. [3]) gegen Wiesinger. [4]) vgl. Bengel. [5]) gegen de Wette. [6]) gegen Bengel, Theile, de Wette, Wiesinger u. A. [7]) gegen Schneckenburger, de Wette u. A.

stehen¹). Daß ἰάομαι so gebraucht werden könne²), läugnet man nicht, aber der Zusammenhang soll entgegen sein, während doch schon daraus, daß es ἀλλήλοις und ὑπὲρ ἀλλήλων heißt, die Verschiedenheit dieser Ermahnung von der vorhergegangenen erhellt, und die Allgemeinheit, in welcher jetzt ermahnt wird, daß ein Christ seine Sünden nicht verschweige, sondern dem Mitchristen bekenne, den Gedanken an eine Krankheit, die ihn hiezu bewege, ausschließt. Wie aber Einer dem Andern bekennen soll, so soll auch Einer für den Andern beten, und wenn die Fürbitte durch das Bekenntniß hervorgerufen ist, so muß sie sich auch auf das beziehen, wodurch sie hervorgerufen ist. Uebrigens schließt die Heilung, welche erbeten wird, beides in sich, daß dem Sünder, was er gesündigt hat, vergeben und daß er gegen fernere Versündigungen solcher Art verwahrt werde; nicht aber ist die Meinung, daß ihm Befreiung von allen Uebeln Leibes und der Seele³) erbeten werden solle. Nur das Eine bleibt fraglich, ob der Apostel nicht absichtlich die beiden Ermahnungen so neben einander stellt, daß die zweite auch für solche Fälle gilt, wo ein Christ den Mitchristen sündigen sieht, und also das unter sich begreift, was wir 1 Joh. 5, 16 lesen. Dort heißt es von der Fürbitte in solchem Falle, sie werde dem Bruder zum Leben helfen, wie hier zu ihr ermuthigt wird, wenn der Apostel hinzufügt πολὺ ἰσχύει δέησις δικαίου ἐνεργουμένη. Mit ἐνεργουμένη benennt er nicht eine Eigenschaft des Gebets⁴), von welcher dann, daß es viel vermöge, abhängen würde — eine sprachlich unzulässige und sachlich ungeeignete Erklärung —, sondern πολὺ ἰσχύει verbindet er mit einem Participium, wie εὐτυχεῖν ohne wesentlichen Unterschied mit dem Infinitivus oder dem Participium verbunden wird. Dann ist aber nicht die Wirksamkeit des Gebets das Vorausgesetzte und sein Vielvermögen das Hinzukommende⁵), sondern da das Participium zu dem Verbum, mit dem es sich verbindet, als Ergänzung hinzutritt, ist vielmehr die Wirksamkeit dasjenige, worin sich das Vielvermögen erzeigt. Ohne ἐνεργουμένη könnte πολὺ ἰσχύει heißen „es gilt viel"; es soll aber gesagt sein, daß es wirkungskräftig ist.

---

¹) vgl. Huther. ²) vgl. z. B. Hebr. 12, 13; Sir. 28, 3. ³) so Schneckenburger. ⁴) gegen Theile, Kern, Schneckenburger, Wiesinger u. A. ⁵) so Huther.

Hiefür erinnert der Apostel an das Beispiel des Elia. Er nennt ihn ὁμοιοπαθής ἡμῖν[1]), womit allerdings nur gesagt ist, daß er gleicher Natur war, wie wir, aber, da der Begriff des πάσχειν, wenn auch in seiner vollen Weitschaft, dem Worte immerhin anhaftet, gleicher Natur nach der Seite der Bedingtheit[2]). Gilt dieß von ihm, so gilt von uns, daß die Bedingtheit unserer Natur kein Hinderniß für uns ist, mit gleicher Wirkungskräftigkeit Gebet zu thun, wie er das eine Mal gebetet hat, daß es nicht regne, und das andere Mal, daß es regne. Der Dativus προσευχῇ in προσευχῇ προσηύξατο[3]) vertritt den hebräischen Infinitivus absolutus, der aber in diesem Falle nicht die Ernstlichkeit oder Kräftigkeit seines Betens ausdrücken[4]), sondern nur betonen würde, daß ein Gebet es war, nichts Anderes[5]), womit er bewirkte, daß es nicht regnete[6]). Volle viertehalb Jahre regnete es nicht auf Erden. Ἐπὶ τῆς γῆς schreibt der Apostel und meint damit weder das Zehnstämmegebiet oder Palästina[7]), noch die ganze Erde[8]), sondern, wie der folgende Vers zeigt, die Erde, die des Regens bedarf, im Gegensatze zum Himmel, der ihn sendet. Man hat gemeint, daß Elia die Regenlosigkeit erbetet habe, sei der alttestamentlichen Erzählung fremd, und daß sie viertehalb Jahre gewährt habe, nicht mit ihr vereinbar. Was das Erstere betrifft, so lesen wir 1 Kön. 17, 1, Elia habe zu Ahab gesagt חַי־יְהוָֹה אֱלֹהֵי יִשְׂרָאֵל אֲשֶׁר־עָמַדְתִּי לְפָנָיו אִם־יִהְיֶה הַשָּׁנִים הָאֵלֶּה טַל וּמָטָר כִּי אִם־לְפִי דְבָרִי. Er sagt nicht אֲשֶׁר אֲנִי עֹמֵד לְפָנָיו, bezeichnet sich also nicht als einen im Dienste Jehova's Befindlichen[9]), sondern sagt, daß er betend vor Gott gestanden[10]), so daß also das, was er vorhersagt, von Gott erbeten ist. Und was das Andere anlangt, so hat man sich seinen Ausspruch vor der herbstlichen Saatzeit, wo man Regen erwartete, gethan zu denken, worauf er, da מִקֵּץ יָמִים 17, 7 keineswegs eine unbestimmte Zeitangabe, sondern יָמִים hier ebenso gut wie Lev. 25, 29; Richt. 21, 19; 1 Sam. 27, 7 die geschlossene

---

[1]) vgl. Akt. 14, 15. [2]) so auch Plato de republ. 409 B; Tim. 45 C. [3]) vgl. z. B. Luc. 22, 15. [4]) gegen Theile, Schneckenburger, Wiesinger. [5]) vgl. Ewald ausführl. Lehrb. § 312 a. [6]) vgl. de Wette, Huther. [7]) gegen Grotius, Kern u. A. [8]) gegen Theile. [9]) so z. B. Keil. [10]) vgl. z. B. Jer. 15, 1.

Summe von Tagen, also das Jahr bedeutet[1]), ein Jahr lang am Bache Kerith und hernach, da בַּשָּׁנָה הַשְּׁלִישִׁית 18, 1 von der vorigen Zeitbestimmung[2]), also von seiner Uebersiedelung nach Zarpath an gerechnet sein will, bis ins dritte Jahr in Zarpath geweilt hat. Es sind also wirklich von jenem Ausspruche Elia's an viertehalb Jahre verflossen, während welcher es nicht regnete: eine Rechnung, die Jakobus sicherlich nicht auf eigene Hand anstellte, sondern gelehrt war, wie denn auch Luc. 4, 25 ebenso gerechnet ist, indem dort selbstverständlich die viertehalb Jahre der Regenlosigkeit nicht anders, als auf Grund der alttestamentlichen Erzählung und also im Anschlusse an Elia's Ausspruch gezählt sind[3]). Auch daß ein Gebet Elia's es gewesen, welches nach jener Zeit den Regen und hiemit das Wachsthum wiederbrachte, hat man der alttestamentlichen Erzählung fremd geachtet, während doch 1 Kön. 18, 42 mit וַיִּגְהַר אַרְצָה וַיָּשֶׂם פָּנָיו בֵּין בִּרְכָּיו nichts Anderes gemeint sein kann, als die Stellung des ganz ins Gebet versenkten. Denn daß er die Stellung angenommen habe, um die Offenbarung von der Wiederkehr des Regens zu empfangen[4]), ist ja eine schlechthin widersinnige Deutung, da er gar keine Offenbarung erwartete noch empfing, sondern so lange in der Stellung verblieb, bis ihm sein Diener nach siebenmaligem Ausschauen das Aufsteigen einer Wolke, also die Erfüllung seines Gebets verkündigte.

Von der Fürbitte um leibliche Heilung, die man begehren und leisten soll, ist der Apostel auf die Fürbitte um geistliche Heilung zu sprechen gekommen. Der Fall, daß der leiblich Kranke in seinem Gewissen beschwert ist, hat dazu übergeleitet. Aber nicht nur dessen soll der Christ sich annehmen, der ihm seine Sünden bekennt und seine Fürbitte begehrt, sondern auch dessen, der von der Wahrheit[5]) abgegangen und auf falschen Weg übergetreten ist: für ihn soll er nicht blos Fürbitte thun, sondern sich um seine Zurechtbringung bemühen. Dieß sagt jedoch der Apostel nicht ermahnungsweise, sondern mittelbarer Weise ermuntert er dazu durch die Verheißung, die er für den Fall giebt, daß Einer den von seinem Christenstande Abge-

Vierzehntens, Schlußwort der Ermunterung, sich des von der Wahrheit Abgeirrten anzunehmen. 5. 19—20.

---

[1]) gegen Thenius, Keil. [2]) gegen Thenius. [3]) gegen Huther. [4]) so de Wette. [5]) vgl. 1, 18; 3, 14.

wichenen wieder herumbringt. Den Ausdruck πλανᾶσθαι ἀπὸ τῆς ἀληθείας mißdeutet man, wenn man ihn von einem innerlichen, in sündhaftem Wandel sich kundgebenden Abfalle, einem Entfalle aus der Einstimmigkeit des Lebens mit dem göttlichen Willen in ein Sündenleben versteht[1]). Ἡ ἀλήθεια ist hier, wie sonst, als Gegenstand der willentlichen Erkenntniß gemeint[2]), und Abweichung von ihr auf den Irrweg ist also Abfall vom Christenthum, der einem ihm widerstreitenden Irrwahne überliefert. Es handelt sich demnach um ein Herumbringen dessen, der von der erkannten christlichen Heilswahrheit abgekommen und hiemit auf einen Weg gerathen ist, welcher in die Irre führt. Man würde es auch schwerlich anders verstanden haben, wenn man sich nicht durch eine Mißkennung dessen hätte bestimmen lassen, was der Apostel den wissen heißt, der einen Solchen herumbringt. In diesem Satze will vor allem beachtet sein, daß nicht das Subjekt von ἐπιστρέψῃ sein Subjekt ist, wie es doch der Fall sein würde, wenn nur eben dem, der einen von der Wahrheit Abgeirrten herumbringt, Verheißung gegeben sein sollte. Wie das Objekt ἁμαρτωλόν ein weiterer Begriff ist, als daß es nur den von der Wahrheit Abgeirrten bedeutet, so ist auch der Fall, daß ein Sünder von dem Irrsale seines Wegs[3]) herumgebracht wird, ein umfassenderer, als daß ein am Christenthum Irregewordener zur christlichen Wahrheit zurückgeführt wird, und begreift diesen unter sich[4]). Zum Andern aber ist die Verschiedenheit des Tempus von ἐπιστρέψας und von σώσει und καλύψει zu beachten, über welche die Bemerkung, daß diese Futura den endlichen Erfolg der rettenden That benennen[5]), keineswegs hinweghilft, wenn man sie etwas aussagen läßt, was dem Bekehrten geschehe. Es ist eben kein der Bekehrung nachgängiger, endlicher Erfolg, den die Futura dann benennen, da sie nicht etwas besagen, was für den Bekehrten Folge seiner Bekehrung sein, sondern etwas, was der, welcher ihn bekehrt hat, darnach thun wird. Man sagt, der Sinn sei eigentlich, er habe den Sünder auf den Weg zurückgeführt, auf welchem ihm die Rettung

---

[1]) so z. B. Kern, de Wette, Brückner, Wiesinger, Huther. [2]) vgl. z. B. Hebr. 10, 26; 1 Tim. 2, 4; 4, 3. [3]) vgl. Weish. Sal. 1, 12. [4]) vgl. Wiesinger, Huther. [5]) so Wiesinger.

seiner Seele werde zu Theil werden, und bekennt hiemit, daß etwas Anderes geschrieben steht, als was geschrieben stehen müßte, wenn die Erklärung richtig sein sollte, die übrigens dennoch einen untauglichen Gedanken ergäbe, indem die Bekehrung des Sünders selbst schon die Errettung seiner Seele ist. Und wenn es so hieße, wie man das wirklich Geschriebene umdeutet, was wäre doch dem, der Einen zur Wahrheit zurückführt, Sonderliches und der Einführung mit γινωσκέτω ὅτι Entsprechendes damit gesagt? Doch nichts Anderes, als was er sich schon selbst gesagt und was ihn bestimmt hat, sich seiner anzunehmen. Und nicht dem, der es gethan hat, müßte es gesagt sein, sondern dem, der einen Mitchristen von der Wahrheit abgekommen sieht; ihn müßte es bestimmen sollen, sich seiner anzunehmen. Dem, der es gethan hat, kann nur etwas verheißen sein, was er davon haben wird. Soll der Satz so gemeint sein, so ist freilich das fragliche αὐτοῦ hinter ψυχήν[1]) nicht entbehrlich, wenn man nicht das hinter ὁδοῦ stehende hievon abtrennen und zu ψυχήν und ἁμαρτιῶν ziehen will. Da es sich aber in Handschriften findet, wo sonst scheinbar Ueberflüssiges eher getilgt, als eingeschoben ist, so wird seine Beibehaltung gerechtfertigt sein.[2]) Αὐτοῦ bezieht sich dann auf das Subjekt von σώσει: die eigene Seele wird er heil behalten, daß sie nicht dem Tode verfällt[3]). Und Menge von Sünden wird er bedecken, heißt es weiter in gleichem Sinne der Verheißung für ihn selbst. Die Berührung der Worte καλύψει πλῆθος ἁμαρτιῶν mit Prov. 10, 12 ist eine entferntere, als 1 Petr. 4, 8, das Zudecken der Sünden hier nicht das Thun des Vergebenden, der sie nicht sehen will, sondern dessen, der sie vor Gott verhüllt, daß sie seinem Auge entnommen sind. Wären die Sünden des Bekehrten gemeint, so würde die Zudeckung derselben in einem Thun bestehen, welches macht, daß sie das Auge Gottes nicht mehr beleidigen: dieß wäre dann eine Sühnung derselben, von der sich nicht absehen läßt, wie sie das Werk des Bekehrenden sein sollte. Man giebt daher dem Gedanken rasch eine andere Wendung und sagt, obgleich das Zudecken dem Bekehrenden zugeschrieben werde, so wolle doch ausgesagt sein, was die Liebe

---

[1]) vgl. 1, 26. [2]) so jetzt Tischendorf. [3]) vgl. z. B. Luc. 9, 24; Marc. 8, 35.

Gottes an dem bekehrten Sünder thue¹). Einer so bedenklichen Umstülpung bedürfen wir nicht, wenn des Bekehrers eigene Sünden gemeint sind, was ja Angesichts jenes πολλὰ πταίομεν ἅπαντες, das wir 3, 2 gelesen haben, nicht für unverträglich mit dem Wesen eines Gerechten, wie sich der Apostel ihn denkt, gelten wird. Was der Bekehrer an dem Bekehrten gethan hat, wird ihm zu Gute kommen, wenn er seiner vielen Sünden vor Gott eingedenk um deren Vergebung bittet: es wird ihm gelingen, sie zu bedecken und dem Auge Gottes zu entnehmen. So kann Jakobus sagen, ohne die Vergebung der Sünden von Christi Sühnung derselben unabhängig zu machen, und ohne den Wahn zu verschulden, als könne man sich durch eines Andern Bekehrung die Mühe der eigenen ersparen²). Wer sich eines Sünders annimmt, ihn zu bekehren, von dem setzt er voraus, daß es ihm um Gottes Ehre und seines Nächsten Heil zu thun ist: eine Sinnesart, von der sich bei einem Christen von selbst versteht, daß sie ihm aus seinem Glauben an Christum erwächst, so daß sie ihn ebenso wenig einer von Christi Gerechtigkeit unabhängigen Sündenvergebung, als der Gerechtigkeit Christi ohne Buße sich getrösten läßt.

Verlauf und innerer Zusammenhang des Briefs. Mit der Vermahnung zu freudiger Ausdauer in Anfechtungen, die den Glauben des Christen wankend machen wollen, hat der Apostel begonnen; um Wiederzurechtbringung dessen, der von der christlichen Wahrheit abgeirrt ist, handelt es sich am Schlusse. Beides ist den Lesern überhaupt gesagt, und ebenso, was jenem zunächst folgt, diesem zunächst vorhergeht, wogegen alles, was 2, 1—5, 6 dazwischenliegt, denen gilt, die es trifft. Da sie alle in der gleichen Lage sind, um ihres Christenstands willen angefochten zu werden, so beginnt der Apostel mit der Ermahnung, diese Anfechtungen, unter welchen sie standhafte Geduld gewinnen, mit Freuden hinzunehmen, aber solche Geduld dann auch bis zu Ende zu bewähren, und, wenn sie der Weisheit ermangeln, deren sie in ihrem anfechtungsvollen Stande bedürfen, Gott darum zu bitten, aber mit gläubiger Zuversicht und nicht mit halbem Herzen zu bitten, nur des Einen froh, daß sie Christen sind, die nach bestandener Anfechtung das ewige Leben er-

---

¹) so Wiesinger. ²) gegen Stockmeyer b. Br. des Jakobus S. 358.

langen, nicht bekümmert, wenn sie arm, noch stolz, wenn sie reich sind, und dessen gewiß, daß von Gott nur Gutes kommt, statt gegen ihn zu murren, als ob er sie anfechte, und hierüber die Anfechtung, die Jedem aus der eigenen Lust kommt, außer Acht zu lassen.

Von dem Verhalten unter dem, was ihnen allen widerfährt, geht der Apostel zu dem thätigen Verhalten über, welches der ihnen gemeinsame Christenstand mit sich bringt. Durch ein Wort der Wahrheit hat sie Gott in diesen Lebensstand geboren. So müssen sie dieß Wort, das ihnen von ihrer Neugeburt her einwohnende, wo es an sie kommt, gern aufnehmen, es lieber hören, als reden, aber nicht blos hören, sondern thun und mit Liebeswerk und Selbstbewahrung, statt mit selbstbetrüglichem Schwatzen, Gott verehren.

Es folgen nun Ermahnungen, welche Allen gesagt sind, aber damit sie diejenigen sich gesagt sein lassen, die sich getroffen fühlen. Wenn es den Christen gleichviel sein soll, ob sie reich oder arm sind, so dürfen sie auch die Nichtchristen nicht hienach verschiedentlich werthen und behandeln, wie dieß zunächst und am grellsten in dem Falle geschah, daß Reiche und Arme in ihre Versammlungen kamen. Solche persönliche Berücksichtigung des Einen vor dem Andern ist nicht blos Thorheit, sondern Sünde und Angesichts des einstigen Gerichts nicht gering anzuschlagende Sünde, weil Uebertretung des Gebots der Liebe und somit des Gesetzes Gottes überhaupt.

In den Hinweis auf das einstige Gericht, welchem anheimfällt, wer der Liebe ermangelt, ist dieser Abschnitt ausgegangen. Dem schließt sich die Frage des folgenden an, ob Einen, welcher sagt, er habe Glauben, aber kein Thun hat, sein Glaube erretten könne. Der Apostel zeigt, daß solcher Glaube ohne Nutzen und ohne Werth ist, und beweist dem, welcher daraufhin rechtbeschaffen zu sein meint, daß die Schrift eine Rechtbeschaffenheit ohne Thun nicht kennt. Wie sich der vorige Abschnitt zu 1, 9—11 verhielt, ähnlich verhält sich dieser zu 1, 22—25. Denn wer sich solchen Glaubens getröstete, achtete ihn für die Erfüllung des Gebots, daß man Gottes Wort nicht blos hören dürfe.

Und ähnlich verhält sich, was nun 3, 1 folgt, zu 1, 19. Es mochten gar Manche ihres Glaubens Bethätigung am liebsten darein setzen, daß sie ihre Wahrheitserkenntniß zur Belehrung Anderer verwendeten und also schnell zu reden waren, statt schnell zu hören. Sie warnt der Apostel, indem er sie bedenken heißt, wie schwer vermeidlich Zungensünden seien und wie schweres Unheil die Zunge anrichte, in der die Sünde ihre ganze Macht entfalte und das Unnatürliche zu Wege bringe, daß man den Menschen mit ihr flucht, während man Gott mit ihr preist.

Es soll, fährt der Apostel fort und kommt damit auf diejenigen zu sprechen, die zum Lehren befähigt sind, es soll ein Jeder nur thun, wozu er befähigt ist. Wer nun ein Weiser und Wissender ist und also Lehrer sein kann, der beweise es mit einem Verhalten, welches das Gegentheil eigensüchtiger Leidenschaftlichkeit ist; sonst ist seine die christliche Wahrheit sich selbst entfremdende Weisheit das Widerspiel der himmlischen und schafft nur Unfrieden. Wenn es 1, 19 f. hieß, Jedweder solle langsam sein zu reden, langsam zum Zorn, so ist nun hier die schlimmste Art gerügt, wie Einer sich hiegegen versündigen kann.

Der Apostel weiß, daß viel Unfriede in der Christenheit herrscht. Auf ihn kommt er von dem Unfrieden aus, den die Leidenschaftlichkeit der falschen Weisheit wirkt, eben damit aber auf den Grundschaden, aus dem er stammt, auf die begehrliche Weltliebe zu sprechen, die sich mit der Gottesliebe vertragen will, während sie den Menschen zum Feinde Gottes macht. Und zu diesem Grundschaden gesellt sich ein zweiter, die hoffärtige Sicherheit, die der göttlichen Gnade nicht zu bedürfen meint und eines falschen Friedens froh in Unbußfertigkeit dahinlebt. Hat er zuvor ein Lehren gestraft, das sich für Unterweisung in christlicher Wahrheit giebt und das Gegentheil von christlich ist, so nun ein Leben, das ein Christenleben sein will und das Gegentheil von christlich ist. Damit hat er die schlimmsten Uebel gerügt, an denen die Christenheit krankt.

Auf andere bringt ihn die Ermahnung, sich vor dem Herrn zu demüthigen, in welche seine Rüge der unbußfertigen Selbstzufriedenheit ausgegangen ist. Denn der Demuth Gotte, dem alleinigen Gesetzgeber und Richter, gegenüber fehlen auch diejenigen, die sich über den Mitchristen zu Gericht setzen; und der Demuth Gotte, dem Herrn unsers Lebens, gegenüber fehlen auch diejenigen, die sich geberden, als stehe die Ausführung dessen, was sie sich vornehmen, lediglich bei ihnen.

Vergessen die Letzteren des irdischen Lebens Vergänglichkeit, so leben die Reichen, die im Wohlleben verprassen, was sie mit Unrecht erwerben, nur für die Gegenwart und denken der Zukunft nicht, welche ihre Herrlichkeit in das ihnen dräuend vorgehaltene Elend verkehren wird.

Dieselbe Zukunft aber ist den gläubigen Christen die ersehnte Zukunft des Herrn. Sie sollen unter dem, was die Gegenwart Schweres für sie hat, dem Tage der Erlösung in Geduld entgegenwarten, ohne, wo ihnen Unrecht geschieht, wider die zu seufzen, von denen es ihnen geschieht, und vor allem ohne mit eidlichen Betheuerungen die Gelassenheit zu verläugnen, die für ihr Recht nur ein schlichtes Ja und Nein hat.

Das Strafwort gegen die Reichen hat den Uebergang vermittelt von der Ermahnung, sich gewisse Versündigungen nicht zu Schulden kommen zu lassen, zu der Ermahnung, wie sich der Christ in gegebener Lage verhalten soll. Die gegebene Lage ist zunächst die für alle Christen gleiche, in der Zeit zu leben, deren Ende sie mit der Zukunft des Herrn erwarten. Der Apostel kommt von da aus auf die verschiedenen Lagen zu sprechen, in denen sich ein Christ, sei es durch göttliche Schickung oder durch eigene Schuld, befinden kann, und verweist für sie alle auf das Gebet, auf das eigene der Bitte in schlimmen und des Lobpreises in guten Tagen, auf das gemeindliche der Fürbitte, die der Kranke begehren und die ihm gewährt werden soll, endlich auf das brüderliche der Fürbitte, die in Gewissensnoth gesucht und geleistet werden soll.

Das Schlimmste aber, was einem Christen begegnen kann, ist die Abirrung von der Wahrheit. Daher schließt der Apostel mit einer Erinnerung, die geeignet ist, zur Bemühung um die Wiederbekehrung eines Solchen aufzufordern. In diesem Falle ist es mit Fürbitte nicht gethan, geschweige daß man einen Solchen aufgeben und seinem Irrwege überlassen soll.

Wie sich die Christen zu den Anfechtungen von außen stellen sollen, die ihnen um ihres Christenstandes willen widerfahren, und wie sie sich als durch ein Wort der Wahrheit Wiedergeborene erzeigen

sollen, war das Erste, und wie sie sich in der mit der Zukunft des
Herrn abschließenden Gegenwart und in den mancherlei Lagen und
Fällen derselben verhalten sollen, ist das Letzte, was Alle gleicher=
maßen angeht. Das Zwischenliegende, was denen sonderlich gilt,
die es trifft, beginnt mit einer Rüge derer, die den reichen Nicht=
christen, weil er reich ist, bevorzugen, und schließt mit dräuendem
Strafworte gegen die Reichen, die für Christen gelten wollen und
nur in den Sünden leben, die dem Reichthume eigen sind. Dort
ist vorhergegangen, daß dem Christen, ob er arm oder reich ist,
gleichgültig und nur die zum ewigen Leben gedeihende Standhaftig=
keit unter Anfechtung von Werth sein soll; und hier folgt, wie die=
jenigen, die in der Gegenwart der Zukunft des Herrn entgegensehen,
als solche sich in standhafter Geduld und leidenschaftloser Gelassenheit
bewähren sollen. Auf die Rüge der Bevorzugung des reichen Nicht=
christen, die an 1, 9—11 zurückerinnerte, folgte einerseits die Zu=
rechtweisung der mit Glauben ohne Werke sich Begnügenden, und
andererseits die Warnung vor der Neigung, sich zum Lehrmeister
aufzuwerfen, was sich beides wie eine Ergänzung an 1, 19—27
anschloß. Aber indem ihn Letzteres auf ein Lehren führte, in dessen
eigensüchtiger Leidenschaftlichkeit eine teuflische, statt göttliche Weisheit
sich breit mache, kam er auf die schlimmsten Schäden in der Christen=
heit zu sprechen, auf diesen selbst und auf die Weltliebe, die wider
die Liebe Gottes streitet, und auf die unbußfertige Sicherheit, die sich
seiner Gnaden unbedürftig achtet. Die einschneidende Rüge dieser
Grundschäden bildet die Mitte des Briefs. Mit dem Zurufe „de=
müthiget euch vor Gott" hat sie der Apostel geschlossen. Aber dieser
Zuruf gilt auch dem, der sich des Gotte allein zustehenden Gerichts
über den Mitchristen anmaßt, oder der sich geberdet, als verfüge er
über sich unabhänig von Gott, und vollends denen, die ihr Reich=
thum Gottes und seines Gerichts vergessen und nur rücksichtslosem
Erwerbe und üppigem Genusse leben macht. Solchem Leben für die
Gegenwart tritt dann das Leben dessen entgegen, dem sie die Zeit
des Wartens auf den Herrn ist, somit aber auch für sein Verhalten
sein soll. Und hiemit ist der Apostel wieder bei solchem angelangt,
was er der Christenheit überhaupt und abgesehen von sonderlich in
ihr vorkommenden, sittlichen Schäden zu sagen hat. Mit solchem

beginnt der Brief und mit solchem schließt er. Aber darum ist weder 1, 2—27[1]) oder gar nur 1, 2—18[2]) Einleitung, noch 5, 12—20[3]) oder gar 4, 13 — 5, 20[4]) ein Schluß desselben zu nennen. Er hat weder Einleitung noch Schluß, sondern nur Anfang und Ende und unterscheidet sich hierin von dem ersten petrinischen Briefe, mit welchem er sonst dieß gemein hat, durchweg Ermahnung zu sein, die nur nach Bedarf zur Rüge oder auch zur Gerichtsandrohung wird. Der Anfang war gegeben durch die gemeinsame Lage, Anfechtung zu erleiden, die bestanden sein will, und durch den gemeinsamen Stand, wiedergeboren zu sein durch das Wort der Wahrheit, das gehört und gethan sein will. An die mit Ersterm gegebene Ermahnung schließt sich als nächstverwandt die erste Rüge an, daß im Verhalten gegen Nichtchristen der Reiche vor dem Armen bevorzugt wird, an die mit Letzterm gegebene die zweite und dritte Rüge, daß man sich mit einem Glauben begnügt, der keine Werke hat, und daß man sich dazu drängt, den Lehrmeister zu spielen. Aber die übrigen Rügen schließen sich dann zur einen Hälfte an die Warnung an vor eigenwilligem Lehren, zur andern an das Schlußwort der Strafrede gegen unbußfertige Sicherheit. Der Gegensatz endlich gegen die Welttrunkenheit der Reichen führt zu solchem zurück, was den Christen abgesehen von Rügebedürftigem, nun aber für das Leben in der Zeit diesseit der Zukunft des Herrn und für die mancherlei Lagen desselben zu sagen war. Hiemit zu schließen war des Apostels Absicht von vorn herein, und so ergab sich dann von selbst, daß, während die erste Hälfte der Rügen ihre Anknüpfungspunkte in dem Inhalte des ersten Kapitels hatte, die zweite in die dräuende Rede gegen die Reichen ausgehen mußte, damit im Gegensatze hiezu die Ermahnung folgen konnte, welche die Hoffnung auf die Offenbarung des Herrn zur Voraussetzung hat. Den Uebergang von der ersten Hälfte der Rügen zur zweiten finden wir in den beiden Schriftstellen 4, 5 und 6, von denen die eine die Eifersucht Gottes gegen die Weltliebe, die andere die Gottverhaßtheit der Hoffart zu Gemüthe führt. Denn auf die Rüge der Weltliebe ist die erste Hälfte hinausgekommen, und auf die

---

[1]) so Wiesinger S. 43. [2]) so Schmidt b. Lehrgehalt d. Jakobusbr. S. 25.
[3]) so Wiesinger a. a. O. [4]) so Schmidt S. 30.

Rüge der gottesvergessenen Hoffart der Reichen sollte die zweite hinaus=
gehen. Zwischen einer mit der Liebe unverträglichen weltlichen Rück=
sichtnahme und einer mit der Liebe Gottes unverträglichen Weltliebe
bewegt sich die eine, zwischen dem ὁ θεὸς ὑπερηφάνοις ἀντιτάσσεται 4, 6
und dem οὐκ ἀντιτάσσεται ὑμῖν 5, 6 bewegt sich die andere.

Zweck und Eigenart desselben. Der ganze Brief ist Ermahnung zu einem dem Christenstande
entsprechenden Verhalten, je nach Verschiedenheit des Anlasses den
milden Ton der Berathung oder den scharfen Ton der Züchtigung
anschlagend, immer aber veranlaßt durch ein im derzeitigen äußern
oder innern Stande der Christenheit vorliegendes Bedürfniß, sei es
von solchem, das sich Alle, oder von solchem, was die sonderlich da=
von Berührten sich gesagt sein lassen mußten. Wessen er Alle be=
dürftig achtet, war gegeben einerseits durch die Allen gemeinsame
Anfechtung und die Allen gemeinsame Wiedergeburt, worauf sich
1, 2—27 bezieht, andererseits durch die Beschaffenheit der Zeit dies=
seit der Zukunft des Herrn und das für diese Zeit verliehene Gebet,
worauf sich 5, 7—20 bezieht. Mit der auf die Anfechtungen be=
züglichen Ermahnung beginnt er, weil die nächstliegende Gefahr war,
daß man sich durch sie um die christliche Freudigkeit bringen ließ.
Daß sie aber plötzlich und unerwartet hereingebrochen seien, ist eine
Mißdeutung des nur den Fall setzenden ὅταν πειρασμοῖς περιπέσητε,
und daß der Apostel πειρασμοί statt θλίψεις deshalb schreibe, weil
er den pädagogischen Zweck der Bedrängnisse im Auge habe, ist ein
Mißverstand dieses Ausdrucks, welcher, wie man 1, 13 sieht, nicht
anders als 1 Petr. 1, 6 die Bedrängnisse als Versuchungen zur
Sünde, zum Abfalle bezeichnet[1]). Solchen Anfechtungen unterstand
die Bekennerschaft Jesu mehr oder weniger jederzeit und überall.
Daher ermahnt der Apostel, sich nicht durch sie um die christliche
Freudigkeit bringen, sondern sie zur Bewährung des Glaubens ge=
deihen zu lassen, die Weisheit, deren man unter solchen Umständen
bedurfte, von Gott sich zu erbitten, statt über dem Mangel derselben
zaghaft zu werden, den Unterschied von Gering und Reich nichts
zu achten gegen den Lohn des standhaften Bestehens der Anfechtungen,
und nicht gegen Gott zu murren, als reize er durch sie zur Sünde,
sondern dessen gewiß zu sein, daß uns von ihm nur Gutes kommt.

---

[1]) beides gegen Schmidt Lehrgehalt des Jakobusbr. S. 50.

Die Anfechtung ist das Leid, der Stand der Wiedergeburt ist das Gut des Christen. Aber hat uns Gott durch ein Wort der Wahrheit in diesen neuen Lebensstand geboren, so gilt es, dieß Wort gerne zu hören und es sich das Gesetz sein zu lassen, das man thut, und die Frömmigkeit in dessen Erfüllung und nicht in den Selbstbetrug frommen Geschwätzes zu setzen. Daß man das Wort, das man einmal in sich aufgenommen hatte und selbsteigen besaß, sich immer wieder sagen zu lassen verdrießlich ward, oder genug zu thun meinte, wenn man da nicht fehlte, wo es gelehrt wurde, oder selber davon zu schwatzen liebte, um sich durch solche fromme Selbstbefriedigung dessen, womit Gotte gedient sein will, überhoben zu achten, dieß alles konnte überall vorkommen, wo es Bekenner Jesu gab.

Den beiden Stücken, die wir in 1, 2—27 unterschieden, entsprechen die beiden, um welche sich der letzte Abschnitt 5, 7—20 bewegt. Dem Leide der Anfechtung entspricht die Beschaffenheit der Zeit diesseit der Wiederkunft Christi, dem Gute der Wiedergeburt durch das Wort der Wahrheit entspricht die Gabe des Gebets. Hinsichtlich der erstern that den Christen die Geduld Noth, der es unter dem, was die Gegenwart zu leiden giebt, nicht zu lange wird, auf die Zukunft des Herrn zu warten, und die Gelassenheit, die weder unmuthig wird über Unrecht, wie es zur Zeit der Christ auch vom Mitchristen erfahren muß, noch sich durch Widerspruch oder Bestreitung zu leidenschaftlichem Schwören aufregen läßt. Gegeben aber ist für alle Lagen dieser Zeit das Gebet. Wem es übel ging, der sollte sich nicht dem Mißmuthe ergeben, sondern Gott anrufen, und wer wohlgemuth war, nicht blos vergnügt sein, sondern Gott preisen. Und die Kraft des Gebets sollte nicht unbenützt bleiben, wo Einer in Krankheit fiel, von welcher das gemeindliche Gebet ihm helfen konnte, noch wo Einer in Gewissensnoth gerieth, deren Wendung jeder Christ dem Mitchristen erbitten mochte. Wer aber gar vom Wege der Wahrheit abirrte, den sollte man nicht seinen Irrweg ziehen lassen, sondern wohl dem, der ihn davon zurückbringt! Mit diesem Schlimmsten, was innerhalb der Christenheit geschehen konnte, so lange sie dem Herrn entgegenzuwarten hatte, schließt der Brief, der mit den Anfechtungen, denen sie ausgesetzt ist, und mit der Ermahnung, sie für Freude, statt für Unglück, zu achten, begonnen hat.

Es wäre hieran genug, wenn der Apostel nicht sittliche Schäden kennete, die sich in ihr fanden. Die Reihenfolge, in der er auf sie zu sprechen kommt, ist verschieden von der Stufenfolge ihrer Schwere. Nur schließt er mit dem Schlimmsten, was er in ihr kennt, mit der Gottes und seines Gerichts vergessenen Hartherzigkeit und Genußlust der Reichen. Aber es gab auch solche, die Gott lieben zu können meinten, während ihre Lust an den Dingen der Welt der Grund alles Unfriedens war, an welchem die Gemeinschaft krankte, und solche, die sich einbildeten, einen Verstand der christlichen Wahrheit lehrhaft zu verwerthen, während giftige Leidenschaftlichkeit und gemeine Eigensucht ihre Weisheit zu einer teuflischen machte, und solche, die in wohlgemuther Sicherheit dahinlebten, während sie allen Grund hatten, sich bußfertig vor Gott zu demüthigen und sich die Gnade zu erflehen, die nur den Demüthigen zu Theil wird. In einer Sicherheit anderer Art lebten diejenigen dahin, die von wegen eines Glaubens, der kein Thun hatte, so, wie Gott uns haben will, beschaffen und des Heils gewiß zu sein meinten. Dieß alles sind Richtungen des gesammten Lebens, die dem Christenthume widerstritten und doch innerhalb der Christenheit vorkamen. Andere Schäden waren vereinzelte sittliche Irrungen oder Verfehlungen, wie die Neigung, aus bloßer Lust am Lehren Lehrmeister der Anderen sein zu wollen, oder die Neigung, die schlimmen Seiten des Mitchristen zum Gegenstande des Gesprächs zu machen und über ihn zu Gericht zu sitzen, oder die unbedachte Leichtfertigkeit, sich so zu geberden, als könne man über sein Leben und Thun selbstherrlich verfügen, oder die gedankenlose Schwachheit im Verhalten gegen Nichtchristen, den Reichen um seines Reichthums willen zu ehren, den Armen um seiner Armuth willen zu verunehren. Aber auch diese Schwachheit straft der Apostel als Versündigung gegen die Pflicht der Liebe und hiemit gegen das ganze Gesetz, nach welchem wir gerichtet werden, warnt also auch sie vor demselben Gerichte, welches er den hartgeherzten und welttrunkenen Reichen in Aussicht stellt. Und jene Leichtfertigkeit, die sich damit entschuldigen möchte, daß sie es so schlimm nicht meine, lehrt er, daß nicht zu thun, wovon man weiß, daß man es thun solle, Sünde sei. Und die sich ein Geschäft daraus machen, über den Mitchristen zu Gericht zu sitzen, lehrt er bedenken, daß sie sich damit dessen anmaßen, was Gotte allein zusteht. Und wie scharf und schneidig hält er den Lehrlustigen die Gefahr vor, in welche sie sich begeben, wenn sie ohne Beruf ihrer Zunge den Lauf lassen! sie kommen dahin, aus Einem Munde Gott zu preisen und dem Nächsten zu fluchen.

Man hat mit Recht bemerkt, daß diese sittlichen Schäden mehr oder weniger an Untugenden des jüdischen Volksthums erinnern, an jüdische Werthschätzung des Reichthums um seiner selbst willen, an jüdische Betriebsamkeit, die ihre Pläne berechnet, an jüdische Neigung, religiöse Erkenntniß lehrhaft zu verwerthen oder sie zum Gegenstande rechthaberischen Streitens zu machen, an jüdische Heilssicherheit, die mit einem Glauben, welcher nur Sache des Wissens ist, dem Anspruche Gottes voll zu genügen meint, an jüdische Selbstzufriedenheit, die sich nicht zu Sinne kommen läßt, daß sie der Buße bedürfen könnte, an jüdische Begehrlichkeit, die um Mein und Dein rechtet, an jüdische Hartherzigkeit, die kein Unrecht scheut, sich zu bereichern. Daß sich diese dem jüdischen Volksthume anhaftenden Untugenden in einer jüdischen Bekennerschaft Jesu wiederfanden, wird man nicht verwunderlich finden, wenn man bedenkt, daß sie gleich Anfangs massenweise anwuchs. In einem andern Zusammenhange aber, als daß sie sich aus dem jüdischen Volksthume begreifen, stehen die gerügten Schäden nicht unter sich: einzeln, wie sie gerügt werden, waren sie bei den Einen so, bei den Andern anders zu Tage getreten. Nicht blos die Rügen alle unter den Gegensatz gegen die Reichen zu befassen, ist eine handgreifliche Verkehrtheit, vollends wenn die Reichen die heidnische, also paulinische Christenheit sein sollen[1]), sondern auch solche Verknüpfungen sind unberechtigt, wie wenn man diejenigen, welche der Apostel warnt, sich nicht liebhaberisch des Lehrens anzunehmen, mit denen vereinerlei, die sich eines Glaubens ohne Werke getrösteten, und dann wohl gar von ihnen zu wissen meint, daß sie in der Gemeinde die Oberhand gewannen und hiedurch die im Uebrigen gerügten sittlichen Schäden verschuldeten[2]). Von Bestreitung irriger Lehre ist nirgend Etwas zu finden, ebenso wenig

---

[1]) so Schwegler b. nachapost. Zeitalter I. S. 440. [2]) so Schmidt a. a. O. S. 55.

„als von Lehrzwistigkeiten¹), welche gerügt würden, oder von theologischen Verhandlungen, die dem frommen und deshalb die Wissenschaft zugleich fürchtenden und verachtenden Verfasser anstößig waren²). Denn auch von denen, die sich eines Glaubens ohne Werke getrösteten, ist nicht gesagt, daß sie so lehrten, sondern daß sie es für ihre Person so hielten. Und daß dasjenige, was ihnen Jakobus entgegenstellt, keine Bestreitung paulinischer Lehre oder ihres Mißbrauchs ist, wird sich gezeigt haben, wenn der Beweis gelungen ist, daß er von einem andern δικαιοῦσθαι handelt, als Paulus, und deshalb das Verhältniß von Glauben und Werken unter einem ganz andern Gesichtspunkte, wie auf ganz andern Anlaß hin bespricht, als jener. Lange zuvor, ehe Paulus veranlaßt war, sich der gesetzlich gesinnten jüdischen Christen zu erwehren, die in Folge der Einverleibung von Heiden in die Gemeinde Christi und nicht auch in das Volk des Gesetzes die Behauptung aufstellten, der Glaube an Jesum ohne Beobachtung des Gesetzes genüge nicht, daß ein Mensch vor Gott gerecht sei, wird es jüdische Christen gegeben haben, denen es bequem war, das Wort Jesu Matth. 7, 21 außer Acht zu lassen, und gegen welche daher geltend gemacht werden mußte, daß die Schrift von keinem Gerechten wisse, der es von wegen eines Glaubens ohne Werke war. Wenn Jakobus gegen solche anging, so mußte er freilich vom δικαιοῦσθαι ἐκ πίστεως, ἐξ ἔργων handeln, aber ohne damit etwas Neues aufzubringen oder etwas neu Aufgekommenes zu verwenden, sondern eines nächstliegenden Ausdrucks sich bedienend; und die Art und Weise, wie er davon handelt, schließt ihn nicht von den Juden aus, von denen Paulus Gal. 2, 16, wie von sich selbst, bezeugt εἰς Χριστὸν Ἰησοῦν ἐπιστεύσαμεν, ἵνα δικαιωθῶμεν ἐκ πίστεως καὶ οὐκ ἐξ ἔργων νόμου.

Wann er verfaßt ist. Dann ist aber die Beantwortung der Frage, wann der Brief verfaßt worden, nicht davon abhängig, wie früh oder spät jene sogenannten Formeln, von denen man annimmt, daß Paulus sie aufgebracht habe, in der Christenheit zu allgemeinerem Gebrauche gelangt seien³). Wohl aber darf man annehmen, daß Jakobus, wenn zur

---

¹) gegen Schmid bibl. Theol. des N. T. II. S. 101. ²) gegen Reuß b. Geschichte der h. Schriften N. T. S. 139. ³) gegen Brückner S. 202.

Zeit der Abfassung seiner Schrift die Behauptung schon laut geworden wäre, der Mensch bedürfe, um vor Gott gerecht zu sein, neben dem hiezu nicht ausreichenden Glauben an Jesum Christum der Beobachtung des mosaischen Gesetzes, diese Frage nicht unbesprochen und, wenn er der Gal. 2, 9 erwähnte Jakobus ist, diese Mißkennung Christi nicht ungestraft gelassen, diejenigen aber, gegen welche er 2, 14 ff. angeht, nicht, ohne sich gegen Mißdeutung zu verwahren, ihrer Thorheit überführt haben würde. Zur Zeit, als er schrieb, konnte er sich des Ausdrucks $\delta\iota\kappa\alpha\iota o\tilde{\upsilon}\sigma\theta\alpha\iota$ in dem Sinne bedienen, wie er den Ausdruck $\delta\iota\kappa\alpha\iota o\varsigma$ gebrauchte, ohne besorgen zu müssen, daß man den Satz $\dot{\varepsilon}\xi\ \ddot{\varepsilon}\rho\gamma\omega\nu\ \delta\iota\kappa\alpha\iota o\tilde{\upsilon}\tau\alpha\iota\ \ddot{\alpha}\nu\theta\rho\omega\pi o\varsigma\ \kappa\alpha\grave{\iota}\ o\mathring{\upsilon}\kappa\ \dot{\varepsilon}\kappa\ \pi\iota\sigma\tau\varepsilon\omega\varsigma\ \mu\acute{o}\nu o\nu$ für eine Zustimmung zu der Behauptung nehmen würde, der Glaube, von welchem Paulus Gal. 5, 6 spricht, sei ungenügend, den Menschen zu erretten[1]). Diese Besorgniß hätte ihn, wenn er später schrieb, um so mehr, je mehr er sich bewußt war, etwas zu bestreiten, was mit der paulinischen Lehre Nichts zu thun hatte, nicht blos in der Wahl seines Ausdrucks vorsichtig machen, sondern zu einer Verwahrung gegen solche Mißdeutung bestimmen müssen, welche dann zu einer Bestreitung derer ausschlug, die das Gesetz der Freiheit mit dem Joche der mosaischen Gesetzesbestimmungen vertauschten und hiedurch die wahre Heiligung nicht minder, als den seligmachenden Glauben an Jesum beschädigten[2]).

Es müßten sehr starke Gründe sein, welche dieses Bedenken gegen eine spätere Abfassung des Briefs überwögen. Aber solche giebt es nicht. Von der bequemen Einrichtung des Versammlungsraums[3]), wo es nicht blos Sitzplätze, sondern sogar Fußschemel gab, dürfen wir wohl absehen: eine seit mindestens anderthalb Decennien bestehende, nach Myriaden zählende[4]), auch Reiche in sich schließende Genossenschaft konnte dergleichen wohl haben. Nicht viel gewichtiger ist, daß man 5, 14 das Gemeindeleben schon in bedeutendem Grade organisirt findet[5]). Oder soll man etwa meinen, die Bekennerschaft Jesu habe dort, wo sie ihren Anfang nahm, Decennien hindurch

---

[1]) vgl. Weiß Lehrb. der bibl. Theol. N. T. S. 121. [2]) gegen Wiesinger S. 36 f. [3]) so z. B. Wiesinger S. 38. [4]) Akt. 21, 20. [5]) so z. B. Schmidt a. a. O. S. 47.

ebenso, wie es Paulus auf Kreta vorgefunden hat, eines geordneten Gemeinschaftslebens entbehrt? Sobald sie sich aber an einem Orte gemeindlich ordnete, bedurfte sie einer Vorsteherschaft, wie sie dieselbe von dem gottesdienstlichen Gemeinleben her, in welchem sie vorher gestanden hatte, gewohnt war. Ein geordnetes Gemeinschaftsleben ohne Vorsteherschaft ist ja undenkbar. Mehr aber, als daß es eine Vorsteherschaft gab, die von Gemeinde wegen an den Einzelnen handelte, ist 5, 14 nicht zu finden, und es ist viel zu viel gesagt, daß hier das Presbyteramt in seiner das geistleibliche Wohl der Gemeindeglieder umfassenden Bedeutung hervorgehoben werde[1]). Ein weiteres Kennzeichen spätapostolischer Zeit soll an derselben Stelle das Zurücktreten der Charismen sein[2]), während sie im Gegentheil eine Zeit zu erkennen giebt, in welcher, daß ein Kranker, um gesund zu werden, das heilkräftige Gebet des in der Gemeinde lebenden Glaubens begehren solle, ganz ebenso ermahnt werden konnte, wie daß der Bedrängte beten, der Wohlgemuthe lobsingen solle. Das Vermögen, den Kranken zu heilen, erscheint hier nicht als eine sonderliche Gabe Einzelner, sondern der Gemeinde wohnt es bei und wird wirksam, wo immer es im Glauben angerufen und im Glauben geübt wird. Bloßer Mißverstand ist es auch, wenn man betont, daß die Christen, zu welchen der Apostel rede, an Gebrechen leiden, die sich nur aus einem Nachlasse der anfänglichen sittlichen Energie begreifen[3]). Ohne zu beachten, in wie ganz verschiedenem Tone er in den verschiedenen Abschnitten des Briefs zu denen spricht, die er anredet, stellt man sich die Christenheit, an die er schreibt, schlechtweg so vor, als begnüge sie sich mit einem Glauben ohne Werke, habe giftige Leidenschaftlichkeit und gemeine Eigensucht im Herzen und müsse sich sagen lassen, was 4, 1 ff. oder 4, 8 f. zu lesen steht. Wenn man endlich fragt, wo denn vor dem Apostelconcile die judenchristlichen Gemeinden außerhalb Palästina's zu suchen wären, auf welche die Voraussetzungen des Briefs paßten[4]), so beruht diese Frage, wenn wir die Ueberschrift richtig verstanden haben, auf einer irrigen Deutung derselben. Zwischen Gemeinden innerhalb und außerhalb Palästina's

---

[1]) so Wiesinger z. 5, 14. [2]) Wiesinger ebendort. [3]) Wiesinger S. 38.
[4]) Wiesinger S. 39.

zu unterscheiden ist dem Apostel fremd. Mögen Bekenner Jesu in Jerusalem oder Samarien oder Damask oder Antiochia wohnen, sie sind ihm das Zwölfstämmevolk, welches seine Heimath im Himmel hat, im Gegensatze gegen das jüdische Volk, welches das irdische Jerusalem seine Heimath nennt.

Aber wenn sich Jakobus schlechtweg so nennen konnte, so muß man annehmen, daß der andere Apostel seines Namens nicht mehr am Leben war, und dann hat er zu einer Zeit geschrieben, als in Antiochia bereits eine aus Juden und Heiden gemischte Gemeinde bestand. Wie kommt es nun, daß wir auf diese Mischung keine Rücksicht genommen und nichts gesagt finden, was durch sie veranlaßt wäre, sondern vielmehr in den gerügten sittlichen Schäden die Fortwirkung derjenigen erkennen, welche dem jüdischen Volksthum sonderlich anhafteten? Die hierin liegende Schwierigkeit, welche, wenn wir die Ueberschrift richtig verstanden haben, um so größer wird, je später der Brief verfaßt sein soll, wird ihre Erledigung dadurch finden, daß wir uns die Stellung des Jakobus vergegenwärtigen. Er schrieb als Haupt der Muttergemeinde und stand in dieser Eigenschaft zu der Bekennerschaft Jesu in Beziehung, die von ihr aus und zu ihr hinzu gesammelt war. Wenn sich in Antiochia der jüdischen Gemeinde auch Heiden angeschlossen hatten, so wird er es nicht für seines Berufs gehalten haben, die hiedurch angebahnte ihm fern liegende Besonderheit in den Kreis desjenigen eigens miteinzubeziehen, was er in seiner Stellung der Bekennerschaft Jesu überhaupt zu sagen hatte. Ehe sich die antiochenische Gemeinde der Einmischung jener gesetzlichen Judenchristen zu erwehren hatte und sich deshalb an die Muttergemeinde wandte, können die Apostel überhaupt, die es dem Barnabas überlassen hatten, nach der dortigen Neuerung zu sehen, keine nähere Beziehung zu ihr gehabt haben, weil sonst in Jerusalem selbst die Frage entstanden wäre, welche nun erst von Antiochia aus an die Muttergemeinde kam. Und so schrieb denn auch Jakobus an die Christenheit, die in seinem Gesichtskreise lag und auf die seine Stellung ihn anwies, giebt aber gelegentlich allerdings zu erkennen, daß er von nichtjüdischen Bekennern Jesu weiß, indem er sonst keinen Grund gehabt hätte, 2, 25 zu dem Beispiele Abraham's noch eigens und nachträglich das der Rahab hinzuzufügen.

Nur hieraus erklärt sich und nicht aus der Bestimmung des Briefs für syrische Juden[1]), warum er griechisch schrieb, in welcher Sprache er allen denen, für die er schrieb, verständlich war. Denn so gewiß das Aramäische die Landessprache Palästina's war[2]), so gewiß ist doch, daß man das Griechische allgemein verstand, und gerade Akt. 22, 2 ist ein Beweis hiefür, indem die·den Paulus bedrohende Volksmenge darauf gefaßt war, daß er sie griechisch anreden würde, und nur stiller ward und ruhiger zuhörte, als er aramäisch sprach.

Der stärkste Beweis, daß der Brief in so früher Zeit verfaßt ist, liegt darin, daß der Apostel nicht nöthig findet, seine Leser über solches zu belehren oder zurechtzuweisen, was als Voraussetzung seiner Ermahnungen dem Gebiete der Heilsthatsachen angehört. Denn so muß man sich ausdrücken und nicht, er behandle sie als in der Lehre vollkommen mündig[3]). Es stand mit ihnen, wie man sich die früheste Bekennerschaft Jesu zu denken hat, die in dem Gekreuzigten und Auferstandenen den in der Schrift verheißenen Heiland erkannte, welcher jetzt in unsichtbarer Herrlichkeit lebt und wiederkommen wird, seine durch ihn bei Gott in Gnaden stehenden Gläubigen in ewiges Leben zu verklären und die Welt zu richten. Wer sich hiezu bekannte, hatte kein anderes Lehrbedürfniß, als welches einerseits durch die Erzählungen aus der Geschichte des Herrn und den Nachweis der in ihr gegebenen Erfüllung der Schriftweissagung und andererseits durch die Anleitung zu einem dem Christenstande entsprechenden, das Gesetz im Sinne Jesu erfüllenden Verhalten und Wandel befriedigt wurde. Auch die Frage, wessen der Mensch bedürfe, um vor Gott gerecht zu sein, und worauf es beruhe, daß der an Jesum Gläubige es sei, konnte kein Anlaß zu Lehrerörterungen werden, da derjenige, welcher es durch seine Gesetzeserfüllung zu sein wähnte, nicht darauf verfallen konnte, den Gekreuzigten für den Heiland Israel's zu erkennen[4]). Erst als Heiden in die Gemeinde Jesu aufgenommen und also des verheißenen Heils mittheilhaft erklärt wurden, ohne daß sie sich dem heilsgeschichtlich geoffenbarten Gesetze untergaben und dem Volke des-

---

[1]) Beyschlag in b. theol. Stud. u. Krit. 1874 S. 134 f. [2]) Böhl Forschgen nach e. Volksbibel z. Zeit Jesu S. 4 ff. [3]) Wiesinger S. 38. [4]) Act. 13, 38 f.

selben sich einverleiben ließen, wurde fraglich, was laut Gal. 2, 16 keineswegs Paulus zuerst aufgebracht hat[1]), ob ein Mensch durch den Glauben an Jesum allein, und ob er nur dann, wenn er keines Andern sich getröste, vor Gott gerecht sei. Von hier aus kam es dann erst, und zwar auf heidenchristlichem Gebiete, wo das Lehrbedürfniß ein so viel anderes war, zu aller weiteren Lehrentwickelung.

Jakobus würde, außer in der Ueberschrift, den Namen Jesu gar nicht nennen, wenn er nicht 2, 1 veranlaßt wäre, diejenigen, welche den reichen Nichtchristen ehrten, den armen hintansetzten, daran zu erinnern, daß ihr Glaube Glaube an die Herrlichkeit des Herrn Jesu Christi sei, mit dem es sich übel vertrage, wenn sie es höher anschlagen, Reiche da eintreten zu sehen, wo sie in seinem Namen versammelt sind, als Arme. Nur hier nennt er den Namen, von welchem er dann B. 7 sagt, daß sie in dem Sinne nach ihm heißen, wie Israel nach Jehova hieß. Er erinnert sie aber an die Herrlichkeit Jesu nur ebenso, wie 5, 7 an die Zukunft des Herrn, deren er auch nicht gedenken würde, wenn er nicht ermahnen wollte, das Verhalten in der Gegenwart durch den Ausblick auf sie, die erlösende und richterliche, bestimmt sein zu lassen. Wie im zweiten petrinischen Briefe kommt nur die Machtherrlichkeit und Zukunft Christi in Betracht, und wie dort im dritten Kapitel ist die letztere so benannt, daß nur für Bekenner Jesu der Ausdruck mehr besagt, als das alttestamentliche יוֹם יְהוָֹה. Und vergleicht sich in dieser Hinsicht der zweite petrinische Brief, so besteht andererseits der Unterschied, daß dort die apostolische Lehre von Jesu Macht und Zukunft durch das apostolische Erlebniß seiner wunderbaren Bezeugung, welches dem prophetischen Worte zur Bekräftigung gedient hat, verbürgt sein soll, während Jakobus den Glauben an Jesu Herrlichkeit und Zukunft schlechtweg voraussetzt und ihrer nur gedenkt, um zu einem diesem Glauben entsprechenden Verhalten zu ermahnen. Er ermahnt auch nicht, die Hoffnung auf seine Zukunft nicht fallen, sondern sich das Warten bis dahin nicht verdrießen zu lassen.

Erwägen wir nun, daß Jakobus nicht auf besondern Anlaß an eine einzelne Gemeinde schreibt, sondern an die Christenheit

---

[1]) gegen Hilgenfeld Einleitg in b. N. T. S. 533.

überhaupt, durch ihre allgemeine Lage und Beschaffenheit dazu veranlaßt, so erklärt sich ein solches Schweigen von dem, was den Inhalt ihres Glaubens ausmachte, nur daraus, daß sie einer belehrenden oder zurechtweisenden Erörterung der Thatsachen, auf welchen das Christenleben beruhte, nicht bedurfte. Dann hat er aber seinen Brief zu einer Zeit verfaßt, wo die in seinem Gesichtskreise befindliche Christenheit noch in dem einfachen Glauben stand, wie wir ihn uns nach den Reden des Petrus oder Stephanus, die wir in der Apostelgeschichte lesen, zu denken haben. Was verfängt hiegegen die vermeintliche Wahrnehmung, daß er sich mit Stellen des paulinischen Briefs an die Römer berühre? Man wäre auf diese Wahrnehmung schwerlich gekommen, wenn man nicht durch das, was Jakobus vom δικαιοῦσθαι sagt, an jenen Brief erinnert worden wäre. Handelt er aber von etwas völlig Anderem, als dort Paulus, so besteht auch zwischen dem Ausdrucke, den der Eine und der Andere gebraucht, wie sehr sie auch derselben Worte sich bedienen, kein Zusammenhang, und die Frage ist nur, wie es geschehen konnte, daß sie, um wesentlich Verschiedenes auszudrücken, so gleicher Worte sich bedienten. Und da beide, was sie zu sagen hatten, ohne den Gegensatz von πίστις und ἔργα gar nicht sagen konnten, so handelt es sich in Wahrheit nur um den Ausdruck δικαιοῦσθαι ἐκ τινος. Da liegt nun freilich die Bemerkung sehr nahe, daß abgesehen von Matth. 12, 37 kein anderer neutestamentlicher Schriftsteller, auch Lucas nicht, dieses Ausdrucks sich bediene[1]). Aber hieraus folgt doch nicht, daß ihn Jakobus von Paulus oder Paulus von Jakobus mittelbar oder unmittelbar überkommen habe. Denn daß ihn keiner von Beiden erfunden hat, sieht man eben aus Matth. 12, 37, wo er anders als bei Paulus und anders als bei Jakobus, weil vom Endgerichte, also wie Apokal. 20, 12 κρίνεσθαι ἐκ τινος gebraucht ist. Wie nun δίκαιος Jak. 5, 16 anders gemeint ist als Röm. 5, 19 und δικαιοσύνη Jak. 1, 20 anders als Röm. 5, 17, dort gegenüber dem gebietenden Willen, hier gegenüber dem richterlichen Urtheile Gottes, so nennen beide Apostel das Gelangen in den von ihnen gemeinten Stand δικαιοῦσθαι, aber der Eine bezeichnet damit etwas, das auf Seiten des Menschen zu

---

[1]) Wiesinger S. 37.

Wege kommt, der Andere etwas, das ihm von Seiten Gottes geschieht. Keiner von Beiden konnte sich den Ausdruck des Andern aneignen, sondern Jeder mußte ihn zur Bezeichnung dessen, was er meinte, selbstständig verwenden, und der Zusammenhang, in welchem er ihn verwendete, ließ erkennen, wie er gemeint sei. Alles übrige aber, worin sich der Brief Jakobi mit dem an die Römer berühren soll, ist wohl kaum von Belang. Wenn Paulus 14, 4 schreibt σὺ τίς εἶ ὁ κρίνων ἀλλότριον οἰκέτην und Jakobus 4, 12 σὺ τίς εἶ ὁ κρίνων τὸν πλησίον, oder jener 5, 3 ἡ θλίψις ὑπομονὴν κατεργάζεται und dieser 1, 3 τὸ δοκίμιον ὑμῶν τῆς πίστεως κατεργάζεται ὑπομονήν, oder jener 7, 23 βλέπω ἕτερον νόμον ἐν τοῖς μέλεσίν μου ἀντιστρατευόμενον τῷ νόμῳ τοῦ νοός μου und dieser 4, 1 πόθεν πόλεμοι καὶ πόθεν μάχαι ἐν ὑμῖν; οὐκ ἐντεῦθεν, ἐκ τῶν ἡδονῶν ὑμῶν στρατευομένων ἐν τοῖς μέλεσιν ὑμῶν, so erinnert freilich das Eine an das Andere, aber im ersten und im zweiten Falle nur so, wie im gemeinen Leben eine entsprechend ausgeprägte Redewendung als gangbare Münze begegnet, und im dritten Falle nur so, daß beide Male die in beiden Briefen auch sonst vorfindliche, aber weder von Paulus noch von Jakobus aufgebrachte Vorstellung eines Wohnens der Sünde im Leibe zu Grunde liegt, während der bildliche Ausdruck στρατεύεσθαι verschieden veranlaßt und deshalb auch verschieden gemeint ist. Wie ganz anders berührt sich der erste petrinische Brief mit dem Briefe Jakobi![1]) In ihm sind es nicht blos Ausdrucksweisen, die an letztern erinnern, in welcher Beziehung die Verwandtschaft der Ueberschriften vor allem bedeutsam ist, sondern gleiche Gedanken und Gedankenverbindungen begegnen 1, 6 f. und 1, 23; 2, 1 ff. zu gleichem Zwecke verwendet, oder 5, 5 f. zwar verschieden verwendete, aber dennoch gleicherweise verknüpfte Sätze, und 4, 8 ist eine Schriftstelle, obwohl verschieden gebraucht, so doch mit denselben Worten wiedergegeben. Mit dem letzten dieser Vorkommnisse vergleicht sich allerdings, zwar nicht, daß Jakobus 2, 21 wie Paulus Röm. 4, 1 ff. auf Abraham's Beispiel verweist, was, wie wir sahen, durch die Natur der Sache gegeben war, wohl aber, daß er das Schriftwort Gen. 15, 6 mit demselben δέ statt καί wie Röm. 4, 2 anführt.

---

[1]) vgl. VII. 1. S. 212.

Aber bei einem so hoch bedeutsamen und deshalb sicherlich oft verwendeten Schriftworte dürfte sich diese Uebereinstimmung unschwer erklären. Man wird es überhaupt, wo es zur Verwendung kam, so angeführt haben, daß es mit ἐπίστευσεν anhob, welches hiedurch die nachdrückliche Betonung erhielt, mit der man es geltend machte.

<small>Widerlegung der Gründe gegen seine Aechtheit.</small> Wenn des Jakobus Beweisführung, daß ein Glaube, der kein Thun hat, nicht dazu diene, ein Gerechter zu sein, zu der des Paulus, daß der Glaube an Jesum allein und mit Ausschluß gesetzlichen Thuns dazu diene, vor Gott gerecht zu sein, in keiner weder mittelbaren noch unmittelbaren Beziehung steht, so ist auch die Behauptung, der Brief stamme nicht von ihm, sondern aus späterer Zeit, ihres einzigen nennenswerthen Grundes verlustig. Denn der entscheidendere, daß Jakobus schon todt gewesen sei, als er geschrieben wurde[1], ist doch wohl nur scherzhaft gemeint. Was man sonst vorbringt, beruht auf falscher Auslegung, wie daß die Heidenchristen, die Reichen nämlich, bereits im Uebergewichte waren[2], daß dem Verfasser 4, 1 ff. die Christenheit schon ganz verweltlicht erscheine[3], daß er 3, 14 ff. gegen die paulinische Weisheit angehe und von einer innerlichen Zerrissenheit der Christenheit handle, die er auf Rechnung des Paulinismus setze[4], daß er 2, 6 f.; 5, 6 gerichtlicher Verfolgungen um des Christenstands willen gedenke, welche vor Domitianus nicht vorkommen konnten[5], daß nach 2, 7 der Name Ebioniten bereits Parteiname und zwar verspotteter Parteiname war[6]. Anderes, wie daß das Christenthum des Verfassers eine orphische Färbung habe[7], ist zu abgeschmackt, um es zu widerlegen. Endlich, daß er den Brief an die Hebräer gekannt habe, weil er auf das Beispiel der Rahab hinweist — denn von den sonstigen angeblichen Berührungen mit jenem Briefe nehmen wir billig Umgang —, und daß er das Hebräerevangelium gebraucht habe, weil er das Wort des Herrn, welches wir Matth. 5, 37 lesen, in bequemerer Form giebt, in der es sich auch anderwärts findet[8], ist eine für uns ungültige Folgerung, da wir beides ohne diese Annahme begreifen, könnte aber

---

[1] so Hilgenfeld a. a. O. S. 540. [2] Schwegler b. nachapost. Zeitalter I. S. 419. [3] Hilgenfeld a. a. O. S. 536. [4] Hilgenfeld S. 538. [5] Hilgenfeld S. 541. [6] Schwegler a. a. O. [7] Hilgenfeld S. 539. [8] Schwegler a. a. O.

schon deshalb nichts verfangen, weil sich das Verhältniß ebenso gut umkehren ließe; und daß er in den Berührungen mit Stellen des ersten petrinischen Briefs von letzterm beeinflußt erscheine, ist eine Behauptung[1]), die schon vor einer Vergleichung der beiden Ueberschriften zu nichte wird, deren eigenthümliche Bezeichnung der Christenheit bei Jakobus, wo sie dem Ganzen derselben gilt, eine unmittelbarere Uebertragung aus dem Alttestamentlichen ins Neutestamentliche ist, als bei Petrus, der sie auf die Christenheit eines bestimmten Gebiets anwendet.

Es ist eine erstaunliche Verwirrung, wenn man sagt, der Verfasser verfechte sein rein gesetzliches Christenthum gegen das gesetzesfreie des Paulinismus, und doch zugleich betont, das Gesetz, unter welches er die Christen stelle, sei bereits das vollkommene Gesetz der Freiheit[2]). Man könnte ebenso gut sagen, Paulus widerspreche sich selbst, wenn er Röm. 3, 28 das Christenthum darein setze, daß ein Mensch durch Glauben gerecht werde mit Ausschluß gesetzlichen Thuns, und doch gleich darauf versichere, die christliche Lehre bringe das Gesetz zu Stand und Wesen, statt es durch den Glauben außer Bestand zu setzen. Woburch ist denn das Gesetz, welches Israel unter seine Forderungen knechtete, ein Gesetz der Freiheit geworden, als dadurch, daß uns Gott, wie Jakobus sagt, durch ein Wort der Wahrheit, welches also geglaubt sein wollte, in einen neuen Lebensstand geboren hat? Des Gesetzes, wie es Israel's Gesetz war, gedenkt Jakobus mit keinem Worte, sondern nur des Gesetzes, wie es in dem königlichen Gebote der Nächstenliebe einheitlich beschlossen ist; und die in Bevorzugung der Reichen bestehende Versündigung gegen dieses Gesetz bezeichnet er als unverträglich mit dem Glauben an die Herrlichkeit Jesu Christi, wie die Ungebuld dessen, der Uebles und Unrecht erleidet, als unverträglich mit dem Glauben an die Zukunft des Herrn. Er ermahnt also seine Leser, ihren Glauben an den Herrn Jesus mit ihrem Verhalten zu erzeigen, und zwar, obgleich er zu einer jüdischen Christenheit spricht, mit einem Verhalten, welches nicht in dem besteht, was Paulus ἔργα νόμου nennt, sondern in

---

[1]) so zuletzt W. Brückner in b. Zeitschr. f. wiss. Theol. 1874 S. 533 ff.
[2]) Hilgenfeld S. 538 f.

eben dem, wozu auch Paulus seine heidnischen Christen ermahnt. Wir erkennen hierin den Jakobus, welcher den Widersachern des Heidenapostels damit steuerte, daß er ihm öffentlich die Gemeinschaft bezeugte, in welcher sich die Apostel der Muttergemeinde mit ihm wußten, und welcher aus der Schrift zu beweisen verstand, daß es nach Gottes Rathschluß neben der jüdischen Christenheit eine heidnische geben solle, deren Gemeinsitte sich unabhängig vom Gesetze Israel's herausbilde. Aber als er diesen Brief schrieb, war noch kein Anlaß gegeben, auf heidnische Christen sonderlich und auf ihr Verhältniß zu den jüdischen Bezug zu nehmen, und deshalb auch kein Anlaß, die letzteren, von denen sich von selbst verstand, daß sie sich nach dem heilsgeschichtlich geoffenbarten Gesetze ihres Volks hielten, darüber zu belehren, daß gesetzliches Thun nicht zur Gerechtigkeit vor Gott verhelfe. Andererseits war Jakobus derjenige, welcher bei jener Verhandlung diejenigen Stücke heidnischen Lebens benannte, deren Ausschließung sich die heidnische Christenheit von vorn herein Gesetz und die Grundlage ihrer selbstständigen Gemeinsitte sein lassen müsse. Seiner sich hierin kundgebenden Richtung auf die sittliche Ausgestaltung des Christenlebens entspricht es, daß er eine Schrift verfaßt hat, welche durchweg Ermahnung zu einem dem Christenstande gemäßen Wandel und Verhalten ist. Daß er sich in einer Schrift solchen Inhalts mit Gedanken und Ausdrucksweisen vielfach berührt, die im Buche der Sprüche, in dem der Weisheit Salomo's und namentlich dem des Siraciden begegnen, wenn es auch nicht in dem Umfange der Fall ist, wie es bei oberflächlicher und äußerlicher Vergleichung[1] erscheint, kann an sich nicht verwundern, erinnert uns aber doch daran, daß wir seinen Bruder Judas in auffälligem Maße solches verwenden sahen, was sich als überlieferte Ausdeutung an den geschichtlichen Inhalt der Thora angeschlossen hatte. Die beiden Brüder gleichen sich darin, daß sie sich mehr, als wir dieß bei anderen Aposteln wahrnehmen, die neben den heiligen Schriften hergehenden Bestandtheile der religiösen Bildung ihres Volks aneigneten und verwertheten.

Man hat die Sinnesart, die sich in dem Briefe kundgiebt,

---

[1] so Werner in b. theol. Quartalschr. 1872 S. 265 ff.

eine gedämpft ebionitische[1]) oder eine essenische[2]) genannt. Von beidem haben wir Nichts wahrgenommen. Daß er Liebe des Nächsten fordert, erbarmende Liebe, welche sich dessen annimmt, der ihrer Hülfe bedarf, daß er ermahnt, schnell zum Hören, langsam zum Reden, langsam zum Zorne zu sein, ist doch hoffentlich nicht essenisch; und wenn er von reichen Nichtchristen so spricht wie 2, 5 f. oder von reichen Namenchristen, so wie 5, 1 ff., ist er doch von essenischer Gütergemeinschaft so weit entfernt, daß er 1, 9 f. die Christlichkeit des Reichen ebenso anerkennt wie die des Armen. Daß er aber 4, 13 ff. gegen Handelsgeschäfte eifere, ist doch purer Mißverstand. Auch die Ermahnung, nicht zu schwören, hat mit essenischer Eidesweigerung, mit der sich die stärkste eidliche Selbstverpflichtung vertrug[3]), Nichts gemein. Wir können nicht einmal in so weit Berührungen mit Essenischem anerkennen, um aus ihnen auf eine ursprüngliche Verwandtschaft der in der essenischen Sekte karikirten Richtung mit demjenigen Kreise des jüdischen Volkslebens zu schließen, welcher vorzugsweise die geschichtliche Wiege des Evangeliums gebildet habe[4]). Der Brief enthält nichts, was über eine aus der heiligen Geschichte und Schrift erwachsene und christlich verklärte Sinnesweise hinausgienge und mit essenischen Besonderheiten, wenn es auch in ihnen karikirt wäre, eine und dieselbe Wurzel hätte. Seine Besonderheit liegt lediglich in seines Verfassers, wenn er milde ermahnt und wenn er mit Schärfe straft, immer gleich tiefem Ernste, vermöge dessen er nicht etwa nur im Allgemeinen auf eine dem Christenstande gemäße Beschaffenheit des Lebens und Wandels bringt, sondern die einzelnen sittlichen Schäden, auch solche, die man nicht zu hoch anzuschlagen geneigt sein konnte, wie die Bevorzugung der Reichen, welche eine christliche Versammlung mit ihrer Gegenwart beehrten, oder die Neigung, sich des Lehrens ohne Beruf anzunehmen, oder leichtfertige Aeußerung über Pläne für die Zukunft oder leidenschaftliche Betheuerung, mit der man seinem Worte Nachdruck gab, auf die zu Grunde liegende Gesinnung zurückführt oder in ihrer unsittlichen Gefährlichkeit, ihrer nicht erwogenen Verantwortlichkeit erkennen lehrt. Der

---

[1]) Schwegler S. 418. [2]) Hilgenfeld S. 538 f. [3]) Joseph. b. Jud. 2, 8, 7. [4]) so Beyschlag in d. theol. Stud. u. Krit. 1874 S. 163.

Brief gleicht hierin, wie in seinem schlichten und doch schmuckvollen Ausdrucke und in seiner spruchförmigen und rhythmischen Bewegung in sonderlichem Maße den Reden des Herrn, wie wir sie in den Evangelien des Matthäus und des Lucas überliefert finden, und daß er sich mit ihnen vielfältig berührt, ist um so beachtenswerther. Der Spruch 1, 17, daß von droben, als vom Vater im Himmel, nur gute Gabe kommt, erinnert an Jesu Wort Matth, 7, 9 ff., daß der himmlische Vater denen, die ihn bitten, Gutes und nicht Böses anstatt Gutes geben wird. Die Ermahnung 1, 22, das Wort nicht blos zu hören, sondern es zu thun, erinnert an jenes Schlußwort Jesu Matth. 7, 24 ff. Das Gebot, daß man den Nächsten liebe wie sich selbst, nennt Jakobus 2, 8 das königliche Gesetz, wie es Jesus Matth. 22, 39 das dem größten, dem der Liebe Gottes, gleiche nennt und allen gebietenden Schriftinhalt in diese beiden einschließt. Die Belehrung, daß ein Thun erforderlich sei, nicht Glaube allein, um ein Gerechter zu sein, hat uns an Matth. 7, 21 ff. erinnert. Das strafende Wort αἰτεῖτε καὶ οὐ λαμβάνετε 4, 3 ist wie die Kehrseite des verheißenden Wortes Jesu Matth. 7, 7 αἰτεῖτε καὶ δοθήσεται ὑμῖν. Und erinnert die Ermahnung, nicht zu richten, an die gleiche Ermahnung Jesu 7, 1 nur im Allgemeinen, so stimmt die andere, nicht zu schwören, mit Matth. 5, 34 ff. wörtlich überein. Der Bruder Jesu, der ihn von Kindesbeinen an gekannt hat, aber von diesem Verhältnisse zu ihm, nach welchem man ihn benannte, so wenig Gebrauch macht, daß er in seiner Schrift nur der Herrlichkeit und Wiederkunft des Erhöhten gedenkt, giebt andererseits in ihr nicht nur eine der seinigen nachgebildete Lehrweise, sondern auch ein treues Gedächtniß seiner einzelnen Lehrsprüche zu erkennen. In wie weit er erwarten konnte, daß auch seine Leser dadurch an Aussprüche Jesu erinnert werden würden, hängt davon ab, ob es schon damals, als er schrieb, Aufzeichnungen derselben gab, die unter der Christenheit, an die er schrieb, eine Verbreitung gefunden hatten.

Dieß führt uns auf die Untersuchung der geschichtlichen Bestandtheile der neutestamentlichen Schrift. Zuvor aber will das Ergebniß unserer Untersuchung der Briefe Petri, Judä und Jakobi mit ihrer geschichtlichen Bezeugung verglichen sein.

Geschichtliche Bezeugung

der

Briefe Petri, Judä und Jakobi.

———

Geschichtliche Bezeugung der Briefe Petri, Judä und Jakobi.

Wir haben den ersten Brief Petri durch den zweiten und diesen durch den Brief Judä bezeugt gefunden, und die Berührungen des ersten petrinischen Briefs mit dem des Jakobus durften nicht minder für eine Bezeugung des letztern gelten. Dennoch konnte Eusebius[1]) nur eines dieser vier Schriftstücke, nur den ersten petrinischen Brief unter diejenigen Schriften zählen, von denen er nicht anders wußte, als daß sie von je und überall in der Kirche anerkannt und in öffentlicher Geltung waren. Von diesem Briefe erwähnt er auch ausdrücklich, daß schon Papias von ihm Gebrauch gemacht habe[2]). Und wenn Polycarpus schreibt[3]) $\ddot{o}\nu$ $\ddot{\eta}\gamma\epsilon\iota\varrho\epsilon\nu$ $\dot{o}$ $\vartheta\epsilon\grave{o}\varsigma$ $\lambda\acute{v}\sigma\alpha\varsigma$ $\tau\grave{\alpha}\varsigma$ $\dot{\omega}\delta\~\iota\nu\alpha\varsigma$ $\tau o\~v$ $\~\alpha\delta ov,$ $\epsilon\grave{\iota}\varsigma$ $\~o\nu$ $o\grave{v}\varkappa$ $\grave{\iota}\delta\acute{o}\nu\tau\epsilon\varsigma$ $\pi\iota\sigma\tau\epsilon\acute{v}\epsilon\tau\epsilon,$ $\pi\iota\sigma\tau\epsilon\acute{v}o\nu\tau\epsilon\varsigma$ $\delta\grave{\epsilon}$ $\dot{\alpha}\gamma\alpha\lambda\lambda\iota\~\alpha\sigma\vartheta\epsilon$ $\chi\alpha\varrho\~\alpha$ $\dot{\alpha}\nu\epsilon\varkappa\lambda\alpha\lambda\acute{\eta}\tau\omega$ $\varkappa\alpha\grave{\iota}$ $\delta\epsilon\delta o\xi\alpha\sigma\mu\acute{\epsilon}\nu\eta,$ so giebt er durch diese Verbindung der Worte 1 Petr. 1, 8 mit Worten aus Act. 2, 24 zu erkennen, daß er die ersteren aus einer Schrift des Petrus entnimmt.

Um so auffallender ist, daß sich im muratorischen Verzeichnisse petrinische Briefe nicht aufgeführt finden. Da aber dort unter den aufgezählten Schriften auch der erste Brief Johannis fehlt, der doch vorher als Brief dieses Apostels erwähnt ist, so sollte man um so weniger den Worten et Petri tantum eine Beziehung auf die Briefe des Petrus aufzwingen, aber auch aus dem Umstande, daß sie nicht mitaufgezählt sind, keinen der Aussage des Eusebius widerstreitenden

---

[1]) hist. eccl. III. c. 25. [2]) III. c. 39. [3]) c. 1.

Schluß ziehen. Wir werden, so zu schließen, um so mehr Bedenken tragen, als der Brief Judä und der zweite und dritte johanneische Brief unter den aufgezählten Schriften sind.

Nachdem nämlich die paulinischen Briefe aufgeführt und solche, die für paulinisch gelten wollen, abgewehrt sind, heißt es weiter: Epistola sane Juda et superscrictio Johannis duas in catholica habentur et sapientia ab amicis Salomonis in honorem ipsius scripta. Apocalapse etiam Johannis et Petri tantum recipimus, quam quidam ex nostris legi in ecclesia nolunt. Statt superscrictio wird vielleicht superscripti[1]) geschrieben werden dürfen, und mit duas verhält es sich jedenfalls ebenso, wie vorher mit ad Tymotheum duas; und da in catholicam ecclesiam unmittelbar vorhergegangen ist, so ergänzt sich zu in catholica von dort her ecclesia. Endlich statt apocalapse wird sicherer apocalypses zu schreiben sein, als apocalypsin. Wenn ich mir aber durch meine Uebersetzung der von der Apostelgeschichte handelnden Stelle des Verzeichnisses[2]) das Recht erworben habe, denen beizutreten, die es für Uebersetzung aus dem Griechischen halten, so wird mir der Versuch erlaubt sein, auch diese Stelle durch folgende Rückübersetzung zu verdeutlichen: Ἡ μέντοι ἐπιστολὴ Ἰούδα καὶ τοῦ ἐπιγεγραμμένου Ἰωάννου δύο ἐν τῇ καθολικῇ νομίζονται καὶ σοφία ὑπὸ φίλων Σολομῶνος εἰς τιμὴν αὐτοῦ γεγραμμένη. Ἀποκαλύψεις καὶ Ἰωάννου καὶ Πέτρου τοσοῦτον εἰσδεχόμεθα, ὅσον τινὲς μὲν ἐκ τῶν ἡμετέρων ἐν τῇ ἐκκλησίᾳ ἀναγινώσκεσθαι οὐ θέλουσιν.

In dem ersten dieser beiden Sätze ist von dem Briefe des Judas und von zweien des in der Ueberschrift, wie ἐπιγράφειν τινά gar wohl gebraucht werden kann[3]), genannten Johannes, also nicht vom ersten, der keine Ueberschrift hat, sondern vom zweiten und dritten, im Gegensatze gegen die Briefe an die Alexandriner und an die Laodicener gesagt, sie seien in der Kirche, in welche diese nicht zugelassen werden können, allerdings in Geltung. So nämlich, mit νομίζονται meine ich habentur wiedergeben zu sollen um des Folgenden willen, wo weder das Buch der Weisheit neben jenen Briefen aufgeführt sein kann, wozu der Pluralis ab amicis Salomonis nicht

---

[1]) vgl. Hesse b. mur. Fragm. S. 235. [2]) V. S. 9 f. [3]) gegen Hesse a. a. O.

paßt, noch, wie man mit Bezug auf Prov. 25, 1 gemeint hat[1]), das Buch der Sprüche, da jene Ueberschrift, wo ja auch Hiskia's und nicht Salomo's Freunde genannt sind, nicht diesem ganzen Buche, sondern nur einem kleinen Theile desselben gilt: nicht zu gedenken, daß unerklärlich bleibt, wie eine alttestamentliche Schrift zwischen den neutestamentlichen eine Stelle gefunden haben sollte. Um dieser letztern Schwierigkeit willen hat man statt et sapientia lesen wollen ut sapientia[2]) und dieß so erklärt, daß die genannten Briefe nicht von Judas und Johannes, sondern von Freunden derselben geschrieben seien, wie das Buch der Weisheit von Freunden Salomo's. Dann müßte aber von den Briefen gesagt sein, sie seien von Freunden derer, nach welchen sie heißen, verfaßt, wie die Weisheit von einem Freunde Salomo's, und nicht, man habe sie in der Kirche wie diese. Ich lasse daher das et des Textes ungeändert und verstehe ihn dahin, daß die genannten Briefe in der Kirche und als von Freunden Salomo's zu seiner Ehre geschriebene Weisheit in Geltung seien. Der Verfasser nennt Christum Salomo[3]) und Christi Jünger dieses Salomo Freunde[4]) und, was sie geschrieben haben, zu dieses Salomo Ehre geschriebene Weisheit, sagt also von jenen Briefen, daß sie dafür gelten, von Jüngern Jesu verfaßt zu sein, was sie dann selbst vor den paulinischen voraushaben.

So der erste Satz. Im zweiten ist jedenfalls nur von solchen Schriften die Rede, denen der Verfasser hernach den Hirten des Hermas, dieses Buch der Gesichte und Offenbarungen, ähnlich gegenüberstellen konnte, wie den paulinischen Briefen die an die Alexandriner und Laodicener. Von Briefen des Petrus könnte an dieser Stelle keine Rede sein, wenn auch die mancherlei Mittel, mit denen man sie dem tantum des Textes aufnöthigen wollte, weniger unzulässig wären, als sie es ohne Ausnahme sind[5]). Wir lassen es also dabei, daß von den Offenbarungen des Johannes und des Petrus gesagt ist, daß, oder vielmehr, in wie weit sie angenommen werden. Das Nächstliegende ist nämlich, wie mir scheint, daß sich tantum

---

[1]) Credner Geschichte des neutest. Kan. S. 163. [2]) Credner a. a. O. S. 157. [3]) vgl. Matth. 12, 42. [4]) vgl. Luc. 12, 4; Joh. 15, 14 mit Hebr. 1, 9. [5]) vgl. Hesse S. 256 f.

auf das folgende quam bezieht. Aber ob ich diese Verbindung durch τοσοῦτον — ὅσον richtig wiedergegeben habe, läßt sich freilich bezweifeln. Denn sonst besagt τοσοῦτον — ὅσον, daß sich das Eine ganz oder nur so weit erstrecke, als das Andere. Doch ist vielleicht auch der hier von mir angenommene Gebrauch dieser Verbindung, bei welchem der Relativsatz etwas benennt, was für das im Vordersatze Ausgesagte Gränze und Schranke ist, an sich möglich und nicht ohne seines Gleichen[1]). In so weit, sagt der Verfasser, nehmen wir die Offenbarungen sowohl des Johannes als des Petrus an, als allerdings Etliche von den Unseren sie in der Gemeinde nicht gelesen wissen wollen. Daß aber in einer Kirche die zwar von Clemens Alexandrinus[2]) unbedenklich gleich dem Briefe des Barnabas den heiligen Schriften angereihte, dann aber bald fast verschwundene petrinische Offenbarung solche Geltung gehabt, dagegen der allgemein anerkannte erste Brief Petri sie entbehrt haben sollte, ist doch wohl undenkbar. Es muß damit, daß er in der Aufzählung des muratorischen Verzeichnisses fehlt, eine andere Bewandniß haben.

Daß die petrinischen Briefe in der römischen Kirche, aus welcher dieses Verzeichniß herrührt, zur selben Zeit bekannt waren, ist uns, nach der Art und Weise zu urtheilen, wie wir die paulinischen Briefe in nachapostolischen Schriften benützt fanden[3]), durch Stellen des clementinischen Briefs und des Hirten, die sich ähnlich mit petrinischen berühren, zureichend verbürgt. In des Clemens Beschreibung der Liebe[4]) findet sich derselbe Satz ἀγάπη καλύπτει πλῆθος ἁμαρτιῶν, welcher 1 Petr. 4, 8 von der Septuaginta völlig abweichende Wiedergabe der Jak. 5, 20 wesentlich anders verwendeten Stelle Prov. 10, 12 ist: ein Vorkommniß, welches berechtigen dürfte, auch den sonst nicht eben geläufigen Ausdruck εἰς τὸ θαυμαστὸν αὐτοῦ φῶς[5]) auf 1 Petr. 2, 9 zurückzuführen. Und bei Hermas erinnert die Beschreibung der dem Wohlleben Fröhnenden und ihres Geschicks[6]) nicht nur durch die eigenthümliche Verbindung der Ausdrücke τρυφή und ἀπάτη, ἀπάται und τρυφαί, τρυφᾶν und ἀπατᾶσθαι, sondern vornämlich durch die seltsame Berechnung, wie lange Pein ein Tag

---

[1]) vgl. Xenoph. anab. 6, 3, 14. [2]) Euseb. hist. eccl. VI. c. 14. [3]) V. S. 24 ff. [4]) c. 49. [5]) c. 36. [6]) sim. VI. c. 2 ff.

solchen Wohllebens nach sich ziehe, nur um so mehr an die Sätze ἡδονὴν ἡγούμενοι τὴν ἐν ἡμέρᾳ τρυφήν und ἐντρυφῶντες ἐν ταῖς ἀπάταις αὐτῶν 2 Petr. 2, 13¹), als sich beides nur aus einem Mißverstande derselben erklärt. Und sein Gesicht von den sieben Tugenden, die immer eine aus der andern geboren werden und deren Reihe mit dem Glauben beginnt, mit der Liebe schließt²), dürfte auch wohl 2 Petr. 1, 5—7 zum Vorbilde haben.

Aber andere Anzeichen, daß der zweite petrinische Brief gekannt und in Gebrauch war, begegnen vor Clemens Alexandrinus nicht. Und dasselbe gilt von dem Briefe Judä, der doch in der römischen Kirche zur Zeit der Abfassung des muratorischen Verzeichnisses den paulinischen Briefen gleichgeachtet war. In der syrischen Kirche war, wenn wir nach der Peschito urtheilen dürfen, weder der eine noch der andere in öffentlichem Gebrauche, wohl aber der des Jakobus, den das muratorische Verzeichniß nicht nennt. Bekanntschaft mit letzterm läßt sich auch aus dem Briefe des römischen Clemens nicht erweisen: was man dafür beibringt, ist zu unsicher. Die Erwähnung der Rahab, welche Clemens c. 12 als Beispiel des Glaubens und der Gastfreundlichkeit vorführt, kann vom Briefe Jakobi ebenso unabhängig sein, als die des Lot c. 11 vom zweiten petrinischen; und wenn man c. 30 in der Anführung von Prov. 3, 34 etwas darauf giebt, daß θεός geschrieben ist und nicht wie in der Septuaginta κύριος, so hat dieß 1 Petr. 5, 5 ebenso gut seines Gleichen, als Jak. 4, 6; und daß es c. 17 von Abraham heißt φίλος προςηγορεύθη τοῦ θεοῦ, braucht ebenso wenig aus Jak. 2, 23 zu stammen, als Jakobus das Gleiche von Philo gelernt hat. Auch der Satz ὁ σοφὸς ἐνδεικνύσθω τὴν σοφίαν αὐτοῦ μὴ ἐν λόγοις, ἀλλ' ἐν ἔργοις ἀγαθοῖς c. 38 steht in einer Umgebung, aus der sich seine Fassung hinreichend erklärt, ohne daß sie durch Erinnerung an Jak. 3, 13 bestimmt zu sein braucht.

Desto unzweideutiger sind die Spuren, daß Hermas den Brief gekannt hat. Die Weise, wie er von der διψυχία handelt im Gegensatze zur πίστις³), verhält sich zu Jak. 1, 5—8 ebenso, wie, was er

---

¹) Zahn b. Hirt des Hermas S. 436. ²) vis. III. c. 8. ³) nam. mand. IX.

von der τρυφὴ καὶ ἀπάτη sagt, zu 2 Petr. 2, 13; und gleicherweise sehen wir ihn, zum Theil mit wörtlichem Gleichlaute, den Satz Jak. 4, 7 ἀντίστητε τῷ διαβόλῳ καὶ φεύξεται ἀφ᾿ ὑμῶν ausführen[1]); und daß er auf seine Frage, was die zwölf Berge bedeuten, unter welchen ihm die Christenheit vorgestellt wird, die Antwort bekommt αἱ δώδεκα φυλαί εἰσιν αἱ κατοικοῦσαι ὅλον τὸν κόσμον[2]), stammt um so gewisser aus der Ueberschrift des Briefs Jakobi, wo allein es einen Anknüpfungspunkt hat, als die Uebertragung der Bezeichnung αἱ δώδεκα φυλαί auf die Christenheit mit einer Mißdeutung des dortigen ταῖς ἐν τῇ διασπορᾷ verbunden ist. Es ist hier nicht der Ort, zu untersuchen, ob der Verfasser des Hirten ein Zeitgenosse des römischen Clemens gewesen ist oder sich nur dafür gegeben hat. Im erstern Falle hat er noch vor dem Ende des ersten christlichen Jahrhunderts[3]), im andern, wenn die Angabe des muratorischen Verzeichnisses richtig ist, etwa vier Jahrzehende später geschrieben. Für unsern Zweck genügt die Thatsache, daß er, der Römer, den Brief des Jakobus und den zweiten petrinischen, wie Clemens den ersten des Petrus, gekannt hat, während das muratorische Verzeichniß keines dieser drei Schriftstücke weder aufführt noch ablehnt, wohl aber den Brief Judä sammt dem zweiten und dritten johanneischen mitaufzählt. Sollte sich dieß etwa daraus erklären, daß es die letzteren nur deshalb nennt, um sie im Gegensatze gegen die vorher zurückgewiesenen Briefe an die Alexandriner und Laodicener, wie hernach die Offenbarungen des Johannes und des Petrus im Gegensatze gegen den Hirten des Hermas, ausdrücklich anzuerkennen? Dann müßte er diejenigen, die er übergeht, also den des Jakobus und den zweiten petrinischen nicht minder, als den ersten des Johannes und den ersten petrinischen, dessen unbedürftig erachtet haben.

Der erste Brief Petri war, so weit wir wissen, unwidersprochen, und wie wenig berührt sich doch Clemens mit ihm, dem in Rom geschriebenen, wie viel dagegen mit Paulinischem! Desgleichen war der erste johanneische Brief unwidersprochen, und wie wenig berührt sich doch Polycarpus mit ihm, dem in Asia geschriebenen, wie viel dagegen mit Paulinischem! Und noch im muratorischen Verzeichnisse

---

[1]) mand. XII. c. 4–5. [2]) sim. IX. c. 17. [3]) Zahn a. a. O. S. 69.

nehmen die paulinischen Briefe eine gar sehr andere Stelle ein, als die sonst noch aufgezählten. Bei ihnen ist von Annahme oder Nichtannahme keine Rede, und nur in Bezug auf die an Einzelne gerichteten ist eine ihre öffentliche Geltung betreffende Bemerkung für nöthig erachtet. Von den an Gemeinden gerichteten sagt der Verfasser nur, daß sie, obgleich an einzelne Gemeinden geschrieben, doch der ganzen Kirche gelten. Aus allem dem wird ersichtlich, wie sehr sich die heidnische Christenheit — denn dieß war die auf völkerweltlichem Gebiete gesammelte, ob ihr der Juden viele oder wenige angehörten — auf den Apostel der Heidenwelt, dessen Brief an die Hebräer aber eben deshalb dem ganzen Abendlande fremd bleiben konnte, vorzugsweise angewiesen erachtete. Aber noch ein Anderes kommt in Betracht, was jene anderen Briefe hinter den paulinischen zurückstehen ließ. Die letzteren waren sämmtlich eigentliche Briefe. Vom Apostel eigenhändig geschrieben oder unterschrieben waren sie dahin gekommen, wohin sie bestimmt waren, und diese ihre Bestimmung war in der Grußüberschrift genannt. Schrieb der Apostel an die Christenheit eines ausgedehntern Gebiets, so hatte dieselbe entweder einen Mittelpunkt, wie es Korinth für Achaja war, und ging also der Brief dahin, oder er sollte, wie der an die Epheser, auch wohl der an die Gemeinden Galatiens, in Umlauf gesetzt werden. Anders die Briefe des Jakobus, des Petrus, des Judas. Sie waren nicht eigentlich Briefe, sondern durch Vervielfältigung zu verbreitende Schriftstücke, mochten sie nun, wie der erste petrinische, für die Christenheit eines begränzten Gebiets oder, wie der des Jakobus, für die derzeitige Christenheit überhaupt bestimmt sein. Da hatte man denn für die paulinischen Briefe in so fern eine größere Sicherheit, als die Gemeinden, an welche sie gerichtet waren, bezeugen konnten, sie erhalten zu haben, weshalb auch die an Einzelne geschriebenen nicht ganz die gleiche Stelle einnahmen. Wie lange oder kurze Zeit die Urschriften erhalten geblieben[1]), ist in dieser Beziehung von geringem Belange. Immerhin konnte man Einen, der Gewißheit darüber haben wollte, was apostolische Lehre sei, an diejenigen Gemeinden verweisen, welche seiner Zeit apostolische Briefe erhalten hatten, die in

---

[1]) vgl. Hug Einleitg in d. Schriften des N. T. I. S. 94 ff.

ihren Versammlungen noch vorgelesen wurden. Wo aber Tertullianus[1]) dieß thut, nennt er, obgleich er von Briefen der Apostel spricht, doch nur solche Gemeinden, an welche Paulus geschrieben. Sie konnten, was sie von des Apostels Hand besaßen, anderen mittheilen und für die Aechtheit einstehen, während jenen anderen Briefen solche Verbürgung abging und ihre Verbreitung allen den Zufälligkeiten unterlag, welche ihre Vervielfältigung befördern oder beschränken konnten. Was dem ersten johanneischen Briefe zu Statten kam, werden wir später sehen. Der erste petrinische aber hatte dieß voraus, daß er nicht nur das Gebiet der Christenheit, für welches er bestimmt war, sondern auch den, durch welchen, und den Ort, von wo er dahin gebracht werden sollte, mit Namen benennt: ein Umstand, der gewiß nicht für gleichgültig geachtet wurde, da sonst der Verfasser des muratorischen Verzeichnisses keinen Grund gehabt hätte, in Betreff der paulinischen Briefe zu bemerken, von wo und auf welchen Anlaß der Apostel seine Briefe dahin und dorthin gerichtet habe, könne Jeder unschwer aus ihnen ersehen.

Im Gegensatze gegen die paulinischen Briefe wurden die des Petrus, Judas, Jakobus sammt den johanneischen unter den Namen der ἐπιστολαὶ καθολικαί begriffen. Wie frühe schon diese Bezeichnung derselben in Gebrauch war, erhellt daraus, daß Apollonius von einem Montanisten sagt, er habe, den Apostel — ungewiß, welchen — nachahmend, eine καθολικὴ ἐπιστολή verfaßt[2]); und wie sie gemeint war, wird daraus ersichtlich, daß Clemens Alexandrinus[3]) das von allen Aposteln ausgegangene Schreiben an die heidnische Christenheit Syriens und Ciliciens, und Eusebius[4]) die vom korinthischen Bischofe Dionysius an Gemeinden außerhalb seines Sprengels gerichteten Briefe so nennt. In diesen drei Fällen werden Schriftstücke so bezeichnet, welche nicht einem persönlichen Verhältnisse des Schreibenden zu denen, an die er schreibt, entstammen und angehören. So ging Dionysius über sein amtliches Gebiet hinaus, so schrieben die Apostel der Beschnittenheit an die, wie Clemens eigens bemerkt, zum Bereiche des Paulus gehörige Christenheit, so wandte sich jener Montanist,

---

[1]) de praescr. haer. c. 36.   [2]) Euseb. hist. eccl. V. c. 18.   [3]) strom. IV. c. 15 § 99.   [4]) hist. eccl. IV. c. 23.

statt an seine Gesinnungsgenossen, an die ihrem Kreise nicht zugehörigen Gläubigen und belehrte, wie Apollonius sich ausdrückt, τοὺς ἄμεινον αὐτοῦ πεπιστευκότας. So gemeint paßte die Bezeichnung nicht nur auf die Briefe Petri und Judä und den ersten johanneischen, sondern auch auf den, welchen der Vorsteher der Ortsgemeinde Jerusalem's an die Christenheit seiner Zeit überhaupt schrieb, ja auch auf den zweiten und dritten Brief Johannis, sofern hier der Apostel an eine Gemeinde schrieb, zu der er in keinem nähern Verhältnisse stand, als zur Christenheit überhaupt. Denn daß der erste johanneische Brief zum Unterschiede von den beiden anderen der katholische hieß, ist irrig:[1]) Origenes schreibt ὥς φησιν ἐν τῇ καθολικῇ ὁ Ἰωάννης[2]) in keinem andern Sinne, als γέγραπται ἐν τῇ Βαρνάβα καθολικῇ ἐπιστολῇ.[3])

Zu diesem Sinne der fraglichen Bezeichnung stimmt auch, daß man die so benannten Briefe nur mit den Namen ihrer Verfasser überschrieb, die paulinischen dagegen nur mit den Namen der Gemeinden oder Einzelnen, an die sie gerichtet sind: ein Beweis, wie sehr es bei der Sammlung von Briefen, welche die apostolische Lehre beurkundeten, zunächst nur auf die des Heidenapostels abgesehen war, über welche denn auch, so weit sie die heidnische Christenheit angingen, keine Meinungsverschiedenheit noch Unsicherheit bestand, indem nur das gleicherweise mit πρὸς Ἑβραίους überschriebene und hiemit für ebenfalls paulinisch anerkannte Schriftstück einem Theile der Christenheit vorerst fremd blieb. Um so leichter konnte sich Marcion, als er für seinen Anhang eine ähnliche Sammlung maßgebender Schriften zusammenstellte, wie die Kirche sie besaß, auf die paulinischen Briefe und zwar auf die an heidnische Gemeinden gerichteten beschränken, denen er, die Absichtlichkeit seiner Ausschließung der Briefe an Titus und Timotheus damit beweisend, unfolgerichtiger Weise den an Philemon beifügte[4]), wie er umgekehrt die Absichtlichkeit seiner Aufnahme des Evangeliums Lucä damit bewies, daß er die Apostelgeschichte ausschloß.

---

[1]) gegen Reuß b. Geschichte der h. Schriften N. T. II. S. 23. [2]) de orat. c. 22. [4]) c. Cels. I. c. 63. [3]) Tertull. adv. Marc. V. c. 21.

www.ingramcontent.com/pod-product-compliance
Lightning Source LLC
Chambersburg PA
CBHW060523090426
42735CB00011B/2340